南昌大学中国中部经济社会发展研究中心和国家社会科学基金青年项目
(批准号:16CJY079)共同资助

洪卉 著

# 中国融资业务保证金系统研究

RESEARCH ON MARGIN SYSTEM OF
FINANCING BUSINESS IN CHINA

社会科学文献出版社
SOCIAL SCIENCES ACADEMIC PRESS (CHINA)

# 前　言

从 2010 年 3 月 31 日正式启动以来，融资业务已走过十年的历程。作为新兴业务（相较期货、期权等其他业务而言），政府对如何监管和调控其风险尚缺乏经验，2015 年中国股市的暴跌便是很好的证明：融资业务被认为是导致股市异常波动的原因之一。防范融资业务的市场风险主要有两道防线，即保证金制度和强制平仓制度。其中保证金制度，尤其是保证金比例是风险控制的主要手段，但未得到学术界的重点关注。现有文献往往将研究重心放在期货市场上。而既有的关于中国融资业务风险控制的文献中，多数又侧重定性研究。这些即成为本书的研究动机。

本书立足于量化我国融资业务的风险控制问题。具体而言，本书分别从理论和实证的角度探讨了我国融资业务保证金比例（包括初始保证金比例和维持担保比例）如何设置、调整及其带来何种类型的市场效应。其中实证部分涉及 2010 年 3 月 31 日至 2018 年 5 月 2 日 82 只历史能追溯至融资交易启动日且迄今依然为融资标的的股票数据，使得研究内容更具广泛性。研究结果表明，目前中国融资业务的保证金比例充足但有损市场流动性，同时也存在不合理之处。针对这些现实问题，通过对现有文献的提炼，本书提出了新的符合我国国情的融资保证金系统。从综合成本（投资者融资合约成本与券商经营成本）的角度来看，该系统优于法定保证金系统。此外与理论一致，保证金的外生变化与多数股票的融资交易量（额）呈负相关关系。由相关的回归模型预测得出的融资规模比实际融资规模更为合理。总体而言，实证结果表明本书设计的融资保证金系统更具实用性和可靠性。

  因此，本书的受众多样。它既适合于意欲寻求股票数据、融资数据及相应的方法论以研究中国融资业务风险控制的学者，也有助于监管层更好地了解目前法定保证金体系存在的问题，为其制定合理的保证金水平提供科学依据。另外，中国资本市场的参与者也将从本书的研究中获益。

# 目 录

**第一章 绪论** / 001

第一节 导言 / 001

第二节 研究动机 / 003

第三节 研究目标 / 004

第四节 结构框架 / 005

第五节 结论 / 007

**第二章 融资概述** / 009

第一节 讨论的起点——信用交易 / 010

第二节 融资的界定 / 012

第三节 融资的内在价值和风险 / 020

**第三章 融资交易制度比较** / 028

第一节 美国的融资交易制度 / 028

第二节 日本的融资交易制度 / 033

第三节 中国台湾的融资交易制度 / 037

第四节 中国特色的融资交易制度 / 041

## 第四章　我国融资交易的保证金水平 / 045
   第一节　融资交易保证金概况 / 045
   第二节　融资交易保证金制度解析 / 075

## 第五章　融资交易保证金问题研究 / 094
   第一节　保证金水平的决定因素 / 095
   第二节　保证金比例的设定方法 / 097
   第三节　保证金的作用 / 113

## 第六章　融资保证金比例的优化设置和动态调整 / 119
   第一节　风险控制目标 / 120
   第二节　实际存在的问题 / 123
   第三节　理论模型 / 127
   第四节　实证数据 / 135
   第五节　实证分析 / 137

## 第七章　融资保证金比例调整的市场效应 / 199
   第一节　实证模型的理论基础 / 199
   第二节　融资保证金比例调整效应的初步测试 / 201
   第三节　数据与方法论 / 216

## 第八章　结论 / 237
   第一节　导言 / 237
   第二节　研究结果概要 / 238
   第三节　研究结果的经济内涵 / 241
   第四节　亟待进一步研究的领域 / 242

第五节　结论 / 243

**参考文献** / 244

**附　录** / 262

# 第一章
# 绪　论

## 第一节　导言

2015年中国股市的暴跌虽未对实体经济产生实质性的影响，但引起了监管层对融资业务的重点关注（李稻葵，2015）。融资业务在我国尚属新兴业务，政府对于如何监管和调控其风险的经验略显不足：长期以来一直采用固定的保证金比例（包括初始保证金比例和维持担保比例）和抵押物折算比例。随着该业务的进一步发展，此类做法的局限性日益突出。例如，在大部分时间里，投资者的资金被以保证金的方式占用，加大了投资的机会成本，降低了资金的使用效率。而当市场发生频繁、较大波动时，收取的保证金可能无法覆盖存在的风险。此时券商（又称证券公司）被迫提高保证金比例，又会给投资者带来意外的冲击，从而降低其进行融资交易的意愿，长期下去将导致融资业务的萎缩。

对于如何设置合理的保证金水平，即确定在违约风险和市场流动性两者之间达到平衡的最优保证金水平这一问题，学术界观点不一。大多数研究（尤其是国外研究）的重点都集中在期货保证金水平的设置上，具体方法大致可分为数理统计法（Longin，1999；Cotter，2001；Cotter and Dowd，2006）、经济建模法（Brennan，1986；Shanker and Balakrishnan，2005）和期权定价法（Bates and Craine，1999；Knott and Mills，2002）。三种方法各有利弊。而国内关于融资风险控制的研究则主要集中在定性分析上，缺乏实际可操作性（陈红，2008；朱晓会，2008；张成军和谢玉海，2010）。近年来少数学者也开始探讨融资保证金的设置问题，如王鑫等（2011）和张梓靖（2016）认为风险价值法（Value at Risk，VaR）可用于设定合理的融资保证金比例。孟科学和邹进文（2012）通过借鉴Diamond和Dybvig（1983）的"三期"分析框架和效用与均衡分析法，确定了市场实现一般均衡时的初始担保水平及其决定机制。王周伟（2012）则根据欧式看跌期权定价的原理探讨融资保证金比例的个性化、动态化设置问题。它们的共同缺点在于保证金比例的设置尚不能充分反映中国国情和资本市场的现实状况，因此缺乏实际应用的有效性。

市场引入保证金制度的初衷在于约束杠杆交易量、调节市场波动、降低价格风险。Hsieh和Miller（1990）、Lee和Yoo（1993）、Hsu（1996）及Brumm等（2015）分别对美国、日本、韩国和中国台湾地区进行研究，指出保证金比例不宜频繁调整，应注意平衡和协调市场交易的安全性和流动性。而国内现有文献并未对保证金比例的调整进行深入探讨，如王周伟（2012）的欧式期权定价法虽可解决保证金比例的动态化设置问题，但缺乏合理的依据来判断目前的保证金比例是否应随之改变，因此缺乏现实意义。

经济理论表明保证金制度的实施可有效提高杠杆交易的成本，从而达到约束其市场规模的目的。实证检验则得出两类不同的结论：如Dutt和Wein（2003）发现保证金的调整对杠杆交易量有重要影响，而Phylaktis和Aristidou（2013）通过数据检验却无法得出上述结论。现有文献，尤其是针对中国市场的研究，尚未对保证金的调整影响融资交易量的多少做出分析，因此无法为判断调控政策实施的有效性提供依据。

本书针对我国融资保证金比例设置中存在的不足，借鉴现有文献（Figlewski，1984；Huang et al.，2012），并结合中国市场的现状和特点，提出新的系统研究融资保证金比例的方法。具体而言，本书改进了原有的券商损失的条件概率（券商首次发出催缴保证金通知并强制平仓后，券商蒙受损失的概率）模型，并将此应用至82只时间能追溯至2010年3月31日融资交易试点启动日并且迄今依然为融资标的的股票，以求解最优动态初始保证金比例和维持担保比例（或统称为保证金系统），即探讨保证金比例的设置与调整问题。同时本书进一步探讨了保证金比例与融资交易量（额）的关系，通过回归模型的建立，量化了保证金比例的调整对融资交易量（额）的影响，为政府确定合理的融资规模提供了科学依据。

下一节将探讨上述融资风险控制领域的具体技术细节，为本书后续的理论和实证分析做准备。

## 第二节 研究动机

自衍生工具业务开展以来，期货交易风险的量化问题得到了学术界和实业界的重点关注（Longin，1999；Cotter，2001；Cotter and Dowd，2006）。保证金制度的不断完善为该业务的顺利进行提供了保障。如本章第一节所述，完善制度的重点在于如何建立合理的保证金比例以平衡市场风险和流动性。而与期货业务不同，融资业务的保证金制度自始至终未受到（尤其是学术界）足够的关注。对于新兴市场尤其是中国而言，相关研究的缺失对政府通过设置保证金比例以平衡市场各方关系的决策造成了巨大的挑战。目前问题的关键在于是否可将期货市场已有的关于保证金比例的研究进行改进，应用至融资业务。

从理论上而言，融资业务与期货业务存在诸多不同点。如前者仅为因真实资金需求而签订的借款合约,合约不可进行买卖。而后者则为未来交割商品或资产的金融合约,可用于买卖。此外更为重要的是政府对二者的定位不同(保证金控制对前者而言意味着资金流向控制和保护中小投资者,而对后者而言仅仅意味着防范违约风险),导致各自可允许的杠杆额度不同(Figlewski,1984):融资交易的保证金比例高于期货交易。鉴于上述差异,如何合理化融资保证金比例(设置合理的保证金比例并适时进行调整)值得进一步研究。

另一涉及保证金的重要问题在于其调整是否会对融资业务量(额)产生重要影响。如前所述,迄今为止学术界的研究都集中在期货市场上,对融资业务的关注极少(Jacobs and Onochie, 1998; Dutt and Wein, 2003)。相关研究的缺失使我们无法把握合理的融资规模。2015年中国股市暴跌的主因之一是融资规模的超速增长:杠杆资金的大量入市推动股市暴涨,随即出现千股齐跌的局面(Gao et al., 2018)。鉴于理论和实际两方面的需求,建立符合中国实际的保证金比例与融资交易量(额)关系模型势在必行。

针对现有文献空缺,本书探讨了如何优化、调整融资保证金比例及比例调整后融资交易量(额)将出现何种变化。上海证券交易所和深圳证券交易所(简称沪、深交易所)的82只作为融资标的最久且迄今依然为标的的股票被用于实证分析。不同的样本周期和较长的时间序列(相对于融资业务的较短历史)使本书比国内现有其他相关文献的研究更广泛。此外本书还对融资标的股市场进行了全面的背景调查,以便更深入了解潜在的市场特征,为探讨融资风险控制做铺垫。

## 第三节 研究目标

确切而言,本书的目标为根据我国目前的具体国情与资本市场的实际状况，构建合理的融资交易保证金模型，并将其应用至 82 只时间能追溯至 2010 年 3 月 31 日融资交易试点启动日并且迄今依然为融资标的的股票上，探讨保证金比例的设置、调整及其市场效应。样本的时间段为 2010 年 3 月 31 日至 2018 年 5 月 2 日。具体的研究目标如下。

（1）探讨我国目前的保证金比例是否存在问题，即其是否充分和合理。

（2）研究如何根据我国国情和资本市场的实际状况选择风险控制目标，从而构建合理的融资交易保证金模型。

（3）探讨如何根据模型得出最优保证金水平。

（4）探讨保证金比例是否需要调整及如何调整。

（5）探讨保证金比例与融资交易量（额）的关系。

## 第四节　结构框架

第一章为绪论，主要介绍了本书的研究背景、研究动机、研究目标、结构框架及结论。

第二章为融资概述，介绍了融资交易的相关知识，包括融资的发展历史、界定标准和内在价值。该章从信用交易出发，介绍了信用交易的产生和发展，进而引出证券信用交易——融资交易这一特殊形式。为明确融资的内涵，该章进一步解释了融资的定义、融资与相关交易行为的区别、融资的基本要素及基本类型。最后该章重点介绍了融资的内在价值和风险。

这一章有助于了解融资的基本情况和运行机理，为后续研究融资交易保证金问题做铺垫。

第三章为融资交易制度的比较研究，这一章对国际证券市场主要的融资交易制度进行对比和研究，重点突出了融资交易的中国特色。具体而言，该章详细介绍了美国、日本和中国台湾的融资交易制度，从融资交易模式、融资的监管、融资的参与主体及保证金比例四个方面对比分析了我国融资交易制度的不同之处。上述介绍有助于初步了解我国的特殊国情，为后续研究融资交易保证金问题奠定基础。

第四章为我国融资交易的保证金水平，介绍了目前我国融资交易保证金的基本状况，包括保证金概况和相关的制度解析。该章从融资交易的主要标的证券——股票出发，详细介绍了标的证券市场的发展简史、市场统计数据、市场表现及特点，并在此基础上进一步说明现存法定保证金比例的计算和调整方法。接下来该章对融资交易的保证金制度，包括保证金水平的充足性和合理性进行了剖析，为后续章节更好地改进现行保证金系统提供了依据。

第五章为融资交易保证金问题，主要阐述了与杠杆交易保证金研究相关的文献，为后续理论和实证分析方法的选择提供了参考。首先该章回顾了保证金的决定因素，包括证券价格的波动率、市场状况、市场流动性、市场竞争和市场利率。该章接下来对现行保证金比例的设定、调整方法及其优缺点进行了阐述和讨论。最后针对保证金的作用，该章分别探讨了保证金比例的调整与杠杆交易量及市场波动率之间的关系。

第六章为融资保证金比例的优化设置和动态调整，在现有文献的基础上，针对我国的现实状况，提出了新的融资交易保证金比例的设定和调整方法。该章首先根据现有文献提炼出杠杆交易风险控制的四个主要政策目标，并详细分析了以往研究在保证金设定上实际存在的问题。进而该章据此提出了相应的融资交易保证金模型，并将此模型应用至 82 只历史能追溯至 2010 年 3 月 31 日（融资交易试点启动日）并且迄今依然为融资标的的股票，探讨保证金的优化和调整问题。

第七章为融资交易保证金比例调整的市场效应，探讨了保证金比例与融资交易量（额）的联系。该章从理论出发，提出保证金的外生变化（非内源变化），即 $\frac{保证金}{波动率}$，会对融资交易量（额）产生负面影响：波动率提高(降低),假设保证金比例不变,保证金外生变化方向为负(正),交易量(额)将增加(降低)。接下来在正式建立回归模型之前,该章简单观察并分析了融资交易量(额)在保证金比例调整前后时间段的不同表现,对二者间的关系进行了预先判断。根据现有期货市场保证金的研究,该章进一步建立了融资交易量(额)与保证金比例的关系模型,并应用至相关的融资标的股,以便确立合理的融资规模。

第八章为结论,即对研究的总结性讨论。该章首先阐述了主要的研究结果及对应的检测方法:保证金的充足性,运用基于极值理论的在险价值 VaR 模型与期望巨额损失 Expected Shortfall(ES)模型、蒙特卡洛(Monte Carlo)仿真法(第四章);保证金的优化设置与动态调整,运用马尔可夫模型、券商损失的条件概率模型与最小二乘法(第六章);保证金调整的市场效应,运用秩和检验、Levene 方差齐性检验与线性回归模型(第七章)。接下来该章继续分析了研究的局限性并提出了相应的对策建议。

## 第五节 结论

杠杆交易的风险控制问题,即保证金制度(尤其是初始保证金比例和维持担保比例)如何确立,一直是学术界关注的焦点。显然保证金比例与诸多因素(如市场波动率、利率、市场状况)密切相关。此外保证金比例并非一成不变,会因金融市场条件的改变而产生变化。最后保证金比例的调整会带来何种市场效应,是利是弊,现有文献观点不一。上述言论皆说明政府应对保证金比例的设置与调整持审慎态度。

如何设置和调整保证金比例是学术界和实业界的共同难题。长期以来许多学者对杠杆交易(尤其是期货交易)最优保证金比例的设定与调整方法进行了改进和更新。例如,Chen 等(2017)基于中国台湾单只股票的期货交易数据，探讨如何结合价格限制对期货价格分布的影响设定合适的日保证金比例。Liu 和 Shi（2018）将极端股价变动计入持有成本定价模型以设置最优保证金比例。这些方法仅考虑到维持担保比例的动态性，忽略了初始保证金的时变性，可能会导致研究结论存在偏差。融资不同于期货，其保证金比例的设置和调整有其特殊性。这一点对于中国市场而言尤为重要。另外关于保证金调整在中国市场引发的市场效应，如对融资交易量（额）的影响，现有文献并未有相关研究。如何对融资业务的合理规模进行量化，明确政府可允许的杠杆交易额度，更好地防范金融风险，这一问题有待进一步研究。

本书着力于探讨如何在我国建立合理的融资保证金制度。本书试图通过探讨融资交易保证金比例的优化设置、动态调整及其市场效应，深入了解我国融资交易的风险控制问题。

# 第二章
# 融资概述

融资是指投资者在交易证券时，通过缴纳一定比例的现金或证券作为担保，向券商借入资金买入证券的交易行为（陈晓舜，2000）。其本质是借助第三方（券商）信用，完成证券交易，实现盈利或亏损，满足信用交易的特征。因此我们在讨论融资时，必然会从信用交易这一基本的交易方式入手。

现代市场经济的交易方式以信用交易为主，信用被广泛应用于国家财政、工商业、金融业等诸多领域，成为决定生产、分配、消费、储蓄、投资等生产和再生产各个环节的重要因素。然而信用在资本市场的使用，即证券信用交易，近年来却备受市场争议。原因在于证券信用交易的杠杆效应易对市场泡沫的形成和破灭起推波助澜的作用，可能造成巨额损失，打击市场信心。2015年中国股市暴跌所引起的监管层对证券信用交易，特别是融资业务的再次关注，就是对上述观点的直接证明。

本章将从信用交易出发，讨论信用交易的形成和发展。在信用交易的特殊形式——证券信用交易的基础上，提出本书的关注重点——融资交易。在对融资的定义进行深入探讨后，本章将进一步阐述融资的内在价值和风险。

## 第一节 讨论的起点——信用交易

经济学意义上的信用交易是指"建立在授信者对受信者未来偿付能力的预期以及受信者对拟获得资产效用的预期基础上,以协议或契约为保障的不同时间间隔下资产使用权相对转移的经济交易行为"。[①] 换言之,信用交易以债权债务关系的建立替代货币资金,帮助受信人在自身资金不足的状况下实现资产使用权的转移。受信人需按协议或契约约定的日期偿还债务,并支付相应的利息或费用。因此信用交易有助于提高资金的使用效率,优化社会资源,扩大投资规模,创造消费,推动经济增长。信用交易的上述特征使其成为现代市场经济的主要交易方式。

### 一 信用交易的产生

人类社会的交易方式经历了实物交换、以货币为媒介的交换和依靠信用完成的交换三个不同的发展阶段(杨震,2002)。交易方式在每个发展阶段的背景、特点及满足的需求各不相同。

#### (一) 实物交换

实物交换存在于原始社会早期。在原始社会早期相当长的一段时间里,人类生存环境恶劣,生产工具简陋,生产力水平低下,从自然界获取甚少。为了生存只能共同劳动、共同消费,没有剩余产品,因而不存在交换。随着生产工具的改进,生产力水平提高,产品略有剩余,部落内部各氏族之间出现了偶然的实物交换。这种交易方式的特点是简单直接、不经常发生,

---

① 李艳:《融资融券法律机制研究》,法律出版社,2011,第13页。

而且在时间、空间、交换的机遇、对象及数量上都带有偶然性。其缺点在于由于用于交换产品的价值难以估量,交易无法顺利进行。

### (二) 货币交易

实物交换的局限性必然使其无法满足交易对象和交易范围扩大的需求。随着生产力的不断进步及社会分工和商品交换关系的发展,原始社会中后期出现了作为一般等价物的商品。所有商品在交易之前都必须与之比较,进而确定其价值的大小。一般等价物最初是由经常交换的商品充当,如牲畜、皮帛等,经过一系列的变化,最终固定在货币上。货币交易的特点是快捷方便,不易受交易对象、范围、规模和频率的影响。其缺点在于过度强调钱物两讫,易引发交易风险,如货币丢失、毁损、被伪造等。

### (三) 信用交易

货币交易的局限性导致其无法满足交易量扩大的需求。随着商品经济的发展,西周时期出现了"赊欠"的买卖关系,即早期的商业信用。而后信用逐步超出商品交易的范畴,延伸至货币,产生了以货币为借贷对象的信用活动,即货币信用。同时信用的形式也不再局限于商业信用,呈现包括银行信用、国家信用、消费信用、民间信用在内的多种形式。

信用的本质是经济主体间的商品赊销与货币借贷行为,是商品经济发展到一定阶段的产物。信用交易使得商业和借贷活动得到简化,有利于加速商品生产、流通及资金的流动。市场经济发展至今,信用交易已突破地域和国家的限制,成为现代市场经济的重要基石。

## 二 信用的特殊形式——证券信用交易

证券信用交易是信用的一种特殊形式,是指"在资金循环流动过程中，在信用的支撑下，时间和空间上扩张证券交易的行为"。① 与简单的"交易-盈利或亏损实现"过程不同，在第三方信用的支持下，证券信用交易过程延长为"资金或证券的借贷-证券交易-偿还借贷-清算交割-盈利或亏损实现"。换言之，证券信用交易通过借贷方式，帮助投资者在自身资金不足的情况下完成证券交易。因此证券信用交易的信用扩张功能不仅最大限度地满足了证券投资者的需求，而且能起到促进证券交易、活跃证券市场的效果。

证券信用交易的诞生可以追溯到股票买卖之初。据史料记载（王婷，2009；李艳，2011），在17世纪初的荷兰阿姆斯特丹，买空、卖空活动于股票交易之初就已出现。该时期的证券信用交易还停留在简单分散的个人行为上，即通过一对一的谈判签订借贷合同，完成交易。通常交易者多为投机者，主要凭借证券借贷的价格差牟利。早期交易当事人的利益主要依靠道德准则和双方对经济利益的权衡来维护，欺诈、纠纷和毁约现象时常发生。为有效防范上述行为，19世纪晚期英国伦敦股票交易所开始出现由交易所组织的信用交易。当时信用交易的发展主要受一种为逃避股票分红的资本收益税而先卖空再买空的"洗券活动"推动。进入20世纪，尤其是20世纪70年代后，证券信用交易发生了重大变化，突破了地域和国界的限制。产品的多样化、投资者数量的增加等因素使得证券信用交易得到了蓬勃发展。在当今证券市场上，信用交易已成为普遍的交易方式，几乎所有主要的发达证券市场都形成了较完善的信用交易体系。

## 第二节 融资的界定

证券信用交易是与现货交易相对应的一种交易形式，主要包括融资

---

① 李艳：《融资融券法律机制研究》，法律出版社，2011，第15页。

与融券两类基本方式（刘钊，2006）。由于卖空在中国市场长期被禁止，投资者习惯通过证券价格上涨获利，因而相对于融券而言融资往往占主导地位（崔媛媛等，2010）。根据万德（WIND）数据，截至2018年底，沪深两市融资融券余额为7557.040亿元，其中融资余额为7489.810亿元，占比超过99%。因此研究融资对中国资本市场有重大而深远的意义。

## 一 融资的定义

融资，即"借钱买证券"，是指投资者在预期证券价格未来有上升趋势但自有资金不足无法正常买入证券时，以保证金作为担保向券商借入所需资金，等证券价格上涨后，再高价转手出售证券以偿还借入资金（包括券商垫付的款项和利息），从中获取收益的交易方式（许红伟和陈欣，2012）。由于投资者在向券商借入资金时必须缴纳保证金，且所购证券也必须作为融通资金的担保存放在券商手里，因此融资也被称为"保证金交易"。

融资是在现货交易的基础上发展起来的，能满足不断发展的市场和证券投资者的需求，其与现货买入交易主要有以下区别。

第一，现货交易强调的是一次性交易，即钱券两清，因此投资者必须有足额的资金才能进行证券购买。而融资交易则允许投资者在预期证券价格上涨且手头资金短缺时，向券商借入资金购买证券。

第二，在现货交易中，投资者与券商间仅存在委托购买关系，因此投资者无须向券商提供任何担保。而在融资交易中，投资者与券商间不仅存在委托购买关系，而且存在授信关系，因此投资者必须先向券商缴纳一定比例的现金或证券作为保证金，才能借入资金以购买证券。

第三，在现货交易中，投资者买入证券的风险完全由其自行承担，因此投资者可选择证券交易所上市的任一证券进行交易。而在融资交易中,由于券商为投资者垫付了部分款项,投资者如果违约会给券商带来风险,因此其只能购买券商规定范围内的证券。

## 二 融资与相关交易行为的区别

现实中存在多种与融资交易类似的交易行为,如证券期货买空交易、期权买空交易、股票质押和证券透支行为,有必要将其与这些容易混淆的行为加以区分。

### (一) 融资与证券期货买空交易、期权买空交易

据 Hull(2009)所述,证券期货买空交易是指证券交易双方在签订的证券期货买空合约中约定在未来特定的时间,以特定的价格,购买特定数量证券的交易方式。期权买空交易则是指证券交易一方按照证券期权买空合约中约定的价格、数量和时间为购买某一特定证券的权利而进行的交易。权利享有方届时可以依契约规定,根据市场状况选择行使或不行使购买权利。融资与二者的主要区别在于融资的主体仅限于券商和投资者,且允许的杠杆额度相对较小,因此风险较小。而证券期货买空交易、期权买空交易的主体具有广泛性和不确定性,涉及证券交易的任何买卖双方,且使用的杠杆比例相对较大,因此风险较大。

### (二) 融资与股票质押

在我国股票质押是指券商用股票作为质押担保品向银行融通资金的一种方式,对提高银行资金的使用效率和资产的安全性有重要作用(王志斌,2003)。融资与股票质押的主要区别如下。

第一,融资获得的资金通常必须用于证券购买,有利于增强证券市场的流动性和证券市场的价值发现功能。而在股票质押中,券商借入的资金只能用于弥补自身流动资金的不足。

第二，融资的担保物可以是现金、证券或二者的结合。而股票质押的目的是获取现金，因此其主要担保物是有价证券。

第三，在我国融资的出资主体是券商，券商以自有资金或通过转融通业务从证券金融公司借入的资金等向投资者提供融资服务。而股票质押一般由银行办理，出资方主要为银行。

第四，融资是一种标准化的产品，对交易规则和合同细节有较明确的规定。相对而言，股票质押本质上是民事合同关系，交易双方可以根据自身的需求协商确定具体的细节。

第五，融资相对于股票质押的风险可控程度更高。融资杠杆比例的变更可以通过适时调整交易保证金比例实现。同时券商对融资获得的资金或证券有专门的账户记录，因此可以比较容易地监控其市值变化、测算风险程度、要求投资者追加保证金。而股票质押的实质是质押贷款，虽然对融入的资金用途有明确规定，但银行的监控难度相对较大。

第六，融资拓宽了券商的业务渠道，成为其业务新的盈利增长点。而股票质押只是有助于券商弥补流动资金的不足，券商的盈利能力并没有因此改变。

### （三）融资与证券透支行为

证券透支行为是指投资者在自身资金不足的情况下，委托超量买入证券的交易行为（付春明，2004），主要有以下两种方式：第一种是投资者主观故意发出超量买入证券的委托申请，券商自身的内部控制出现问题导致投资者占用券商资金的恶意透支行为；第二种是投资者通过与券商达成口头或书面协议，从券商处获得交易所需资金的合理透支行为。第一种证券透支行为与融资有显著区别，而第二种证券透支行为则与融资相似，但在我国尚不受法律保护。此外迄今为止学术界对于证券透支中券商是否有权强制平仓的意见不一（付春明，2004）。而在融资交易中，市场价格波动导致保证金低于维持担保比例时，投资者必须补足保证金，未及时补齐或投资者在融资期满无法偿还借入资金时，券商有权强制平仓。

## 三　融资的基本要素

融资作为证券信用交易的一种基本方式，包含如下要素。

### （一）账户设置

投资者从事融资交易时需同时开立信用交易账户（Margin Account）和现金交易账户（Cash Account）。账户分立的主要目的在于便于清算，同时也有利于监管当局随时掌握证券的信用交易状况，及时调整保证金比例和货币政策，防范金融风险。除上述账户外，投资者还需设立备忘账户（the Special Memorandum Account）、券商信用账户（Dealer Credit Account）以及为非权益类证券（如债券）提供信用交易的账户（the Good Faith Account）。

### （二）信用保证金

目前融资保证金主要有两类：第一类是初始保证金（Initial Margin），指投资者初次购买证券时必须自己支付的保证金（Fortune，2000）。设置初始保证金的目的是限制交易带来的过度信用扩张。在投资者利用借款购买证券的实际交易中，初始保证金比例操作一般分为两个步骤。①投资者在使用证券信用账户的借款购入证券时，必须以现金、证券或二者结合的方式缴纳证券市值的一定百分比作为保证金。需要强调的是由于证券价格具有波动性，通常需在证券市值的基础上做相应的折扣方可计入保证金。②投资者再借款购买证券时，面临如下情况：首次买入的证券价格不变或上升时，投资者第二次购买证券借款的比例与首次相比将维持不变；首次买入的证券价格下跌时，投资者第二次购买证券借款的比例将低于首次。换言之，投资者必须支付超出规定比例的保证金来弥补首次购入证券价格下跌带来的损失和担保第二次信用交易。

第二类是维持保证金（Maintenance Margin），指的是投资者在使用信用账户进行证券交易后，其现金和信用账户的资产必须与相应的负债保持一定的比例（Fortune，2000）。设置维持保证金的目的是限制投资者的债务扩张。当证券价格的波动使得投资者实际维持担保比例低于规定的标准时，投资者将收到券商催缴保证金的通知（Margin Call）。如投资者未能及时补足保证金，券商将有权卖掉投资者部分甚至全部证券，以保证其贷款不受损失。

全球主要的证券市场都对上述两类保证金设置了最低标准（一般以百分比表示），即不得低于一定的百分比。券商有权根据市场状况与投资者的具体情况自行调高保证金比例。

### （三）标的证券

并非所有的证券都可作为融资的标的证券。一般而言，融资标的证券应该满足下列要求：必须在交易活跃的全国（地区）证券交易市场上市交易、有一定市值和交易历史、流动性好、价格波动率低、交易记录良好、在证券交易委员会开列的名单上等。

### （四）抵押证券

如前所述，投资者提交的保证金可为现金、证券或二者的结合。充当保证金的证券被称为抵押证券，不能全额而只能部分计入保证金，目的是降低券商资金受损的风险，同时防止投资者过度借款的投机行为发生。

抵押证券价格下降会导致保证金金额减少，当投资者现金账户和信用账户内的资产与相应的负债比例降至维持保证金之下时，投资者会收到券商发出的保证金催缴通知，要求其在规定期限内补足保证金，否则仓位将遭到强平。而抵押证券价格上升所带来的资本收益在计算维持保证金时是不被考虑的。由于证券的价格具有波动性，券商的交易风险会增加，为安全起见，券商一般会要求投资者缴纳不少于规定的最低比例的现金（Minimum Cash Requirement）作为保证金。

### （五）借款来源、偿还日期和利息

投资者买入证券的借款来源主要是券商，在一些证券市场还包括银行、其他投资者等。通常而言在没有得到投资者授权的情况下，券商不得动用一方投资者的资金为另一方投资者提供贷款。此外投资者之间相互提供贷款是不受券商保护的。

从事融资交易的投资者所借款项的利率会高于货币市场资金的利率，而且不同券商提供的资金以及源于不同渠道的资金，其借款利率都会有所不同。这些都会在投资者进行融资交易时的借款协议中说明。此外，协议还会说明利息的具体计算方法和双方应承担的责任。关于借款的偿还日期，不同证券市场的要求不同，一般不超过 6 个月。对借款偿还时间实施限制无疑增加了投资者的借贷风险，但在一定程度上减少了券商的损失，有利于促进融资交易的顺利进行。

## 四　融资的基本类型

根据不同的分类标准，融资包括下列类型。

### （一）集中授信和分散授信模式的融资

根据信用交易是否通过专门的信用融通机构，融资可以分为集中授信和分散授信两种模式。

对于前者而言，在整个融资交易过程中，证券金融公司占据绝对的垄断地位，投资者必须通过证券金融公司或其旗下的券商进行信用交易。

设立证券金融公司的本意是将券商和证券投资者视为特殊的融资主体，通过设立专门的融资机构为证券交易融资。其本质是为更有效地控制证券信用的滥用，从而减少证券市场的过度投机。这种模式以日本和韩国为典型代表。

对于后者而言，融资交易不涉及专门的证券金融公司，信用交易全部由券商、银行或其他非金融机构借助信贷、回购等市场化手段完成。在分散授信模式下，信用交易风险的承担者为市场主体，监管机构只负责制定运行规则并监督其执行情况，因此要求采取这种模式的国家（市场）有较发达的金融市场、相对成熟的投资者以及一套较为成熟的内在信用风险控制机制。该模式以美国为典型代表，主要的欧洲国家和我国的香港地区也采取类似的模式。

### （二）现金保证金交易、权益保证金交易、法定保证金交易

按照保证金的种类，融资可分为现金保证金交易、权益保证金交易及法定保证金交易，具体概念如下。

现金保证金交易是指以支付固定金额的现金作为保证金的交易行为。其特点是缴纳的保证金是现金且金额不变。

权益保证金交易是指以抵押证券作为保证金的交易行为。其特点是缴纳的保证金是证券，且其金额非固定，会随证券价格的变化而变化。

法定保证金交易即按法律要求缴纳保证金的交易行为。其中法定保证金又分为法定初始保证金和法定维持保证金。前者是指按法律规定投资者在券商处开立账户进行融资交易时必须支付的保证金，目的是限制信用交易的过度扩张，防范投资者潜在的违约行为带来的金融风险。而后者是指按法律规定投资者在融资交易开始后根据市场状况需缴纳的保证金，目的是限制投资者持仓的债务扩张，防止出现资不抵债及后续可能发生的一系列风险状况。

## 第三节 融资的内在价值和风险

### 一 融资的特点

融资交易制度是发达证券市场通行的制度，也是促进证券市场和投资者走向成熟的重要手段。从经济学的角度而言，融资具有如下特点。

#### （一）资金融通性

融资涉及资金和证券两类资产，分别与货币市场和资本市场息息相关。而在有效的金融市场中，资金是自由流动不受人为限制的，否则会影响资源的有效配置，降低金融市场的整体效率。在融资交易中，证券金融公司是中介，作为金融机构和证券市场投资者联系的纽带，引导资金在货币市场和资本市场间有序流动，有利于提高金融市场的运作效率。因此从融资交易的基本功能而言，融资连接货币市场和资本市场。作为上述两市场间重要的资金渠道，融资具有资金融通性。

#### （二）信用双重性

在融资交易中，投资者只需缴纳一定数量的保证金，购买证券不足的金额由券商垫付。该类交易行为是建立在信用的基础上，即券商借出资金的前提是投资者日后能够偿还借款并支付相应利息。这便是券商与投资者间的第一重信用关系。券商可以借出自有资金，在自有资金不足时，也可向其他主体（如银行、货币市场等）融资。此类转融通的行为是券商与其他主体的第二重信用关系。因此从融资信用关系的角度而言，融资具有信用双重性。

### (三) 财务杠杆性

融资交易以授信关系为基础，因而能令投资者以同样的资金购买到更多的证券，从而提高财务杠杆的比例，发挥资金的最大功效。但是这种虚拟的供求是把"双刃剑"：当证券价格与预期一致、大幅上升时，由于杠杆效应，投资者的收益将被放大从而获得巨额利润；而当证券价格与预期相悖、大幅下跌时，同样因为杠杆效应，投资者的损失也会被放大从而导致巨额亏损。因此从财务运作的角度而言，融资具有财务杠杆放大效应。

### (四) 宏观可调控性

融资的信用双重性和财务杠杆性决定了其暗藏巨大的风险。因此证券监管机构、交易所以及券商都会要求投资者缴纳一定数量的初始保证金和维持保证金。前者是金融管理当局根据社会货币松紧状况规定和调整的，而后者则是根据证券市场风险状况确定和调整的。换言之，保证金是一种政策调控工具，有助于监管当局及时跟进风险，实现其货币政策和稳定市场的目标。因此从宏观的角度而言，融资具有可调控性。

## 二 融资的制度价值

融资在中国是一项创新业务，其主要的制度价值如下。

### (一) 从投资者的角度看

融资为投资者提供了新的盈利模式，增强了投资者的获利能力。投资者将资金投入证券市场，其主要目的在于获取利润。而融资的杠杆效应扩大了投资者的信用，投资者通过向券商融资，获得了超过以其自有资金从事证券投资的能力，可以利用较少资本来获得较大的利润。

### (二) 从券商的角度看

对于券商而言,在证券现货交易中,其业务相对单一,收入来源主要是佣金收入。而在融资交易中,券商不仅可以获得佣金收入,而且因为向投资者提供信用获得利息收入,这有利于提高券商的竞争力。除此之外,融资还有助于增强券商业务竞争能力,促进券商的优胜劣汰。我国目前实行的是券商融资业务许可制,券商需要满足一定的条件才能申请直接融资的资格,最终是否获批主要视券商的综合实力而定(李谦,2009)。率先取得牌照进入该行业的券商将获得先机,吸引到更多的客户。另外券商的净资本也是决定竞争力的关键因素,净资本决定了券商融资的规模,大客户将向资金雄厚的券商靠拢,这将促进市场细分。因此融资的出现会促使券商行业重新"洗牌",首先获得融资资格的大券商将占据有利地位,同时不符合条件的(小)券商也将努力加强自身建设,提高服务的效率和质量,吸引更多的资本,尽快达到从事融资业务的标准。

### (三) 从证券市场的角度看

融资有利于增强证券市场的流动性和连续性。根据通常被接受的定义,流动性是指交易者在需要的时候以较低的交易成本大量买入或卖出证券,且对价格影响较小的能力,而连续性则表现为证券价格变动的连续(杨之曙和吴宁玫,2000)。证券市场为投资者提供了交易的机会和平台,如果证券价格出现中断,市场流动性不足,则交易就无法顺利完成,市场便失去了存在的价值。然而证券交易的顺利进行和公平价格的形成必须有一定的交易量作保证,现货市场内部博弈形成的实际交易量往往无法满足需求。融资的引入有助于扩大市场供给规模,为市场注入资金,活跃市场的交易行为,提高市场的流动性,因此有利于维持证券价格变动的连续性,提高市场效率。

融资可以调节市场供需,稳定证券价格。信用交易和现货交易相结合可以增加证券的供求弹性。融资促使投资者在证券价格过度下跌且预期不久会反弹时提前融入资金买入证券（同时证券空方也需适时补进证券），因而有助于增加证券的有效需求，防止证券价格继续下跌。换言之，融资可以调节现货交易中证券供需不平衡，有利于稳定价格。

融资有利于完善证券价格形成机制，增强证券交易的公平性。融资是在市场对未来投资预期基础上衍生出来的一种金融工具，其价格与基础证券的价格紧密相连。当基础证券的价格在一定程度上偏离（高于）其内在价值，套利者就会通过衍生品大量买入低估的证券，等到价格上涨时再在现货市场出售，这有助于将证券价格稳定在合理的水平。为科学地评估证券的真实价格，信用交易者会收集大量的市场信息和公司信息，并以先进的技术手段作为判断依据。在此基础上进行的交易有利于证券价格逐步回归到合理的水平。因此融资实际上具备一种"价格发现"功能，能够促使证券价格向真实价格靠拢，在一定程度上有助于提高证券市场的有效性。

### （四）从监管层的角度看

融资为金融监管层提供了市场化的调控手段。监管当局一般可以通过以下三个方面达到对证券市场的间接调控（李谦，2009）。一是对融资业务资格的认定、市场信用额度的管理以及单只证券信用额度的管理。例如当某只证券的基本面（包括相关公司的主要利润来源、管理层的诚信度、公司的财务状况、公司的市场占有率等）或交易出现问题时，监管当局可以把其列入融资标的证券的禁止名单，以此督促相关公司进行整顿、改革，改善经营。二是对保证金比例的适时调整。例如当证券市场或单只证券交易存在投机且投机严重时，监管当局可以通过调高保证金比例、增加投资者交易成本的方式减少投机行为。三是通过加强信用交易余额信息的披露来实现市场的自我调整。如本章第三节所述，进行信用交易必须开设两类账户：现金交易账户和信用交易账户。对账户进行分类管理有助于监管当局及时掌握和监控信用交易的规模，同时也有助于投资者及时了解市场状况，在投机氛围严重时采取相应的措施避免潜在的风险。因此融资管理是金融监管当局监控市场的重要手段，同时投资者也可从监管当局对融资的管理中获得有效信息。

## 三　融资的风险

融资业务的实施对我国证券市场产生了较大的影响，给证券市场带来机遇的同时也带来了严峻挑战，其主要风险如下。

### （一）证券交易参与方可能承受的风险

融资作为一种金融衍生产品，参与交易的双方都要承担一定的风险。巴塞尔委员会在1997年7月发表的《衍生产品风险管理指南》一文中把衍生品的风险分为五类：市场风险、信用风险、流动性风险、操作风险和法律风险（林欣，2012）。

市场或价格风险，是指宏观经济，如利率、汇率等市场因素的变化导致金融衍生品价格朝不利方向变动而产生的风险。金融衍生品价格的波动同时也会反作用于利率、汇率，使其出现暴涨暴跌，最后发生的连锁效应导致衍生品市场崩盘，给衍生品的交易带来巨大风险。市场风险是多数衍生品交易亏损的主要原因。

信用或违约风险，是指在金融衍生品交易中一方无法按合约规定履行义务时给另一方造成损失的风险。进一步而言，该风险具体包括违约的可能性和损失大小。衍生品的信用风险不同于传统的信用风险，其涉及的因素更复杂，包括借款人的资质、借款的时间长短和用途、还款的方式、担保品的质量等，因此更难以观察和预测。

流动性风险是指金融衍生品交易一方无法以合理的价格迅速出售金融资产、轧平或冲销其头寸时，面临的无法平仓风险，包括两方面的内容：一是市场流动性风险,即市场没有足够的交易量作支撑,市场价格偏离合理水平,导致交易一方无法顺利平仓;二是资金流动性风险,即投资者资金不足,无法按合约要求追加保证金或合约到期无法履行约定支付的义务。作为创新型金融工具,金融衍生品流动性风险较大,尤其是由于其作为新产品面世的时间相对较短,参与者较少,市场深度不够,一旦市场发生大的波动,有可能找不到交易对手。

操作或营运风险,通常分为两类:一类是指公司内部控制体制不健全、营运管理出现问题、交易程序不完善等导致交易决策者出现人为或非人为的失误带来的风险;另一类是指自然事故等偶发原因,如火灾、水灾、地震、战争、技术故障等,给衍生品交易者带来损失的风险。相对于基础金融工具,金融衍生工具更为复杂且技术含量更高,因此面临更大的操作风险。这些特征要求衍生品的交易主体具备完善的监管体制、专业的技术人员、先进的技术设备以及对突发事件的应变能力。

法律风险,是指金融衍生品合约设计存在的法律缺陷导致其不具备法律效应从而无法履行的风险或由于制度(如税制、破产制度)变更等原因带来损失的风险,具体包括两方面的内容:一是金融衍生品合约的不可实施性,包括合约的非法性、交易对手不具备进行衍生品交易的资格以及现行法律法规的变更导致衍生品合约失去法律效应;二是交易对手由于经营不善等原因丧失清偿能力或不能依法为清偿合约进行平仓。衍生品交易涉及《证券法》等多项法律(如《合同法》),内容极其复杂。迄今为止还未有专门、系统、配套的法律法规对其进行约束,导致发生纠纷时,往往无先例可循。同时衍生品交易已突破地域的局限,成为全球化的交易,因此要对其实施有效的监管,必须协调国际性的法律制度。

### (二) 证券市场可能承担的风险

融资具有浓厚的投机色彩,信用规模的过度膨胀可能会扰乱金融市场的秩序，甚至引发金融危机。具体而言，融资可能给证券市场带来以下风险。

第一，加大投资者破产的风险。融资业务的对象是单只证券而非证券组合，而通常情况下单只证券的波动率大于整个证券市场。此外，融资交易具有杠杆效应，其所蕴含的风险远远大于自有资金的交易风险。这些因素都加大了投资者破产的风险。

第二，增加券商的业务管理风险。在信用交易中，券商制度不全、管理不善、操作失误、信息技术缺乏、控制不力、融出的证券价格下跌都有可能诱发券商的业务管理风险。

第三，信用规模过度扩张。融资交易具有杠杆效应，创造了虚拟的资金和证券需求。由于证券金融公司提供转融通服务时可能从银行获取资金，因此融资可能会放大银行的信用规模，带来远远比一般信贷更为复杂的信用扩张的乘数效应，从而加大中央银行对社会信用总量调控的难度。当经济出现问题时，融资交易可能会失控，并诱发金融危机。

第四，加大证券市场波动的幅度。由于存在羊群效应，投资者具有越跌越卖的倾向（Bikhchandani and Sharam，2000）。此类倾向在证券价格暴跌时尤为明显：由于多数投资者持有证券遭受巨额损失，无法按合约规定补足维持保证金，券商只能处理担保品，实行强制平仓。这将会在短期内给证券市场造成巨大的压力，产生助跌现象，加剧证券市场的波动。

第五，助长投机的氛围。融资主要依赖信用制度，而信用制度可能会造成市场的虚假繁荣，加剧市场的不稳定性。特别是在不成熟的证券市场上，由于信息的不对称、制度的不完善，人为操控和违反规定的行为时常发生，导致证券价格无法正确反映市场的实际供需情况。一旦大户操控或大户与券商联手操纵市场，就会增强市场的投机氛围，加剧证券价格的波动，造成巨大损失，损害中小投资者的利益。

## （三）国家或社会可能承担的风险

融资的主要风险是信用风险。信用风险不仅使交易双方遭受损失，还会产生更深层次的影响，包括如下几点。①对政治的危害性。严重的信用危机能助长投机取巧、尔虞我诈的社会风气，使政府不能依法行政，丧失人民群众对其的信任。②对经济的危害性。信用风险具有传递性，一方不能偿还债务时可能会影响到另一方履行债务的能力，最终形成一个"信用风险链"。在该链条中，任何一个信用主体经营困难都会导致信用链条的中断和整个信用秩序的紊乱。③对社会的危害性。严重的信用风险使得正常的价值运行规律和社会分配体系受到威胁，不利于社会的稳定和进步。

本章对融资的基本知识，包括融资的起源、发展、含义、内在价值和风险进行了详细的阐述，有助于了解融资的基本情况和运行机理。在此基础上，下一章将着重研究国际证券市场主要的融资交易制度。

# 第三章
# 融资交易制度比较

融资作为证券市场重要的投资和盈利方式,在一些国家或地区早已有成功的实践经验。从这些国家和地区证券信用交易制度的形成历史可以看出,融资交易制度的选择与各个国家和地区的经济发展阶段、水平及其社会经济体制和历史过程密切相关。此外,一个国家和地区金融市场的基础条件(如法律体系和信用体系的完善性、交易技术条件、市场主体的自律性等)和金融体系监管模式也对融资交易制度的选择起重要作用。迄今为止证券市场的融资交易制度基本可以分为三类,分别以美国、日本和我国台湾地区为代表。本章将重点介绍上述三类融资交易制度,并对比分析目前我国的实际情况。

## 第一节 美国的融资交易制度

### 一 融资交易模式

#### (一)模式简介

美国融资交易采取的是市场化的分散授信模式,即不存在专门办理证券金融业务的证券金融公司，券商主要用自有资金或向银行（或其他持币机构）转融通筹集的资金向投资者提供融资服务（简军，2009）。整个融资的交易过程可归纳为图3-1。

如图3-1所示，在分散授信模式中，券商成为融资交易的绝对枢纽，承担了主要的风险控制责任，同时也获得了融资交易的最大利益。券商直接面对客户，并且通过证券抵押或签订回购协议的方式直接与银行等持币机构沟通，开展转融通业务。由于市场上存在大量有资格从事融资交易的券商，整个业务涉及的风险由所有券商分摊和承担，政府无须设立单独的证券金融公司进行统一管理。换言之，此时信用交易的风险主要体现在市场主体的业务风险上，监管当局只是对市场的运行规则做出统一的制度安排并监督执行。因此市场化的分散授信模式要求相应的经济体具备完善的市场机制、健全的法律框架以及良好的信用基础。

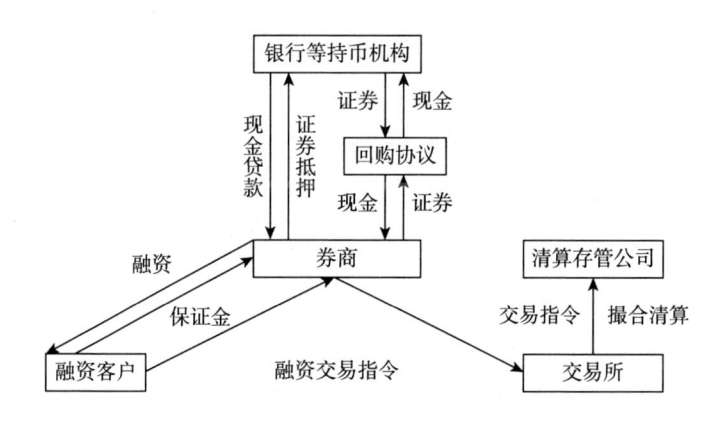

**图3-1 市场化的分散授信模式**

资料来源：简军，《融资融券》，南京大学出版社，2009。

## （二）选择该模式的原因

美国采用的分散授信模式与其政治、经济体制密切相关。美国是典型的资本主义国家，实行民主共和制，三权分立。宪法赋予各州立法权，地方实行自治。自由平等是美国人价值观中极其重要的一部分。自由竞争的市场经济就是在这一价值观上建立起来的。

市场经济的特点是：强调经济活动应依据经济规律自发运行，反对国家制定经济发展规划；主张国家尽量对私人企业少干涉，实行自由竞争、自由贸易；倡导企业承担高风险、获得高利润（郭建新，1993）。该经济体制能够充分发挥市场竞争的优势，优化资源配置，有利于投资的增加和生产力的发展。美国因而成为最发达的资本主义国家之一。发达的金融市场及自主性较强的金融机构促使美国的融资交易采取市场化的分散授信模式。

### （三）模式的基本特点

美国是市场化分散授信模式的典型代表，其模式具备以下主要特点。

第一，融资市场化程度高。美国的金融体系健全且高度发达，市场准入制度较为宽松，监管较为严格。具体表现之一是在融资交易中对授信主体、授信对象等的规定相对于其他国家而言比较宽松：对于授信主体，其只要是资金充裕的持币机构，就可通过市场化机制参与融资，借出资金；对于授信对象，投资者只要满足一定条件便可通过券商获取所需资金。而券商在自身资金不足的情况下，可以通过支付相应的对价向银行等持币机构融通资金。

第二，融资来源较丰富。美国市场上的各类主体（包括银行和在联邦储蓄委员会注册的非银行机构）只要有充裕的资金，皆可对外借贷。因此融资具有比较丰富的来源。

第三，金融市场间的联系较紧密。美国金融市场中的各个子市场（如货币市场和资本市场）之间是相互开放的，资金可以在不同的市场间自由流动。信用交易体系建立在证券基础之上，因此其与货币市场同样也是相互关联的。在美国，货币市场对机构开放，各机构皆可通过货币市场获得资金以贷给自有资金不足的券商，保障其参与融资。

第四，监管法律法规较完善。美国的证券交易委员会（Securities and

Exchange Commission)、联邦储蓄委员会（The Federal Reserve Board of Governors）、证券交易所等监管机构针对信用交易制定了较为完善的监管规则。虽然市场参与者的自由度较高，政府较少干预市场运行，交易由市场参与者自发完成，但是政府对市场行为的监管是非常严格细致的。

## 二 融资的监管

美国的融资监管制度充分体现了市场化分散授信模式的特点，即监管当局只在立法、规则方面做强制性管理，其他部分则由市场参与者根据自身状况及市场需求，依照市场经济的原则来决定。

美国的融资法律是建立在两大联邦法律和三大规则基础之上的。前者包括1934年制定的《证券交易法》（Securities Exchange Act, 1934）和1996年出台的《1996年全国性证券市场促进法》（The National Securities Markets Improvement Act of 1996, NSMIA）。其中《证券交易法》第七章对交易保证金的规定确立了联邦储蓄委员会的监管地位：联邦储蓄委员会有权制订实施细则，根据具体的融资规模和市场需求，调整保证金比例，防止过度投机或股价过度波动。《1996年全国性证券市场促进法》则对融资交易进行了局部修改，在一定程度上缩小了《证券交易法》第七章规定的联邦储蓄委员会的监管范围。后者包括联邦储蓄委员会制定的规则T（Regulation T）、规则U（Regulation U）及规则X（Regulation X）。其中规则T规范了经纪人和交易商的信用，规则U规范了银行和其他非银行贷款人（Non-bank Lenders）的信用，而规则X规范了在美国境内或境外获得的信用。除联邦储蓄委员会外，证券交易所、券商协会等行业自律组织在融资交易中也扮演着重要角色。证券交易所有权根据联邦储蓄委员会的规定，结合自身状况制订融资细则。例如纽约证券交易所关于融资交易的规则6.1及规则6.2明确：①在联邦储蓄委员会规定的初始保证金基础上，交易所可以根据具体情况进行调整，确定信用交易中实际执行的初始保证金比例；②信用账户的维持担保比例及客户在无法达到这一条件时补足保证金的时限、程序、办法或客户不能满足此条件时券商所具有的权力和处理办法。相比之下，券商协会的重要作用则体现在对融资合同的规范上。

## 三 融资的参与主体资格

美国对于融资客户资格的要求较为宽松，仅限于资金和程序。例如，纽约证券交易所第431号条例及纳斯达克证券交易所第2520号条例规定：融资交易的开户金额不得低于2000美元且开户后账面金额必须保持在此基础之上；进行日融资交易的开户金额不得低于25000美元且开户后账面金额必须保持在此基础之上。

对于券商资格限制方面，1934年《证券交易法》规定负债与流动资产比低于15∶1的券商即可办理信用交易业务。

而对于能够作为信用交易的标的证券，根据规则T的要求，其必须满足以下条件：必须是在全国性的证券交易所上市交易或在柜台市场交易活跃的证券，必须在证券交易委员会开列的名单上。

## 四 融资的保证金比例

美国联邦储蓄委员会规定信用交易的初始保证金比例为50%，维持担保比例由各交易所自行制定。以纽约证券交易所为例，其融资交易的维持担保比例为25%。当实际的保证金比例低于规定要求时，客户必须在3个工作日内补齐不足部分，否则券商有权减少融资头寸，从而使总保证金数额降低至账户净值（之下）。

## 第二节 日本的融资交易制度

### 一 融资交易模式

#### （一） 模式简介

日本的融资交易采用的是典型的专业化集中授信模式，即政府主管部门设立专门的证券金融公司调控市场，券商将自有资金或自有资金不足时向证券金融公司再融通筹集的资金提供给投资者（简军，2009）。整个融资交易的过程可归纳为图 3-2。

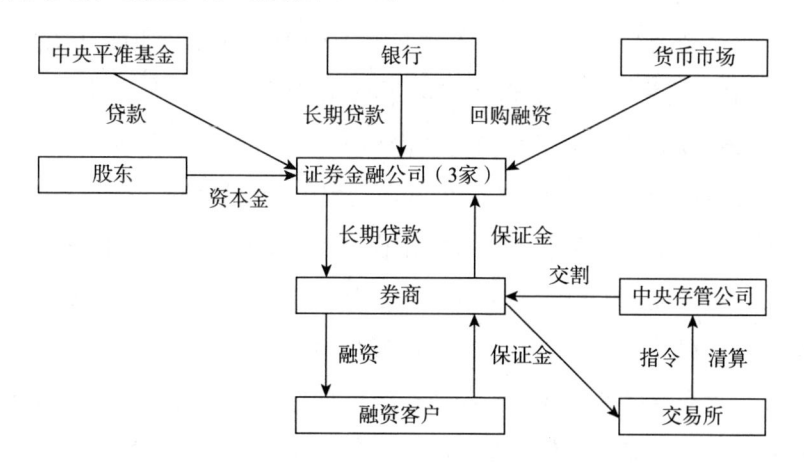

**图 3-2 专业化的集中授信模式**

资料来源：简军，《融资融券》，南京大学出版社，2009。

如图 3-2 所示，在集中授信模式中证券金融公司成为融资交易的绝对枢纽，控制了所有的再融通交易。券商提供给客户的资金大部分通过转融通而来。因此证券金融公司实际上控制了融资的规模、时间等关键要素。监管当局通过管理和控制证券金融公司即可调节资金的流入流出量及时间点，从而依据市场状况控制融资的放大倍数，达到调控市场的目的。因此集中授信模式所对应的经济体一般具有培育时间短、制度不完善、监管手段落后、信用基础薄弱的特征。在这类经济体制下，集中授信模式能最大限度地控制风险，但同时也降低了资源配置的效率。

### （二） 选择该模式的原因

日本采用集中授信模式主要与其特殊的历史和市场状况相关。日本的现代民主制度及现代市场经济制度基本是第二次世界大战后建立起来的。作为二战的战败国，为谋求经济的发展，日本采取了政府导向型市场经济体制，即政府通过实施产业政策和经济计划，对经济进行干预和诱导。日本式的政府干预是对欧美国家干预主义的继承和发展，既执行了"斯密式政府"的着力于市场经济立法和改善经营者投资环境的职能，又执行了"凯恩斯式政府"弥补市场失效的宏观调控的职能（刘力臻，1996）。该经济模式实现了战后日本经济的高速增长。然而与呈奇迹式增长的经济对应的却是主银行制度和滞后的金融市场。与欧美国家相比，日本的证券市场发展历史较短，仅可追溯到19世纪晚期，资本市场远远落后于银行体系，证券市场的自由化程度不高，信用环境不健全，同时为复兴经济，金融机构资金主要投向实体经济，导致券商资金短缺。这些因素共同促成了日本的专业化集中授信模式：设立高度垄断的证券金融公司，向券商提供融资所需的资金，以期在短期内将券商培育成类似美国投资银行的证券经营机构。同时通过证券金融公司控制市场上融资信用的规模，防止融资交易的风险波及保险、银行等相关金融领域，确保政府对融资的有效控制。

### （三） 模式的基本特点

日本是专业化集中授信模式的典型代表，其模式具备以下主要特点。
第一，高度垄断性。集中授信模式的最大特点是设立专业证券金融公司。截至目前日本的证券金融公司有三家，即日本证券金融公司、大阪证券金融公司和中部证券金融公司。在上述三家公司中，日本证券金融公司从成立时间、注册资本、经营收益及市场份额的角度而言均占有绝对优势。在融资交易中，证券金融公司具有排他的垄断地位。券商在自有资金短缺时，只能通过转融通的方式向证券金融公司筹集资金。通过该方式，证券金融公司可以控制信用交易的资金规模。

第二，业务路径清晰，信用交易的操作层级分明。在该模式下，证券金融公司成为融资体系中资金的中转枢纽：券商在自有资金不足时，不能直接向货币市场、银行、保险公司等融资，只能借助证券金融公司。此外客户也无法直接从证券金融公司获取资金，而必须通过券商实现。监管当局只需控制证券金融公司，就可控制市场的资金流量，调节信用交易的放大倍数，有效地防止信用交易过度泛滥而引发的市场剧烈波动。这就形成了日本信用交易模式中的"信用交易客户—券商—证券金融公司—监管当局（金融厅）"四层层级结构。该结构层次分明，分工明确，监管比较容易，这也与日本金融市场欠发达的情况相适应。但是这种结构也在一定程度上禁锢了每一层级的发展，同时有损资源配置的效率。

## 二 融资的监管

日本的融资监管制度充分体现了专业化集中授信模式的特点，即对融资交易的监管具有浓厚的政府监管气氛。

日本关于融资规则的最重要和最系统的法律是《证券交易法》。该法参考了美国1933年的《证券法》和1934年的《证券交易法》，于1948年正式颁布，后经多次修正。《证券交易法》确立了金融厅（原为大藏省）的监管地位，明确指出了其对证券金融公司设立的审批权及对信用交易活动的监管范围。例如关于投资者缴纳的融资初始保证金，《证券交易法》规定最低比例为30%，在此基础上金融厅可以根据市场情况制定具体标准。东京证券交易所可以依照章程及《收托买卖有价证券之管制措施》的规定，在金融厅所规定的比例之上，视市场状况调整全部或个别股票的保证金比例，但必须经过金融厅核准。券商为防止违约损失，可以选择实际执行的全部或个别股票保证金比例，但不得低于金融厅及东京证券交易所确定的比例。而金融厅作为日本内阁府的直属机构，其关于融资相关业务的规定必须得到内阁总理大臣的批准。证券交易所和证券商协会均根据《证券交易法》的规定设立并接受金融厅的监督，其订立的融资规则都充分反映了金融厅的意见。

## 三 融资的参与主体资格

日本对融资客户资格的要求非常宽松。东京证券交易所规定日本本国公民凡是在交易所开通信用交易账户并缴纳一定金额保证金后都能从事信用交易，不受其他限制。

对券商从事融资业务主要的要求是自有资本比例大于120%。一些券商还要受"贷借交易基准额算定基准"（根据此基准计算可融资的额度，避免信用过度膨胀）的限制。

关于融资交易的标的证券，东京证券交易所规定的标的证券主要包括在主板市场交易且回报率较高，同时经由证券主管机关指定的股票。

## 四 融资的保证金比例

日本金融厅规定融资交易的初始保证金比例为30%，维持担保比例通常在20%左右。当保证金比例跌至规定要求之下时，客户必须在3个工作日内补齐不足，否则券商将有权强制平仓。

# 第三节　中国台湾的融资交易制度

## 一　融资交易模式

### （一）模式简介

中国台湾的融资交易模式属于双轨制授信模式，是分散授信和集中授信模式的结合。所谓的双轨，第一轨是证券金融公司与券商签订契约，授权前者为后者提供融资服务，而未签订契约的券商只能从事代理业务，即接受客户的委托，获取证券金融公司的转融通服务；第二轨是具有融资业务许可的券商将自有资金或从证券金融公司、银行、货币市场等处筹得的资金提供给客户。在该模式下，券商获取资金的渠道得到扩展，不再是单一的证券金融公司。换言之，证券金融公司已从排他的垄断性政策机构转向专业化的金融机构（简军，2009）。整个融资的交易过程可归纳为图3-3。

如图3-3所示，在双轨制模式中，一方面证券金融公司可对券商和一般投资者开展直接融资业务，在融资交易中占有重要的地位；另一方面证券金融公司之间相互竞争，相互制约。中国台湾的证券金融公司曾经有4家（复华、环华、富邦、安泰），后经过市场化洗礼变成2家（元大和环华），且2家规模相当，有助于形成有效竞争。因此双轨制授信模式融合了分散授信和集中授信模式的特点，允许所对应的经济体具有不完全成熟的市场环境。

### （二）选择该模式的原因

中国台湾采用双轨制授信模式主要与其特殊的市场状况相关。中国

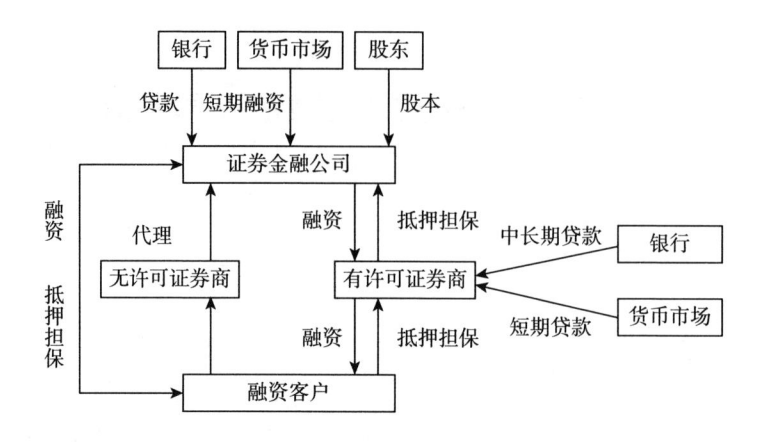

图 3-3 双轨制授信模式

资料来源：简军，《融资融券》，南京大学出版社，2009。

台湾开放融资较欧美、日韩晚很多，因此其证券市场环境并非完全成熟。此外在当时特殊的环境下，由于证券市场信用交易需求旺盛，证券金融公司资金调节困难，因此融资受到限制。台湾融合了分散授信和集中授信模式的特点，形成了具有特色的双轨制授信模式。通过此模式，监管当局不仅可以防止市场剧烈波动、抑制信用交易中的过度投机活动，而且允许不同的证券金融公司在融资（转融通）业务上竞争，有助于提升证券金融公司的整体效率。

### （三）模式的基本特点

中国台湾属于典型的双轨制授信模式，其模式具备以下主要特点。

第一，融资业务许可采取审批制度。截至 2011 年，中国台湾有超过 200 家的券商，但只有约 60 家具备融资业务资格（陈峥嵘和朱蕾，2012）。因此多数券商只能选择接受客户的信用交易委托，寻求证券金融公司的转融通服务。而对于客户而言，其获取资金的来源多样化，既可选择通过券商也可选择从证券金融公司直接获取资金用于信用交易。

第二，证券金融公司的地位具有双重性。中国台湾的融资交易模式本质上类似于日本的集中授信模式，但改变了该模式层级分明的封闭状况。与日本一家证券金融公司几乎完全垄断的情形不同，中国台湾有多家证券金融公司，公司的业务虽有一定的垄断成分，但也存在相互竞争。此外证券金融公司还可直接为客户提供融资服务，因此也与券商形成了竞争关系。

第三，券商与融资市场关系紧密。在双轨制授信模式下，有融资业务许可的券商在其自有资金不足时，既可从证券金融公司又可从银行及货币市场获取所需资金。此类制度安排削弱了券商对证券金融公司资金的依赖，大大降低了证券金融公司在整个融资交易体系中的垄断地位，迫使证券金融公司改变原有业务，将服务的对象从券商扩展到一般投资者。

## 二 融资的监管

中国台湾的融资监管制度规范充分体现了双轨制授信模式的特点，即监管当局对融资交易的监管带有较少的监管气氛，而主要利用"法律法规"进行强制管理，并赋予市场参与者自由裁量的权利。

中国台湾的政权机构由"总统府"及"行政院"、"立法院"、"司法院"、"考试院"、"监察院"组成，采取行政、立法、司法、考试、检察五权分立、相互制衡的形式。相应地中国台湾对于融资业务的监管也与该体制相关，主要分为三个层级结构："立法院—行政院及其他证券主管部门—证券交易所"。其中"立法院"制定相关法律，包括"证券交易法"与"银行法"，从立法的角度对从事融资业务的券商及各类投资者进行监管。"行政院及其他证券主管部门"制定相关法规，包括"证券金融事业管理规则""证券商办理有价证券买卖融资融券管理办法""转融通业务操作办法""证券商承销融资业务操作办法"等，对融资交易的主体资格标准、融资标的证券的标准、证券金融公司的业务范围、证券金融公司和券商内部控制及市场风险控制指标等做出了明确规定。而证券交易所则根据"行政院"制定的法规制定具体的业务操作及市场监控规定。

### 三 融资的参与主体资格

中国台湾对于融资客户的资格要求比较严格，根据证券交易所的规定，其必须满足如下条件：年满20周岁且有行为能力的居民或依法登记的法人；开立受托买卖账户满3个月；最近一年内委托买卖成交达到10笔以上，累计成交金额达到申请融资额度的50%；最近一年所得财产合计达到申请额度的30%（且高于50万新台币）。

同样券商必须满足如下条件才能获得许可证为客户提供融资服务：公司净值达到2亿元新台币；经营有价证券经纪业务2年以上；最近2年结算有营业利润及税前净收益；最近3年未受到"中国台湾证券监督管理委员会"停业或撤销分支机构的处分；最近3年未受到证券交易所停业或限制买卖的处分；已订立业务章程且设置专卖单位，指派的专卖人员不得少于10人（若为分支机构，不得少于5人）；营业保证金达到1.5亿元新台币。

根据"有价证券得为融资融券标准"，能够成为融资的标的证券一般包括以下两类。一类为主板上市的普通股股票，上市达6个月以上，每股净值高于票面价值；非主板上市的普通股股票，除需满足上述要求外，其发行公司必须设立5年以上，实收资本3亿元新台币以上，最近一个会计年度无累积亏损，且营业利润及税前纯利润占实收资本额的比例在3%以上。另一类为上市满6个月的收益凭证，由证券交易所核准公告为融资标的。上述普通股股票如果出现股价过度波动、股权过度集中、成交量过度异常等情况之一，不得作为融资交易的标的。

### 四　融资的保证金比例

根据中国台湾证券交易所 2014 年年报，中国台湾上市和上柜股票的融资初始保证金比例为 60%，最低维持担保比例为 120%。当保证金比例跌至规定要求之下时，客户必须在 2 个工作日内补齐差额，否则券商有权强制平仓。

## 第四节　中国特色的融资交易制度

### 一　融资交易模式

#### （一）模式简介

我国融资交易模式的选择分为两个阶段。第一阶段的融资业务参与主体为资质优良的券商和客户，券商只能以自有资金为客户提供信用。换言之，在该阶段券商在开展融资业务时，除自有资金外没有其他获取资金的渠道，即转融通尚不存在，因此融资业务的市场规模受到限制。这与国际通行做法存在显著差异。第二阶段采取专业化授信模式作为过渡，由证券金融公司为券商提供融资服务，以此加强对信用交易的监管和控制。

#### （二）选择该模式的原因

我国采用两阶段模式同样与自身特殊的市场状况相关。融资对于中国而言是一项新业务，因此政府采取的是审慎策略，仅允许券商贷出自有资金从事信用交易，限制融资规模，防止过度投机。但此类做法使融资规模受限，无法活跃和刺激市场。鉴于我国目前实行的依然是分业经营的金融体制，且证券市场的成熟度不高，市场参与主体的规范运作、信息披露机制、有效监管机制等不完善，社会信用体系欠缺，采取专业化授信模式作为过渡对于金融基础薄弱的中国而言比较合适。

### （三）模式的基本特点

我国融资交易模式的基本特点与美国、日本、中国台湾有明显区别，主要体现在模式的选择呈现阶段性特征："无转融通—专业化授信"。在专业化授信模式下，仅存在一家证券金融公司——中国证券金融公司专门提供转融通业务。证券金融公司占据绝对的垄断地位，体现了明显的国家意志和调控意图，具有相应的宏观调控特征。

## 二 融资的监管

中国的融资监管制度规范充分体现了中国特色，即监管当局对融资交易的监管具有浓厚的政府监管气氛。

中国属于社会主义国家，采用一党领导的多党合作和政治协商制度，即共产党在政治、经济、社会中起主导作用。这种特殊的体制同样也反映在融资业务的监管上。在我国，国务院为中央人民政府、最高国家行政机关，经由《证券法》授权规定证券交易方式。证券监督管理委员会则为国务院的直属机构。国务院颁布的《证券公司监督管理条例》是目前我国融资法律法规中层级较高的一部法律，对融资的定义、券商的经营资质、融资合同、账户管理等业务规则进行了明确规定。证券监督管理委员会制定的《证券公司融资融券业务管理办法》《证券公司融资融券业务内部控制指引》《证券公司风险控制指标管理办法》等是开展融资信用交易的具体规定，构成了我国融资的操作框架。而证券交易所则根据证券监督管理委员会的法规制定具体的业务操作及市场监控规定。

## 三 融资的参与主体资格

根据证券监督管理委员会（简称证监会）的要求，现阶段客户从事信用交易必须满足几项硬性条件：年满 18 周岁且具有完全民事行为能力的中国公民；从事证券交易的时间满 6 个月；在具备融资资格的券商开户满 18 个月；最近 20 个交易日日均证券资产总值不低于人民币 50 万元。

关于券商从事信用交易的资格，《证券公司融资融券业务管理办法》的规定如下：具备证券经纪业务资格；治理健全、内部控制有效；近 2 年内不存在因涉嫌违法违规被证监会立案调查或处于整改的情形；近 2 年各项风险控制指标持续合规，注册资本和净资本符合增加融资业务后的规定；已经完成客户资金的第三方管存；有开展业务的专业人才、机制和系统；近 1 年未发生因公司管理导致的重大事件。

我国对融资标的的限制远强于美国和日本，对证券的规模、流通市值、流动性等方面做出了硬性规定。如《上海证券交易所融资融券交易实施细则》对于标的股票的限制为：在交易所上市超过 3 个月；融资买入标的股票的流通股本不少于 1 亿股或流通市值不低于 5 亿元；股东人数不少于 4000 人；近 3 个月日均换手率不低于基准指数日均换手率的 15%，且日均成交金额不低于 5000 万元；近 3 个月日均涨跌幅度平均值与基准指数涨跌幅度平均值的偏离不超过 4%，波动幅度未达到基准指数波动幅度的 5 倍。

## 四 融资的保证金比例

我国对于融资保证金比例的要求更加严格。上海证券交易所和深圳证券交易所规定的初始保证金比例为 100%，维持担保比例为 130%。当维持担保比例低于 130% 时，客户必须在 2 个交易日内追加担保物，且追加担保物后的维持担保比例不得低于150%。

本章重点分析了国际上重要的融资交易制度间的联系和区别,从融资交易模式、融资的监管、融资的参与主体资格及融资保证金比例四个方面说明我国融资交易制度的中国特色。而在上述四个组成部分中,保证金比例又被认为是信用交易保证金制度的核心,其重要性不容忽视(李诗瑶和李星汉,2017)。齐萌(2012)指出保证金可以有效降低融资交易的成本、控制证券市场的过度投机、防范和控制融资交易带来的风险。设定保证金比例必须同时考虑市场交易的安全性和流动性:过高的保证金比例虽可降低券商面临损失的风险,但也会增加交易成本,影响市场的流动性;反之亦然。2015年中国股市的暴跌便是一例。此次股灾对当时的保证金体系提出了巨大挑战。下一章将重点剖析我国融资交易保证金比例的历史和现状。研究该问题对于作为新兴市场的中国具有重要意义,有助于深入了解其存在的不足、提出改进方案,便于监管当局更好地调控市场风险。

# 第四章
# 我国融资交易的保证金水平

防范融资市场风险有两道防线——保证金制度和强行平仓制度,其中保证金制度是控制整个交易系统风险程度的核心因素。保证金分为初始保证金和维持保证金两类,保证金制度主要包括保证金账户、保证金比例的设定及调整、保证金的追缴等,其中保证金比例是该制度的核心。保证金比例决定了投资者融资买入交易的杠杆率及融资规模,对提高市场效率和降低市场风险有重要意义。相对于证券现货交易模式,我国推出的融资交易是一种新型的证券交易模式,交易的复杂程度高,保证金比例设定的难度大。本章将详细介绍我国融资交易保证金比例的历史和现状,并深入剖析其存在的问题,提出初步的改进方案。

## 第一节 融资交易保证金概况

### 一 标的证券

根据《上海证券交易所融资融券交易实施细则》和《深圳证券交易

**中国融资业务保证金系统研究**

所融资融券交易实施细则（2015 年修订）》的规定，融资交易标的证券为在沪、深交易所上市并经交易所认可的股票、证券投资基金、债券和其他证券。而在现实市场交易中，股票已成为融资交易标的证券的主要组成部分。如图 4-1 及图 4-2 所示，截至 2018 年 5 月 2 日，沪、深两

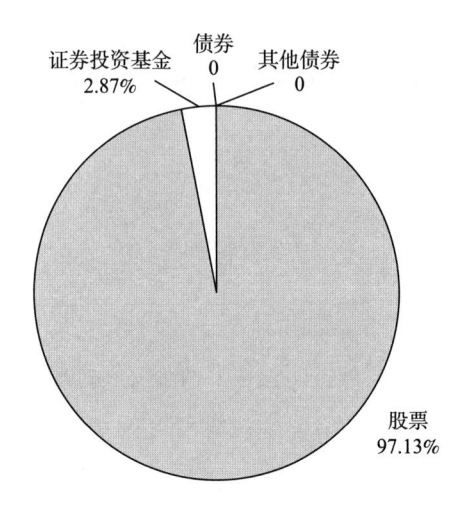

图 4-1 融资交易标的证券分布情况（2018 年 5 月 2 日）
资料来源：上海证券交易所、深圳证券交易所。

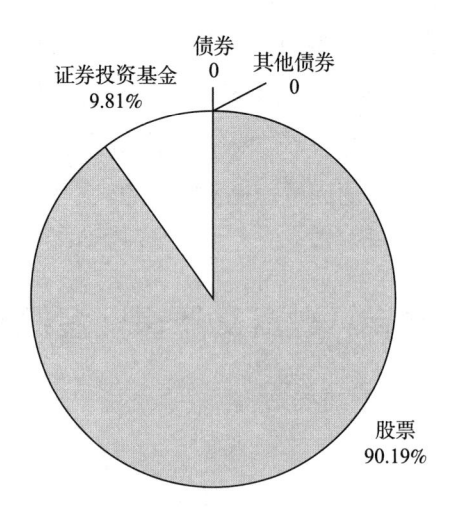

图 4-2 标的证券融资账户余额分布情况（2018 年 5 月 2 日）
资料来源：上海证券交易所、深圳证券交易所。

交易所融资标的证券中共有股票947只,占比为97.13%;证券投资基金28只,占比为2.87%。当日股票融资余额为8671.152亿元,占比为90.19%;证券投资基金融资余额为943.387亿元,占比为9.81%。

以股票为主导的融资交易的形成主要与中国证券市场自身的特点有关。中国证券市场的发展始于20世纪90年代初沪、深两交易所的正式成立,市场起步晚、成熟度低,证券投资品种有限。

> "中国资本市场被严格控制。存贷款基准利率由政府设定,目的是确保国有银行能从低存款利率和较高贷款利率间的差额中牟利。通常情况下,存款的实际利率为负。资本控制限制了投资渠道,国家力量的普遍存在抑制了私有化和资本市场的发展。结果导致效率极低的金融体系,使得国有银行的资金主要投资于国有企业。资本禁锢意味着个人投资选择范围的狭隘,从而减少其创造财富的机会。"①

通常情况下,股票是中国投资者进行分散投资的主要渠道(Yao and Luo,2009)。如表4-1所示,以深圳证券交易所为例,其上市的股票数量从1991年的6只增加至2017年的2127只。相比之下,同时期债券(证券投资基金)数量从1只(无)增加至2970(535)只。虽然股票数量的增长速度并非最快,但其在2015年前每年的绝对数量远远超过其他上市证券(包括债券、证券投资基金及权证)。例如2015年,在3439只上市证券中,股票数量为1784只,占比52%,与1179只债券、476只基金和0只权证形成鲜明对比。

---

① Dorn, J. A., "The Role of China in the U. S. Debt Crisis", *Cato Journal* 33 (1), 2013, pp. 78-79.

表4-1 深圳证券交易所上市证券分布情况（1991～2017年）

单位：只

| 年份 | 股票 | | | | | 债券 | | | | | 证券投资基金 | | | | | 权证 |
|---|---|---|---|---|---|---|---|---|---|---|---|---|---|---|---|---|
| | A股 | B股 | 中小板 | 创业板 | 总计 | 国债 | 公司债 | 可转换债 | 债券回购 | 总计 | ETFs | 开放式 | 分级 | 封闭式 | 总计 | |
| 1991 | 6 | — | — | — | 6 | — | — | — | — | 1 | — | — | — | — | — | — |
| 1992 | 24 | 9 | — | — | 33 | — | 5 | — | — | 5 | — | — | — | — | — | 1 |
| 1993 | 76 | 19 | — | — | 95 | — | 8 | 1 | — | 9 | — | — | — | — | — | 1 |
| 1994 | 118 | 24 | — | — | 142 | 40 | 6 | 1 | — | 47 | — | — | — | 8 | 8 | 15 |
| 1995 | 127 | 34 | — | — | 161 | 13 | 1 | 1 | — | 15 | — | — | — | 10 | 10 | 6 |
| 1996 | 227 | 43 | — | — | 270 | 18 | 1 | — | — | 19 | — | — | — | 10 | 10 | — |
| 1997 | 48 | 51 | — | — | 99 | 18 | 2 | — | — | 20 | — | — | — | 10 | 10 | — |
| 1998 | 400 | 54 | — | — | 454 | 16 | 2 | 1 | — | 19 | — | — | — | 10 | 10 | — |
| 1999 | 450 | 54 | — | — | 504 | 15 | 3 | 2 | — | 20 | — | — | — | 16 | 16 | — |
| 2000 | 499 | 58 | — | — | 557 | 16 | 2 | 3 | — | 21 | — | — | — | 18 | 18 | — |
| 2001 | 494 | 56 | — | — | 550 | 19 | 1 | 3 | — | 23 | — | — | — | 25 | 25 | — |
| 2002 | 494 | 57 | — | — | 551 | 25 | 4 | 6 | — | 35 | — | — | — | 29 | 29 | — |
| 2003 | 491 | 57 | — | — | 548 | 31 | 9 | 10 | — | 50 | — | 1 | — | 29 | 29 | — |
| 2004 | 484 | 56 | 38 | — | 578 | 39 | 13 | 13 | — | 65 | — | 10 | — | 29 | 30 | 0 |
| 2005 | 481 | 55 | 50 | — | 586 | 53 | 16 | 11 | — | 80 | 2 | 15 | — | 29 | 39 | 3 |
| 2006 | 464 | 55 | 102 | — | 621 | 62 | 24 | 7 | — | 93 | 2 | 15 | — | 29 | 46 | 8 |

第四章 我国融资交易的保证金水平

续表

| 年份 | 股票 | | | | | 债券 | | | | | ETFs | 证券投资基金 | | | | 权证 |
|---|---|---|---|---|---|---|---|---|---|---|---|---|---|---|---|---|
| | A股 | B股 | 中小板 | 创业板 | 总计 | 国债 | 公司债 | 可转换债 | 债券回购 | 总计 | | 开放式 | 分级 | 封闭式 | 总计 | |
| 2007 | 455 | 55 | 202 | — | 712 | 70 | 26 | 5 | — | 101 | 2 | 25 | — | 21 | 48 | 7 |
| 2008 | 454 | 55 | 273 | — | 782 | 85 | 41 | 5 | — | 131 | 2 | 28 | — | 18 | 48 | 3 |
| 2009 | 473 | 54 | 327 | 36 | 890 | 159 | 62 | 3 | 13 | 237 | 2 | 33 | 5 | 15 | 55 | 1 |
| 2010 | 473 | 54 | 531 | 153 | 1211 | 198 | 70 | 5 | 13 | 286 | 3 | 55 | 20 | 15 | 93 | 0 |
| 2011 | 472 | 54 | 646 | 281 | 1453 | 213 | 102 | 6 | 13 | 334 | 14 | 78 | 45 | 14 | 151 | 0 |
| 2012 | 472 | 53 | 701 | 355 | 1581 | 191 | 176 | 5 | 9 | 381 | 18 | 97 | 100 | 13 | 228 | 0 |
| 2013 | 468 | 53 | 701 | 355 | 1577 | 218 | 235 | 8 | 9 | 470 | 32 | 116 | 133 | 10 | 291 | 0 |
| 2014 | 468 | 51 | 732 | 406 | 1657 | 267 | 241 | 10 | 9 | 527 | 37 | 130 | 169 | 3 | 339 | 0 |
| 2015 | 467 | 49 | 776 | 492 | 1784 | 893 | 276 | 1 | 9 | 1179 | 46 | 156 | 270 | 4 | 476 | 0 |
| 2016 | 467 | 49 | 822 | 570 | 1908 | 1620 | 420 | 8 | 9 | 2057 | 48 | 202 | 257 | 4 | 511 | 0 |
| 2017 | 465 | 49 | 903 | 710 | 2127 | 2452 | 491 | 19 | 8 | 2970 | 52 | 242 | 240 | 1 | 535 | 0 |

注：—表示相关数据当年未提供。截至本书成稿，交易所暂未提供 2018 年数据。

资料来源：《深圳证券交易所市场统计年鉴（2017）》。

在中国市场,唯一能与股票媲美的投资方式是银行存款。但由于政府干预造成市场的不完善,为补助国有银行而损害私人储户利益的现象出现,存款的实际利率往往为负(Yao and Dan,2009)。表4-2与图4-3对比了1991~2018年一年期存款利率与通货膨胀率的表现,其信息表明银行存款在中国并非可靠的投资方式。具体而言,银行存款最大(小)的实际利率为每年5.990%(-14.630%)。如果投资者在1991年初投资银行存款,2018年底将获得-0.020%的平均年收益。换言之,在1991~2018年,通货膨胀导致购买力下降,投资者持有银行存款几乎无法获利,甚至会亏损。

表4-2 一年期存款利率与通货膨胀率(1991~2018年)

| 年份 | 存款利率 | 通货膨胀率 | 差额(实际利率) |
| --- | --- | --- | --- |
| 1991 | 9.360% | 3.400% | 5.960% |
| 1992 | 8.100% | 6.400% | 1.700% |
| 1993 | 8.940% | 18.290% | -9.350% |
| 1994 | 10.980% | 25.610% | -14.630% |
| 1995 | 10.980% | 10.470% | 0.510% |
| 1996 | 9.210% | 7.210% | 2.000% |
| 1997 | 7.170% | 3.670% | 3.500% |
| 1998 | 5.030% | -0.960% | 5.990% |
| 1999 | 2.890% | -0.960% | 3.850% |
| 2000 | 2.250% | 1.570% | 0.680% |
| 2001 | 2.250% | -0.360% | 2.610% |
| 2002 | 2.030% | -0.360% | 2.390% |
| 2003 | 1.980% | 3.290% | -1.310% |
| 2004 | 2.030% | 2.310% | -0.280% |
| 2005 | 2.250% | 1.570% | 0.680% |
| 2006 | 2.340% | 2.800% | -0.460% |
| 2007 | 3.150% | 6.570% | -3.420% |
| 2008 | 3.850% | 1.330% | 2.520% |

续表

| 年份 | 存款利率 | 通货膨胀率 | 差额（实际利率） |
|---|---|---|---|
| 2009 | 2.250% | 1.690% | 0.560% |
| 2010 | 2.290% | 4.410% | -2.120% |
| 2011 | 2.910% | 5.400% | -2.490% |
| 2012 | 3.050% | 2.600% | 0.450% |
| 2013 | 2.800% | 2.600% | 0.200% |
| 2014 | 2.680% | 2.000% | 0.680% |
| 2015 | 1.930% | 1.400% | 0.530% |
| 2016 | 1.500% | 2.000% | -0.500% |
| 2017 | 1.500% | 1.600% | -0.100% |
| 2018 | 1.500% | 2.100% | -0.600% |
| 均值 | 4.190% | 4.200% | -0.020% |

注：若存款利率当年调整一次及以上，存款利率为年平均数。
资料来源：Thomson Reuters Datastream、中国人民银行及 OECD。

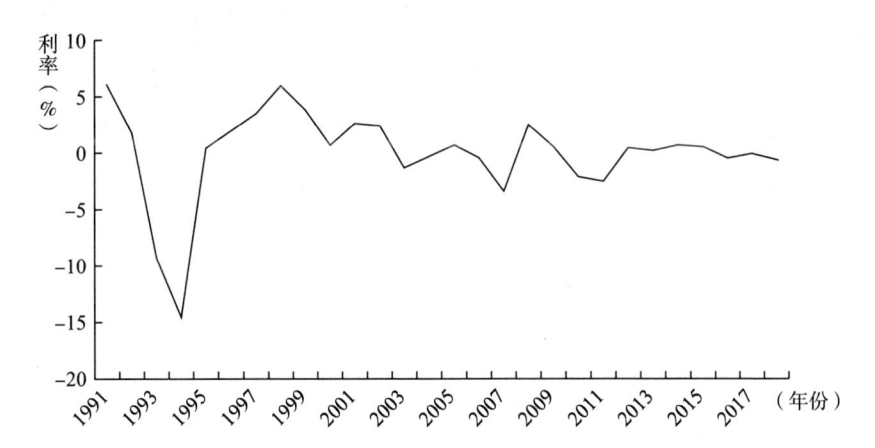

**图 4-3　一年期存款利率与通货膨胀率的差额（实际利率）（1991~2018 年）**

鉴于股票在中国资本市场上所处的主导地位，特别是其在融资标的证券中扮演的重要角色，本书后续内容将重点围绕股票展开。另外由于保证金比例的设定与标的证券息息相关，接下来本书将首先详细介绍股市的基本情况，包括股市的历史、基本统计数据和表现。

## （一） 标的证券——股票的市场历史

中国股市发展至今已有近 30 年的历史。据 Chen（2009）所述，该市场的历史可分为四个特色鲜明的阶段：萌芽阶段、初始阶段、巩固调整阶段和加速发展阶段。附录 1 详细介绍了每个阶段的法制发展情况。

### 1. 萌芽阶段（20 世纪 80 年代初至 1992 年）

萌芽发生在 20 世纪 80 年代初至 1992 年这一时间段。此阶段的特殊之处在于政府债券、银行债券和公司债券开始发行并交易，股份制出现。

发生在萌芽阶段的重大事件包括 1990 年 11 月 26 日上海证券交易所及同年 12 月 1 日深圳证券交易所的成立，标志着统一的股票市场开始成形。而促成资本市场历史上这一里程碑式事件的因素主要为四大与邓小平领导的中国经济改革相关的事项：首先，1981 年发行长期国债弥补预算赤字作为市场筹资方式的首次实验，为股票替代债券筹资铺平了道路；其次，11 家国有企业开始通过公开发行股票筹集资金，证明市场有能力为公司的持续发展提供财务支持；① 再次，1986 年上海、北京、天津、沈阳、哈尔滨及广州建立的证券二级市场因流动性不足而发展受到影响，亟须一个标准化的证券市场进行规范；最后，20 世纪 80 年代后期 4 家为协助政府发行债券和股票的专业经纪公司成立，为证券公开发行提供了经验。②

Heilmann（2002）对萌芽阶段的特点做出下述总结："1992 年之前，本地市场股票交易繁荣，但并无统一有效的监管。"③ 具体而言，在该阶段，由于经济市场化的需要，中国证券市场开始形成，并以区域内的股

---

① 11 家公司分别为深物业、深南玻、深康佳、深中华、深深宝、深中厨、深华源、深华发、深石化、深中冠、深科技。
② 4 家公司包括海通证券和申银证券。
③ Heilmann, S., "The Chinese Stock Market: Pitfalls of a Policy-driven Market", *Center for East Asian and Pacific Studies Working paper*, 2002, p. 3.

份制试点方案和区域间不同监管规则为特点。深圳"8·10"股票抢购引发暴动的特殊事件，凸显了监管措施的缺乏和落后于经济发展的法律制度。因此这一阶段可看作市场自发且缺乏规范、亟须实行统一和标准化规章制度的时期。

2. 初始阶段（1993~1997年）

初始阶段始于1993年邓小平的南方谈话，截至1997年中国共产党第15届全国人民代表大会的召开。该阶段的主要特点是政府试图通过建立资本主义与社会主义制度间的纽带将私有化引入中国。

在初始阶段，中国股票市场从区域化转向统一化、全国化。与股票持有制度及国有企业体制相关的法制体系的变革促进了证券市场的发展。例如1992年10月国务院证券委员会（简称国务院证券委）和中国证券监督管理委员会的成立被认为是该阶段证券市场发展的重大突破，意味着统一的监管体系开始形成。1993年12月29日第8届人大常委会第5次会议通过的《中华人民共和国公司法》首次以法律法规的形式对证券市场的监管做出了明确规定，为市场的进一步发展奠定了坚实的基础。

但是由于中国股票市场的历史尚短，相应的制度还不完善。例如虽然国务院证券委和中国证监会的成立有助于完善证券市场监管体系，但市场面临重复监管等问题（如中国人民银行管理证券经营，而沪、深两交易所的证券业务却受中国证监会监管）。体制的不完善为违法活动创造了空间。Wang和Xu（2004）指出："与其他新兴市场一样，中国证券市场同样遭受公司治理不完善、会计与市场操纵以及内幕交易问题的困扰。"[①] 具体事件详见表4-3。

---

[①] Wang, F. H., and Xu, Y. X., "What Determines Chinese Stock Returns?" *Financial Analysts Journal* 60, 2004, p.65.

表 4-3　中国股票市场违规事件 (1993~1997 年)

| 公司 | 年份 | 违规行为 | 详述 |
| --- | --- | --- | --- |
| 大庆联谊 | 1996 | 违规操作、弄虚作假、欺骗上市、行贿贪污 | 公司高层以股票方式向党政机关领导行贿，从事非法活动，骗取上市资格，大肆侵占所筹资金 |
| 琼明源 | 1996 | 虚构利润 | 1998 年证监会宣布该公司 1996 年财务报表存在虚假记载，其中虚增收入 5.7 亿元 |
| 长虹 | 1996~1997 | 多重欺诈 | 公司被指控涉嫌从事多项非法活动，如虚增利润、隐瞒可能对投资者投资决策产生重大影响的信息、行贿 |

资料来源：Anderson, D. M., "Taking Stock in China Company Disclosure and Information in China's Stock Markets", *The Georgetown Law Journal* 6, 2000, pp. 1919-1952; Chen, D. S., "Legal Development in China's Securities Market during Three Decades of Reform and Opening-up", SSRN Working Paper, 2009。

一般而言，初始阶段的中国证券市场缓慢前行，法律制度开始发展，监管制度更加统一规范。

3. 巩固调整阶段 (1998~2004 年)

巩固调整阶段在一系列国内金融违规事件和 1997 年亚洲金融危机的背景下展开。此阶段的特点是证券市场监管进一步集中、法制进一步完善、企业进一步私有化。

在经历了萌芽和初始两阶段的积累后，中国证券市场的建设取得了重大进展。但如前所述，其制度仍存在不足，阻碍了市场的进一步发展。因此政府制定了一系列的政策以稳定和规范市场，其中包括 1999 年《证券法》的出台（预示着中国证券市场进入立法治理的新阶段）、证券市场监管的统一及促进私有化措施的实行（Chen, 2009），详见表 4-4 和表 4-5。

表 4-4　促进证券市场监管统一的措施 (1998~2000 年)

| 年份 | 事件 |
| --- | --- |
| 1998 | 证券委与证监会合并；证监会吸收 30 多家地方券商；证券监管权力由人民银行移交至证监会；全国人民代表大会通过了《中华人民共和国证券法》，正式确立了证监会在市场中的重要地位 |

续表

| 年份 | 事件 |
|---|---|
| 2000 | 证监会扩充了其在北京的中央办事处和在地方分支机构的执行单位 |

注：证券委和证监会为两大对证券市场进行监管的非政府组织。然而其监管权力面临着来自人民银行和证券交易所等现存机构的巨大挑战。随着监管体制的改革，这些问题逐步得到解决。

表 4–5　加强私有化改革（1999~2004 年）

| 年份 | 事件 |
|---|---|
| 1999 | 证监会放宽了首次股票公开发行（IPO）的配额制度，允许更多的公司进入股票市场融资 |
| 2001 | IPO 的配额制度最终被废除；B 股市场对国内投资者开放 |
| 2002 | 国内 A 股市场对海外投资者开放 |
| 2003 | 养老基金获批进入股票市场投资 |
| 2004 | 保险资金获批进入股票市场投资；证监会正式批准深交所设立创业板 |

随着法院逐步开始审理与证券市场活动相关的民事赔偿案件，司法监管领域也发生了重大变化。例如最高人民检察院和公安部联合发布的《关于经济犯罪案件追诉标准的规定》大大提高了对证券犯罪起诉的可能性。然而由于中国证券市场的历史较短，法律的颁布和执行之间依然存在差距。Chen（2003）指出："《中华人民共和国证券法》实施至今已有 4 年多历史。中国的司法体系虽然已取得很大的进展，但依然无法解决法律如何具体贯彻实施的问题。'书本之法'与'实践之法'之间存在较大差距。"

总而言之，巩固调整阶段的证券市场结构更加规范，市场更加稳定，监管治理水平得到大大提升。

**4. 加速发展阶段（2005 年至今）**

加速发展阶段始于 2005 年，该阶段被认为是一个高增长同时股市逐步与国际接轨的阶段。

在加速发展阶段，一系列变化推动市场发展到新的水平。例如 2005 年 10 月 27 日全国人民代表大会通过了《公司法》和《证券法》修订案，形成了一套新的法律制度,使得相关的法律法规逐步得到实施。2005年4月29日至2007年底的股权分置改革为股市的健康发展奠定了良好的基础。此外包括监管机构、自律机构和中介机构的多层次监管体系逐渐成形。

因此加速发展阶段的股票市场开始以惊人的速度增长,立法监管已上升到一个更高层次,市场的全球一体化进程加快。

## (二) 标的证券——股票市场基本统计数据

基本统计数据包括1991年沪深交易所成立以来证券市场中的上市公司数量、股票发行量及股市市值。为方便与发达市场做比较,该部分还包含中国香港、日本及美国市场的详细数据。

### 1. 上市公司数量

上市公司为在证券交易所或柜台销售证券（包括股票、债券、认股权证等）的公司,其数量是衡量证券市场活动水平的有用指标。表4-6和图4-4对比了1993~2018年中国与其他发达证券市场上市公司数量的动态水平。

表4-6  中国与其他发达市场上市公司数量 (1993~2018年)

单位：家

| 年份 | 上交所 | 深交所 | 合计 | 港交所 | 东交所 | 纽交所 |
|---|---|---|---|---|---|---|
| 1993 | 106 | 77 | 183 | 477 | 1775 | 1945 |
| 1994 | 171 | 120 | 291 | 529 | 1782 | 2218 |
| 1995 | 188 | 135 | 323 | 542 | 1791 | 2242 |
| 1996 | 293 | 237 | 530 | 583 | 1833 | 2467 |
| 1997 | 383 | 362 | 745 | 658 | 1865 | 2626 |
| 1998 | 438 | 413 | 851 | 680 | 1890 | 2670 |
| 1999 | 484 | 465 | 949 | 708 | 1935 | 3025 |
| 2000 | 572 | 516 | 1088 | 790 | 2096 | 2468 |

续表

| 年份 | 上交所 | 深交所 | 合计 | 港交所 | 东交所 | 纽交所 |
|---|---|---|---|---|---|---|
| 2001 | 646 | 514 | 1160 | 867 | 2141 | 2400 |
| 2002 | 715 | 509 | 1224 | 978 | 2153 | 2366 |
| 2003 | 780 | 507 | 1287 | 1037 | 2206 | 2308 |
| 2004 | 837 | 540 | 1377 | 1096 | 2306 | 2293 |
| 2005 | 834 | 547 | 1381 | 1135 | 2351 | 2270 |
| 2006 | 842 | 592 | 1434 | 1173 | 2416 | 2280 |
| 2007 | 860 | 684 | 1544 | 1241 | 2414 | 2297 |
| 2008 | 864 | 761 | 1625 | 1261 | 2390 | 1963 |
| 2009 | 870 | 848 | 1718 | 1319 | 2335 | 2327 |
| 2010 | 894 | 1169 | 2063 | 1413 | 2293 | 2238 |
| 2011 | 931 | 1411 | 2342 | 1496 | 2290 | 2308 |
| 2012 | 954 | 1540 | 2494 | 1547 | 2303 | 2339 |
| 2013 | 953 | 1536 | 2489 | 1643 | 3417 | 2371 |
| 2014 | 995 | 1618 | 2613 | 1752 | 3468 | 2782 |
| 2015 | 1081 | 1746 | 2827 | 1866 | 3511 | 2424 |
| 2016 | 1182 | 1870 | 3052 | 1973 | 3539 | 2307 |
| 2017 | 1396 | 2089 | 3485 | 2118 | 3604 | 2286 |
| 2018 | 1450 | 2134 | 3584 | 2315 | 3652 | 2285 |

注：国际证券交易联合会未提供1991年、1992年相关数据。上交所为上海证券交易所，深交所为深圳证券交易所，港交所为香港证券交易所，东交所为东京证券交易所，纽交所为纽约证券交易所。

资料来源：国际证券交易所联合会（World Federation of Stock Exchanges）。

数据显示，研究期内中国证券市场中上市公司的数量呈显著增长趋势：沪深两交易所上市公司总数已从1993年底的183家增加至2018年底的3584家，在26年的时间内增长了近19倍。上市公司的绝对数量（增长速度）已远超过香港证券交易所和纽约证券交易所（其他三家交易所）。

**2. 股票发行量**

股票发行是指公司出售股份募集资金用于投资核心业务或拓展新业务。表4-7和图4-5、图4-6列示了自1991年以来中国公司新股年发行数量和新股年筹资额。其中有三项重要的发现。首先,监测期内新股年发行数量和年筹资金额均有显著增长:新股年发行数量由1991年底的5亿股增加到2016年底的390.14亿股,同期新股年筹资额从5亿元增加至16257.42亿元。其次,相对于A股、H股和N股市场,B股市场融资功能不足:自1993年起A股、H股和N股市场新股年发行数量和年筹资额远远高于B股市场。最后,作为筹资渠道,A股的市场地位要高于H股和N股市场:虽然总体而言A股市场新股年发行数量更低,但其年筹资金额远大于H股和N股市场。①

表4-7 中国市场新股年发行数量与筹资额(1991~2016年)

| 年份 | 新股年发行数量(亿股) | | | | 新股年筹资额(亿元) | | | |
|---|---|---|---|---|---|---|---|---|
| | A股 | B股 | H股、N股 | 合计 | A股 | B股 | H股、N股 | 合计 |
| 1991 | 5 | 0 | 0 | 5 | 5 | 0 | 0 | 5 |
| 1992 | 10 | 10.75 | 0 | 20.75 | 50 | 44.09 | 0 | 94.09 |
| 1993 | 42.59 | 12.79 | 40.41 | 95.79 | 276.41 | 38.13 | 60.93 | 375.47 |
| 1994 | 10.97 | 10.40 | 69.89 | 91.26 | 99.78 | 38.27 | 188.73 | 326.78 |
| 1995 | 5.32 | 10.90 | 15.38 | 31.60 | 85.51 | 33.35 | 31.46 | 150.32 |
| 1996 | 38.29 | 16.05 | 31.77 | 86.11 | 294.34 | 47.18 | 83.56 | 425.08 |
| 1997 | 105.65 | 25.10 | 136.88 | 267.63 | 825.92 | 107.90 | 360 | 1293.82 |
| 1998 | 86.30 | 9.90 | 12.86 | 109.06 | 778.02 | 25.55 | 37.95 | 841.52 |
| 1999 | 98.11 | 1.77 | 23.05 | 122.93 | 893.60 | 3.79 | 47.17 | 944.56 |
| 2000 | 145.68 | 7.10 | 359.26 | 512.04 | 1527.03 | 13.99 | 562.21 | 2103.23 |
| 2001 | 93 | 0 | 48.48 | 141.48 | 1182.13 | 0 | 70.21 | 1252.34 |
| 2002 | 134.20 | 0 | 157.54 | 291.74 | 779.75 | 0 | 181.99 | 961.74 |
| 2003 | 83.64 | 1 | 196.79 | 281.43 | 819.56 | 3.54 | 534.65 | 1357.75 |
| 2004 | 54.88 | 1.53 | 171.51 | 227.92 | 835.71 | 27.16 | 648.08 | 1510.95 |

① A股是由境内公司发行,供境内机构、组织或个人(不含港、澳、台投资者)以人民币认购和交易的普通股股票。B股是以人民币标明面值、以外币认购和买卖、在境内证券交易所上市交易的人民币特种股票。H股是注册地在内地、上市地在香港的外资股。N股是在中国大陆注册、在纽约上市的外资股。

续表

| 年份 | 新股年发行数量（亿股） | | | | 新股年筹资额（亿元） | | | |
|---|---|---|---|---|---|---|---|---|
| | A 股 | B 股 | H 股、N 股 | 合计 | A 股 | B 股 | H 股、N 股 | 合计 |
| 2005 | 13.80 | 0 | 553.25 | 567.05 | 338.13 | 0 | 1544.38 | 1882.51 |
| 2006 | 351.11 | 0 | 936.66 | 1287.77 | 2463.70 | 0 | 3130.59 | 5594.29 |
| 2007 | 413.27 | 0 | 223.97 | 637.24 | 7722.99 | 0 | 957.18 | 8680.17 |
| 2008 | 114.96 | 0 | 65.38 | 180.34 | 3457.75 | 0 | 317.26 | 3775.01 |
| 2009 | 244.47 | 0 | 155.58 | 400.05 | 5004.90 | 0 | 1073.18 | 6078.08 |
| 2010 | 553.95 | 0 | 367.04 | 920.99 | 9606.31 | 0 | 2365.62 | 11971.93 |
| 2011 | 163.99 | 0 | 108.37 | 272.36 | 5073.07 | 0 | 741.12 | 5814.19 |
| 2012 | 78.86 | 0 | 220.95 | 299.81 | 3127.54 | 0 | 1006.84 | 4134.38 |
| 2013 | 0 | 0 | 259.92 | 259.92 | 0 | 0 | 1066.12 | 1066.12 |
| 2014 | 70.10 | 0 | 284.40 | 354.50 | 4834.04 | 0 | 2253.40 | 7087.44 |
| 2015 | 175.86 | 0 | 444.15 | 620.01 | 8295.14 | 0 | 2679.71 | 10974.85 |
| 2016 | 137.47 | 0 | 252.67 | 390.14 | 15020.79 | 0 | 1236.63 | 16257.42 |

注：截至本书成稿，国家统计局官方网站尚未公布 2017 年和 2018 年相关数据。
资料来源：中国国家统计局。

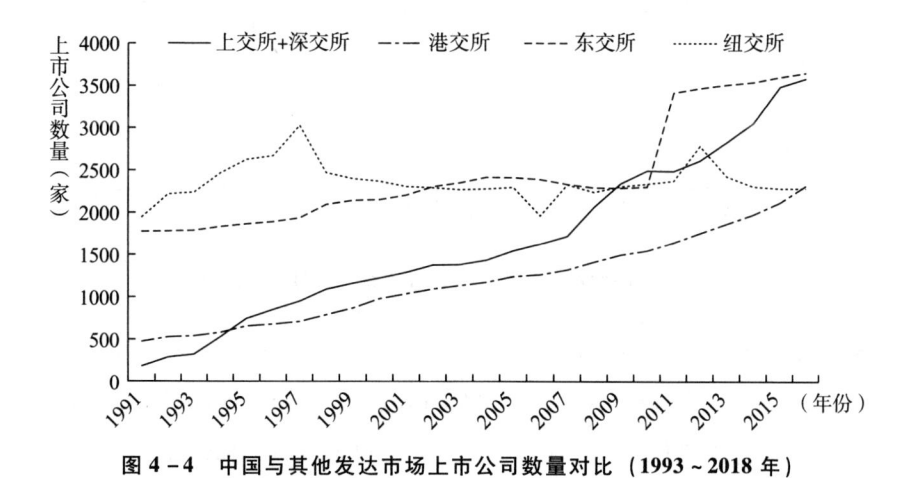

图 4-4 中国与其他发达市场上市公司数量对比（1993~2018 年）

总的来说，图 4-5、图 4-6 和表 4-7 凸显了中国股市新股年发行数量与筹资额的显著增长以及 A 股市场作为融资渠道的重要性。

**3. 股市市值**

市值是指某一特定时间在外发行的股票数量乘以股票价格计算得出

## 中国融资业务保证金系统研究

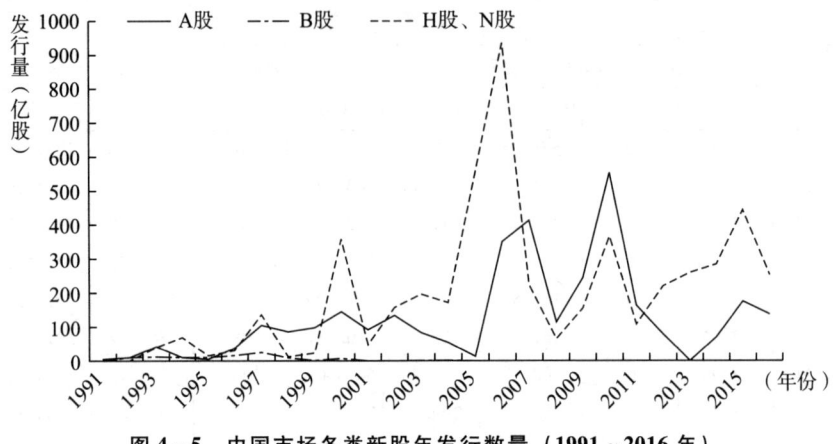

图 4-5 中国市场各类新股年发行数量（1991~2016年）

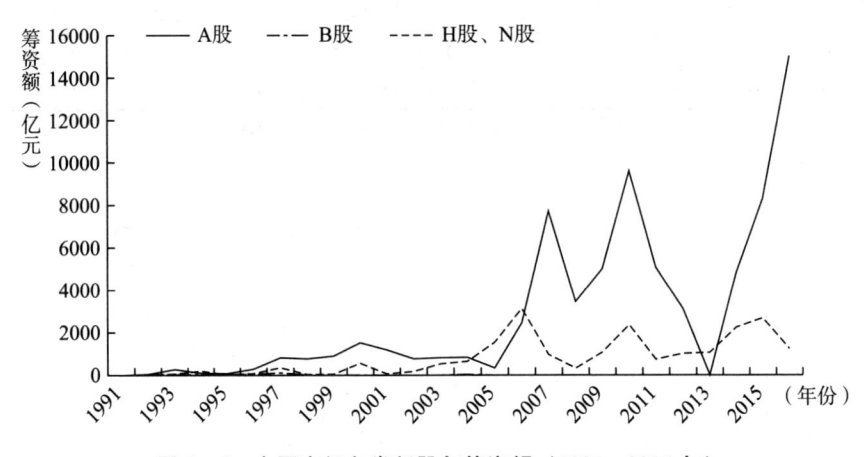

图 4-6 中国市场各类新股年筹资额（1991~2016年）

的价值。证券市场的总市值可以用来检验市场在整个经济中的重要性。表 4-8 使用股市市值占国内生产总值（Gross Domestic Product，GDP）的比例作为比较中国与其他发达证券市场对国民经济贡献的标准。

表 4-8 中国与其他发达证券市场对国民经济的贡献（2002~2017年）

| 年份 | 上交所 | 深交所 | 合计 | 港交所 | 东交所 | 纽交所 |
|---|---|---|---|---|---|---|
| 2002 | 24.80% | 12.70% | 37.50% | 286.70% | 49.50% | 86.00% |
| 2003 | 25.50% | 10.80% | 36.30% | 456.10% | 68.80% | 103.00% |

续表

| 年份 | 上交所 | 深交所 | 合计 | 港交所 | 东交所 | 纽交所 |
|---|---|---|---|---|---|---|
| 2004 | 19.10% | 8.10% | 27.20% | 527.70% | 73.70% | 108.30% |
| 2005 | 12.70% | 5.10% | 17.80% | 591.90% | 107.40% | 109.20% |
| 2006 | 34.20% | 8.50% | 42.70% | 904.90% | 108.30% | 116.40% |
| 2007 | 112.60% | 23.90% | 136.50% | 1281.10% | 98.80% | 113.30% |
| 2008 | 32.90% | 8.20% | 41.10% | 617.00% | 63.40% | 63.80% |
| 2009 | 54.30% | 17.40% | 71.70% | 1094.70% | 65.20% | 83.80% |
| 2010 | 47.30% | 22.80% | 70.10% | 1197.10% | 71.10% | 91.60% |
| 2011 | 30.32% | 13.57% | 43.89% | 906.59% | 51.79% | 111.42% |
| 2012 | 29.37% | 13.26% | 42.63% | 1077.54% | 60.83% | 114.69% |
| 2013 | 25.40% | 14.77% | 40.17% | 1124.39% | 94.14% | 100.52% |
| 2014 | 37.89% | 19.97% | 57.86% | 1109.37% | 101.24% | 111.04% |
| 2015 | 42.84% | 34.27% | 77.11% | 1029.17% | 110.47% | 98.16% |
| 2016 | 38.28% | 30.00% | 68.28% | 994.79% | 107.48% | 105.09% |
| 2017 | 38.64% | 27.49% | 66.13% | 1302.14% | 143.31% | 113.14% |

注：截至本书成稿，国际证券交易所联合会尚未公布2018年相关数据。上交所为上海证券交易所，深交所为深圳证券交易所，港交所为香港证券交易所，东交所为东京证券交易所，纽交所为纽约证券交易所。

资料来源：国际证券交易所联合会（World Federation of Stock Exchanges）。

数据表明与整体经济规模相比，中国股市对经济的贡献依然远低于发达市场。2002~2017年中国股市市值仅占GDP的较少部分。即便在2008年全球股市低迷时期，发达市场的这一数值也远大于中国市场。尽管如此，中国股市对国民经济的重要性却日益凸显：上述比重由2002年的37.50%上升至2017年的66.13%。

总的来说，虽然相对于发达证券市场，中国股市在国民经济中发挥的作用较小，但其重要性日益增强。

### （三）标的证券——股票市场表现

股市表现包括风险收益模式、市场下行风险及市场一体化程度。为充分探究中国股市的特点，该部分将选取1991年沪深交易所成立以来至

2018年的数据。同样为方便与发达市场做比较，该部分还包含了中国香港、日本及美国市场的详细数据。

1. 风险收益模式

鉴于20世纪90年代初沪深交易所成立以来中国股市的惊人增长，研究其风险收益模式对市场参与者有极其重要的意义。早期文章，如Su（2003），详细介绍了中国股市的特点及其与发达市场的区别。通过监测从中国股市的第一个交易日1990年12月20日至1996年12月6日沪深交易所的A股、B股（Shanghai A Share – SHA，Shanghai B Share – SHB，Shenzhen A Share – SZA，Shenzhen B Share – SZB）市场指数、摩根士丹利资本国际市场指数（Morgan Stanley Capital International Index，MSCI）、纽约证券交易所指数（New York Stock Exchange，NYSE）和香港恒生指数（Hang Seng Index，HSI）数据，作者得出以下结论。

（1）沪深两交易所的A股指数平均收益率皆高于纽约证券交易所指数、摩根士丹利资本国际市场指数及香港恒生指数，且伴随着较高的标准差。

（2）相对于上述其他指数，A股、B股指数风险调整后的平均收益率（夏普比率）较低。

（3）中国股市平均收益率的峰度系数普遍高于发达市场，表明中国股市出现异常波动的频率较高。

表4–9使用更新后的数据，即1997年1月1日至2018年5月2日沪深交易所的A股和B股指数、香港恒生指数、日经指数（Nikkei 225 Stock Index，NI 225）和道琼斯工业指数（Dow Jones Industrial Average，DJLA）的日度收益率数据，重新检测上述结论。研究结果如下。首先与Su（2003）的发现一致，在监测期内沪深两交易所A股、B股指数的平均收益率基本上高于发达证券市场指数，且伴随着较高波动率。风险调整后的收益率相对于美国市场而言较低。具体而言，DJLA的日均收益率为0.011%，标准差为0.500%，风险调整后的收益率为2.200%。同期上

## 第四章 我国融资交易的保证金水平

表4-9 中国与其他发达证券市场日度收益率分布特征（1997年1月1日～2018年5月2日）

| | SHA | SHB | SZA | SZB | HSI | NI 225 | DJLA | Average |
|---|---|---|---|---|---|---|---|---|
| 日均收益率（%） | 0.010 | 0.013 | 0.014 | 0.017 | 0.007 | 0.001 | 0.011 | 0.010 |
| 标准差（%） | 0.700 | 0.930 | 0.780 | 0.850 | 0.720 | 0.670 | 0.500 | 0.740 |
| 风险调整后的收益率（%） | 1.429 | 1.398 | 1.795 | 2.000 | 0.972 | 0.149 | 2.200 | — |
| 最小值（%） | -4.080 | -4.470 | -4.460 | -4.370 | -6.400 | -5.520 | -4.890 | |
| 最大值（%） | 4.080 | 4.110 | 4.010 | 4.160 | 8.600 | 5.750 | 4.560 | |
| 偏度 | -0.403 | -0.392 | -0.606 | 0.086 | 0.324 | -0.424 | -0.228 | |
| 峰度 | 7.932 | 7.707 | 6.727 | 7.997 | 16.441 | 9.591 | 12.095 | |
| Jarque-Bera统计值 | 5375.300*** | 4770.100*** | 3305.000*** | 5380.800*** | 3897.100*** | 9501.900*** | 1784.500*** | |

注：在计算风险收益时，我们仅使用均值与标准差之比，而非夏普比率。该方法并不影响我们对于中国股票市场风险回报率的分析。—表示无法计算。\*\*\*表示1%的统计重要性水平。SHA为上证A股指数，SHB为上证B股指数，SZA为深证A股指数，SZB为深证B股指数，HSI为香港恒生指数，NI 225为日经指数，DJLA为道琼斯工业指数。

资料来源：WIND。

证 A 股指数日均收益率为 0.010%，标准差为 0.700%，风险调整后的收益率只有 1.429%，明显低于 DJLA。其次与 Su（2003）的发现相悖的是中国股市收益率的峰度系数均低于发达市场，表明其出现极端情况的频率较低。为探究造成上述现象的原因，以上证 A 股指数为例，图 4-7 刻画了其从中国股市的第一个交易日至 2018 年 5 月 2 日日度收益率的表现。我们发现中国股市的异常波动基本集中在 1992~1995 年市场的发展初期：在考虑（不考虑）上述四年的情况下，上证 A 股指数日度收益率的峰度为 9.772（88.522）。正如多家媒体 2001 年的报道，中国股市最初 5 年的表现并不被外界看好：《华尔街日报》称其为赌场；《经济学人》认为该市场的投资者仅短期投机而非长期持有股票；亚太经合组织指出其股价与公司业绩呈弱相关关联。最后需要指出的是虽然中国股市日度收益率的峰度低于发达市场，但其绝对值依然远高于正态分布的规定值——3.000。同时所有的 Jarque-Bera 统计量都具有统计重要性，再次证明该市场的日度收益率呈非正态分布。换言之，中国股市出现异常波动的概率依然较高。

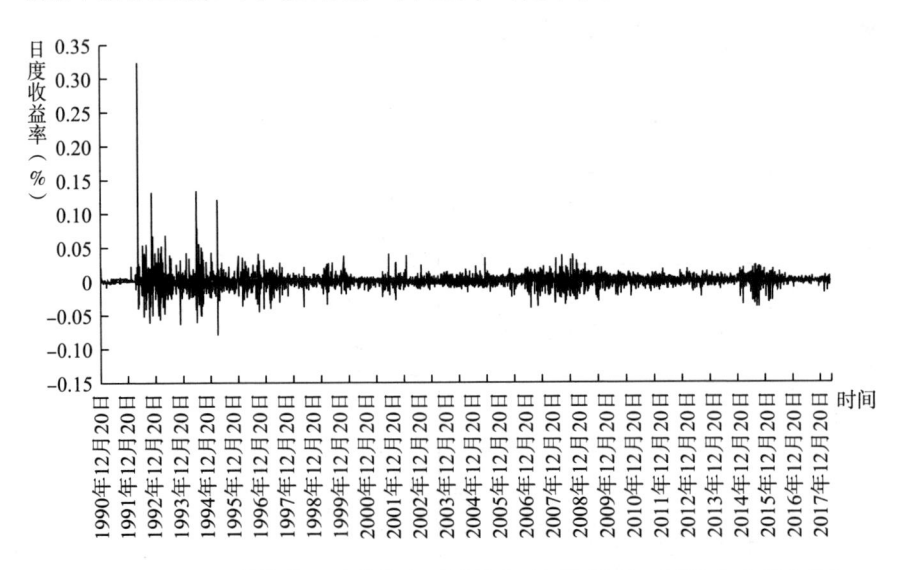

**图 4-7　上证 A 股指数日度收益率（1990 年 12 月 20 日 ~ 2018 年 5 月 2 日）**
资料来源：WIND。

为进一步探究上述现象的成因,我们以上证 A 股指数为例进行研究。Gao（2002）指出中国股市的特性体现在不同层次上,包括"单年"和"单日"现象。换言之,该市场的特殊表现可能仅源于某一年和某一日的价格变化。学术界认为"单年"和"单日"现象是导致中国股市异常波动的重要原因。

为说明"单年"现象对股市表现的影响,图 4-8 描绘了 1991 年 1 月至 2018 年 5 月上证 A 股指数月度价格走势。如图 4-8 所示,在过去的 28 年,指数数次突破了千点临界值。最为显著的上涨是从 2006 年 11 月至 2007 年 10 月连续五次的大幅攀升（如方框 1~5 所示）,接下来便是从 2007 年 11 月至 2008 年底连续五次的大幅下跌（如方框 6~7 所示）,该指数跌回至 2007 年上涨之前的水平。这进一步表明中国股市具有大幅波动的特点,投资该市场面临巨大的潜在风险。

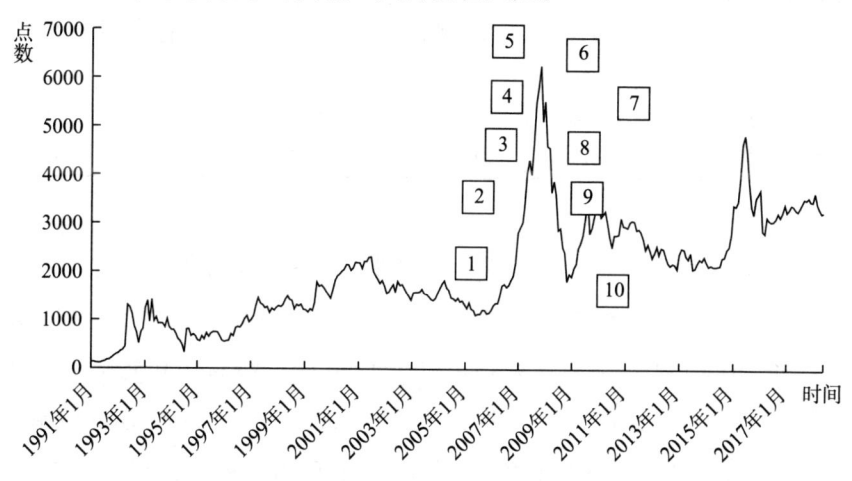

**图 4-8 上证 A 股指数的月度表现（1991 年 1 月~2018 年 5 月）**
资料来源：WIND。

"单日"现象同样也对股市的表现有重要影响。表 4-10 列出了 1991~2018 年上证 A 股指数的十大上涨日和十大下跌日及其各自的涨跌幅度。从中可以看出中国股市的大幅波动总体而言可以归因于个别交易日的表现：十大上涨日中,市场单日上涨皆超过 5%（其中最大涨幅为 32.36%）,

而十大下跌日中，市场单日下跌也皆超过5%（其中最大跌幅为8%）。特别需要指出的是，十大上涨日和十大下跌日均发生在1992~1995年。其原因部分可以归结为1996年12月26日实施的最高涨跌幅（10%）限制政策（Gao，2002）。该政策有助于抑制过度投机行为，防止市场出现暴涨暴跌。

表4-10　上证A股指数的十大涨跌日及其涨跌幅度（1991~2018年）

| 上涨日 | 涨幅 | 排名 | 下跌日 | 跌幅 | 排名 |
|---|---|---|---|---|---|
| 1992年5月21日 | +32.36% | 1 | 1995年5月23日 | -8.00% | 1 |
| 1994年8月1日 | +13.40% | 2 | 1993年12月20日 | -6.34% | 2 |
| 1992年11月25日 | +13.18% | 3 | 1992年10月27日 | -6.13% | 3 |
| 1995年5月19日 | +12.10% | 4 | 1994年8月9日 | -6.10% | 4 |
| 1994年8月5日 | +8.75% | 5 | 1993年3月22日 | -5.69% | 5 |
| 1994年8月3日 | +8.72% | 6 | 1992年8月11日 | -5.20% | 6 |
| 1994年8月10日 | +7.83% | 7 | 1994年10月13日 | -5.12% | 7 |
| 1993年6月2日 | +6.83% | 8 | 1994年10月5日 | -5.10% | 8 |
| 1992年12月11日 | +6.73% | 9 | 1992年12月9日 | -5.05% | 9 |
| 1992年11月27日 | +6.17% | 10 | 1993年3月1日 | -5.05% | 10 |

资料来源：WIND。

为进一步表现"单日"现象的重要性，表4-11提供了对上证A股指数进行模拟投资的结果。假设某投资者具备超前的预见能力，成功地避免了股市的十大下跌日。若该投资者1990年底投资100元于A股市场，2018年5月2日该笔投资将增加至521.619元，年均增长率为7.476%。这与投资者选择简单地买入并持有所取得的最终财富287.545元形成鲜明对比。换言之，股价的下跌伴随着巨大的风险，可能会影响其他与股票相关的交易，如加大融资的违约风险。

表4-11　上证A股模拟投资（1991~2018年）

|   | 10大上涨日 | 10大下跌日 | 其他 | 初始资本 | 最终资本 | 年均回报率 |
|---|---|---|---|---|---|---|
| 1 | 停留 | 停留 | 停留 | ¥100 | ¥287.545 | 5.234% |

续表

| | 10 大上涨日 | 10 大下跌日 | 其他 | 初始资本 | 最终资本 | 年均回报率 |
|---|---|---|---|---|---|---|
| 2 | 停留 | 避免 | 停留 | ￥100 | ￥521.619 | 7.476% |

注：我们假设中国股市的年均交易日为 243 天，且采用 $e^{243 \times \bar{r}_日} - 1$ 公式将日均收益率转换为年均回报率。其中 $\bar{r}_日$ 为日均收益率。

总的来说，中国股市的风险收益模式可概括如下。

（1）沪深两交易所的 A 股、B 股指数的日均收益率大多高于发达证券市场指数，且伴随着较高的标准差，导致风险调整后的收益率低于美国市场。

（2）中国股市存在异常波动的现象，投资风险较大。虽然与发达国家相比，近年来中国股市日均收益率的峰度系数明显降低，但其出现极端情况的概率依然较大。

市场的上述风险模式表现在两个不同的层次：特定年份和特定交易日价格的大幅波动。这些发现对于后续章节研究融资保证金比例的设定有重大意义。

对市场下行风险的正确理解和认识有助于增强融资交易参与各方的风险防范意识，更好地降低杠杆交易的风险。Gao（2002）指出市场下行风险的三项衡量标准包括熊市发生的频率、强度和持续时间。其中熊市是指一个时间段内市场价格的普遍下跌（Chauvet and Potter，1999）。

以上证 A 股指数为标准，表 4-12 列示了中国股市的市场下行风险，包括熊市的持续时间和强度。从广义的角度而言，最大的熊市事件为市场在 287 个交易日内市值下跌 58%，而最小的熊市事件为市场在 136 个交易日内市值下跌 5%。最长的熊市周期为 973 个交易日，最短的为 81 个交易日，平均持续时间为 295 个交易日。

更为清晰的证据源于中国招商证券提供的一份报告。[①] 通过采用改进

---

① 新财富，http://www.xcf.cn/tt2/201208/t20120828_347173.htm。

表 4-12 市场下行风险（1991~2018 年）

| 熊市 | | | |
|---|---|---|---|
| 开始时间 | 结束时间 | 强度 | 持续时间 |
| 1992 年 8 月 31 日 | 1992 年 12 月 23 日 | -12% | 81 个交易日 |
| 1993 年 5 月 24 日 | 1994 年 8 月 4 日 | -46% | 307 个交易日 |
| 1994 年 12 月 6 日 | 1995 年 5 月 17 日 | -11% | 110 个交易日 |
| 1995 年 11 月 13 日 | 1996 年 4 月 17 日 | -14% | 102 个交易日 |
| 1998 年 8 月 4 日 | 1999 年 5 月 20 日 | -11% | 191 个交易日 |
| 2001 年 7 月 25 日 | 2005 年 8 月 8 日 | -46% | 973 个交易日 |
| 2007 年 11 月 27 日 | 2009 年 2 月 3 日 | -58% | 287 个交易日 |
| 2010 年 1 月 25 日 | 2012 年 12 月 13 日 | -33% | 702 个交易日 |
| 2013 年 6 月 6 日 | 2013 年 11 月 14 日 | -6% | 106 个交易日 |
| 2013 年 12 月 20 日 | 2014 年 7 月 11 日 | -5% | 136 个交易日 |
| 2015 年 7 月 2 日 | 2016 年 6 月 28 日 | -26% | 242 个交易日 |

注：根据 Chen（2009）、Asem 和 Gloria（2010），我们使用上证 A 股指数的 120 天移动平均线作为标准。若指数水平连续超过 60 个交易日低于移动平均线，则市场被认为处于熊市状态。我们采用此方法而不是参数或非参数法（如马尔司夫模型）的原因为：其易于理解且在实践中容易实现。虽然该方法对于熊市的划分与媒体公布的内容有所区别，但并不影响我们对于市场下行风险的理解和认识。

的 Bry-Boschan 转折点分析法，丁安华和赵可（2012）更为精确地对牛、熊周期进行了划分，并对比了中国股市自形成以来和美国股市自二战以来熊市发生的频率、强度和持续时间。截至 2012 年，在过去 60 多年的时间里，道琼斯工业指数经历了 22 次熊市，即平均 3.1 年一次。熊市的平均长度为 321 天，平均下跌幅度为 23.46%。相比之下，在过去 20 多年的时间内上证 A 股指数经历了 10 次熊市，平均每 2.2 年一次。熊市的平均长度为 433 天，平均下跌幅度为 49.11%。

总的来说，中国股市的市场下行风险较高，熊市发生的频率、强度和持续时间普遍高于发达国家。这一发现对设置合理的融资交易保证金水平、防范市场风险有重要作用。后续章节将继续深入探讨和研究保证金的比例问题。

## 2. 市场一体化程度

一直以来学术界都对中国股市的一体化程度存在争议，多数观点认为就国内 A 股和 B 股市场以及国内市场与全球市场的关联程度而言，中国股市的一体化程度并不高（Sun and Tong，2000；Wang and Iorio，2007；Li，2013）。Gao（2002）认为其潜在原因可以归结为中国股市不同形式的股权制度和中国政府的资本管制政策。

中国的公司可以发行两类股票，供国内投资者投资的 A 股和供海外投资者投资的 B 股。A 股市场于 2002 年对海外投资者开放，而 B 股市场于 2001 年对国内投资者开放，之后该市场的新股发行便逐步停止。表 4-13 列示了 1991~2016 年 A 股和 B 股市场的基本统计数据。

表 4-13  A 股、B 股市场的基本统计数据（1991~2016 年）

| 年份 | 上市公司数量（家） | | 新股年发行数（亿股） | | 新股年筹资额（亿元） | |
| --- | --- | --- | --- | --- | --- | --- |
| | A 股 | B 股 | A 股 | B 股 | A 股 | B 股 |
| 1991 | 14 | — | 5 | — | 5 | — |
| 1992 | 35 | 18 | 10 | 10.75 | 50 | 44.09 |
| 1993 | 177 | 40 | 42.59 | 12.79 | 276.41 | 38.13 |
| 1994 | 287 | 58 | 10.97 | 10.40 | 99.78 | 38.27 |
| 1995 | 311 | 70 | 5.32 | 10.90 | 85.51 | 33.35 |
| 1996 | 514 | 85 | 38.29 | 16.05 | 294.34 | 47.18 |
| 1997 | 720 | 101 | 105.65 | 25.10 | 825.92 | 107.90 |
| 1998 | 825 | 106 | 86.30 | 9.90 | 778.02 | 25.55 |
| 1999 | 922 | 108 | 98.11 | 1.77 | 893.60 | 3.79 |
| 2000 | 1060 | 114 | 145.68 | 7.10 | 1527.03 | 13.99 |
| 2001 | 1140 | 112 | 93 | 0 | 1182.13 | 0 |
| 2002 | 1213 | 111 | 134.20 | 0 | 779.75 | 0 |
| 2003 | 1277 | 111 | 83.64 | 1 | 819.56 | 3.54 |
| 2004 | 1363 | 110 | 54.88 | 1.53 | 835.71 | 27.16 |
| 2005 | 1358 | 109 | 13.80 | 0 | 338.13 | 0 |
| 2006 | 1411 | 109 | 351.11 | 0 | 2463.70 | 0 |

续表

| 年份 | 上市公司数量（家） | | 新股年发行数（亿股） | | 新股年筹资额（亿元） | |
| --- | --- | --- | --- | --- | --- | --- |
| | A股 | B股 | A股 | B股 | A股 | B股 |
| 2007 | 1527 | 109 | 413.27 | 0 | 7722.99 | 0 |
| 2008 | 1602 | 109 | 114.96 | 0 | 3457.75 | 0 |
| 2009 | 1696 | 108 | 244.47 | 0 | 5004.90 | 0 |
| 2010 | 2041 | 108 | 553.95 | 0 | 9606.31 | 0 |
| 2011 | 2320 | 108 | 163.99 | 0 | 5073.07 | 0 |
| 2012 | 2472 | 107 | 78.86 | 0 | 3127.54 | 0 |
| 2013 | 2468 | 106 | 0 | 0 | 0 | 0 |
| 2014 | 2592 | 104 | 70.10 | 0 | 4834.40 | 0 |
| 2015 | 2808 | 101 | 175.86 | 0 | 8295.14 | 0 |
| 2016 | 3034 | 100 | 137.47 | 0 | 15020.79 | 0 |

注：截至本书成稿，国家统计局尚未公布2017年、2018年相关数据。
资料来源：中国国家统计局。

数据表明B股市场的发展远远落后于A股市场。2016年底发行B股的上市公司为100家，与发行A股的上市公司数目3034家形成鲜明对比。此外自2002年以来，无论是新股年发行数还是新股年筹资金额，A股市场都远远超过B股市场。《深圳商报》2018年的报道指出，从2002年A股市场对海外投资者开放以来，B股市场就丧失了其融资和投资的地位。[①] 因此从市场发展的角度而言，A股市场与B股市场是不匹配的。

表4-14进一步给出了1996~2018年（B股市场于1992年成立）A股与B股市场年收益率的相关系数及其统计的显著性。观测结论如下：首先，股票市场间年收益率的相关系数都很高，皆超过0.7，且统计的显著性水平为1%；其次，同一类股票联系的紧密度高于不同类股票。例如上证A股与深证A股市场间年收益率的相关系数为0.916，高于上证A股与深证B股市场的0.742。最后，在同一交易所上市的股票的关联程

---

① 《深圳商报》，http://szsb.sznevos.com/PC/content/201807/31/content-429075.html。

度高于在不同交易所上市的股票。例如上证 A 股与上证 B 股市场间年收益率的相关系数为 0.791，高于上证 A 股与深证 B 股市场的 0.742。总的来说，表 4-14 强调了从年收益率的角度而言，A 股市场与 B 股市场关系密切。

表 4-14 A 股、B 股市场年收益率的相关性（1996～2018 年）

|     | SHA | SHB | SZA | SZB |
| --- | --- | --- | --- | --- |
| SHA | 1.000 | | | |
| SHB | 0.791（0.000***） | 1.000 | | |
| SZA | 0.916（0.000***） | 0.796（0.000***） | 1.000 | |
| SZB | 0.742（0.000***） | 0.902（0.000***） | 0.778（0.000***） | 1.000 |

注：括号中的数字为 p 值。由于 WIND 数据库缺少 1995 年前 SZA 及 SZB 的数据，因此此处我们仅考虑 1996～2018 年的指数收益率。SHA 为上证 A 股指数，SHB 为上证 B 股指数，SZA 为深证 A 股指数，SZB 为深证 B 股指数。

资料来源：WIND。

Gao（2002）认为资本管制降低了 1997～1998 年亚洲金融危机对中国经济的影响。然而由于国内投资者与国际投资者难以管理其跨境投资组合，资本管制也成为中国与全球股市联动的障碍。为测试中国与全球股市的整合度，表 4-15 列举了 1991～2018 年全球主要市场股指的年收益率。

表 4-15 中国与发达市场主要股指的年收益率（1991～2018 年）

| 年份 | SHA | HSI | NI 225 | DJLA |
| --- | --- | --- | --- | --- |
| 1991 | 0.361 | 0.153 | -0.016 | 0.080 |
| 1992 | 0.445 | 0.108 | -0.133 | 0.018 |
| 1993 | 0.017 | 0.334 | 0.013 | 0.056 |
| 1994 | -0.104 | -0.162 | 0.054 | 0.009 |
| 1995 | -0.065 | 0.090 | 0.003 | 0.125 |
| 1996 | 0.220 | 0.126 | -0.011 | 0.100 |
| 1997 | 0.120 | -0.099 | -0.103 | 0.089 |

续表

| 年份 | SHA | HSI | NI 225 | DJLA |
| --- | --- | --- | --- | --- |
| 1998 | -0.014 | -0.028 | -0.042 | 0.065 |
| 1999 | 0.076 | 0.227 | 0.136 | 0.096 |
| 2000 | 0.179 | -0.051 | -0.138 | -0.026 |
| 2001 | -0.107 | -0.122 | -0.117 | -0.032 |
| 2002 | -0.082 | -0.087 | -0.090 | -0.080 |
| 2003 | 0.044 | 0.130 | 0.095 | 0.098 |
| 2004 | -0.072 | 0.054 | 0.032 | 0.014 |
| 2005 | -0.037 | 0.019 | 0.147 | -0.003 |
| 2006 | 0.363 | 0.128 | 0.029 | 0.066 |
| 2007 | 0.293 | 0.137 | -0.051 | 0.030 |
| 2008 | -0.461 | -0.279 | -0.238 | -0.183 |
| 2009 | 0.255 | 0.182 | 0.076 | 0.075 |
| 2010 | -0.068 | 0.023 | -0.013 | 0.045 |
| 2011 | -0.106 | -0.097 | -0.083 | 0.023 |
| 2012 | 0.013 | 0.090 | 0.090 | 0.030 |
| 2013 | -0.031 | 0.012 | 0.195 | 0.102 |
| 2014 | 0.185 | 0.006 | 0.030 | 0.032 |
| 2015 | 0.039 | -0.032 | 0.038 | -0.010 |
| 2016 | -0.057 | 0.002 | 0.002 | 0.055 |
| 2017 | 0.028 | 0.134 | 0.076 | 0.097 |
| 2018 | -0.123 | -0.069 | -0.056 | -0.030 |

资料来源：WIND。

早年，如1997年，当亚洲金融市场普遍低迷时，中国股市（以上证A股指数为例）上涨12%。2000年当全球股市受互联网泡沫破灭影响而疲软时，中国股市又上升了17.9%。但中国与全球股市的非同步联动状况自2001年以来得到了改善。如在2008年次贷危机时，中国股市的表现与全球股市基本保持一致。

表4-16进一步报告了中国与全球主要股票市场年收益率的相关系数及其统计的显著性，以此作为衡量股市同步性的指标。数据显示，总体

而言，中国股市的涨跌与其他市场（尤其是中国香港和美国市场）的同步性高，原因大体可以归结于中国股市的改革及开放政策。

表 4-16　中国与全球主要股票市场年收益率的相关性（1991~2018 年）

| | SHA | HIS | NI 225 | DJIA |
|---|---|---|---|---|
| SHA | 1.000 | | | |
| HSI | 0.604（0.001***） | 1.000 | | |
| NI 225 | 0.133（0.501） | 0.515（0.005***） | 1.000 | |
| DJIA | 0.503（0.006***） | 0.677（0.000***） | 0.604（0.001***） | 1.000 |

注：括号中的数字为 p 值。SHA 为上证 A 股指数，SHB 为上证 B 股指数，SZA 为深证 A 股指数，SZB 为深证 B 股指数。
资料来源：WIND。

总的来说，本节提供的数据表明：①相对于 A 股市场，B 股市场发展滞后，相对的滞后在 2002 年 A 股市场对海外投资者开放之后表现得尤为明显，然而从年收益率的角度而言，1991 年以来两市场关系密切；②中国股市与发达市场的关联度相对较低，表明在测试期内中国股市的涨跌与其他市场的同步性不高，但这种关系在逐步改善。

上述信息概括了融资标的证券市场的基本情况，便于理解该市场的特点，设置更为合理的保证金水平，在活跃金融市场的同时防范市场风险。下一节将重点介绍我国目前融资保证金比例的设定情况。

## 二　保证金比例的计算与设定

根据《上海证券交易所融资融券交易实施细则》和《深圳证券交易所融资融券交易实施细则（2015 年修订）》的规定，融资交易的初始保证金比例是指投资者买入证券时交付的保证金与融资交易金额的比例，其计算公式为：

$$初始保证金比例 = \frac{保证金}{融资买入证券数量 \times 买入价格} \times 100\% \qquad (4-1)$$

其中保证金为现金或证券（包括在沪深交易所上市的股票、债券、证券投资基金、货币市场基金或交易所认可的其他证券）。需要特别注意的是以证券形式缴纳保证金时，证券的价值不能全额而必须按证券市值或净值的一定比例折算计入保证金，具体规定如下。

（1）上证180指数或深证100指数成分股的折算率最高不超过70%，其他A股股票的折算率最高不超过65%。

（2）交易型开放式指数基金折算率最高不超过90%。

（3）货币市场基金、国债的折算率最高不超过95%。

（4）被实施风险警示、暂停上市或进入退市整理期的A股股票、权证折算率为0。

维持保证金比例（维持担保比例）是指客户担保物价值与其融资债务之间的比例，其计算公式为：

$$维持担保比例 = \frac{(现金 + 信用证券账户内证券市值总和)}{(融资买入金额 + 利息及费用总和)} \quad (4-2)$$

如果客户信用账户内的证券出现被调出可充抵保证金证券范围、被暂停交易等特殊情况，券商在计算客户的维持担保比例时，可依据与客户的约定按公允价格或其他方式计算。

现阶段沪深交易所规定投资者融资购入证券时，缴纳的初始保证金比例不得低于100%，维持担保比例不得低于130%。当维持担保比例超过300%时，客户有权提取保证金可用余额中的现金或充抵保证金的证券，但提取后该比例不得低于300%。

## 三 保证金比例的调整

自2010年3月31日融资业务在我国正式开展至今，保证金比例经历了一次调整。2015年11月23日之前两交易所规定投资者融资买入证券时，缴纳的初始保证金比例不得低于50%，该比例后调整至100%，用以降低新开仓融资合约的杠杆水平、防范系统性风险。维持保证金比例不变。

## 第二节 融资交易保证金制度解析

### 一 保证金制度的背景

证券融资业务实际上在我国证券市场发展初期就已存在。虽然监管部门将此类业务视为违规,但该项业务几乎从未真正消失过。[①] 直至2006年,政府部门才放松政策,开始证券融资试点。

中国股市由于股改等原因,在经历了一段时间的低迷后,于2006年进入恢复发展阶段。证监会推出了多项完善市场的建设性制度,解决了困扰市场多年的股权分置问题。在此背景下,证券市场投资者的信心开始恢复,股指回暖。以上证综合指数为例,统计数据(见图4-9)显示2006年1月1日至2007年10月16日,近22个月的时间内指数从1180点上升至最高点6092点,涨幅达到416%。而此前该市场在近5年时间里经历了从2203点至1011点的调整。

2006年初,监管层对证券融资存在的问题开展了一系列研究,在听取各方意见并对问题进行反复论证后,认为当前市场环境基本满足开展证券融资交易的要求。2006年1月1日实施的《证券法》对原法律第142条进行了修改,将其变更为:证券公司为客户买卖证券提供融资融券服务,应当按照国务院的规定并经国务院证券监督管理机构批准。《证券

---

① 如1999年《证券法》第35条、36条和141条规定:证券以现货形式进行交易,证券公司不得从事向客户融资的证券交易活动;证券公司接受委托买入证券必须以客户资金账户上实有的资金支付,不得为客户提供融资交易。

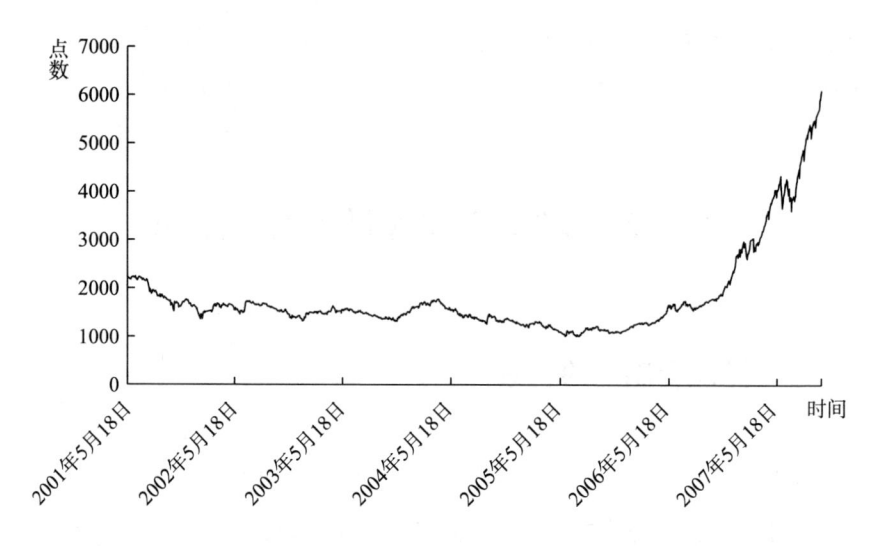

图 4-9　上证综指日走势（2001 年 5 月 18 日~2007 年 10 月 11 日）
资料来源：WIND。

公司风险管理指标管理办法》第 14 条规定了券商从事融资业务必须满足的条件。2006 年 7 月 3 日，《证券公司融资融券业务试点管理办法》和《证券公司融资融券业务试点内部控制指引》颁布，于 2006 年 8 月 1 日正式实施。2006 年 8 月 21 日沪深证券交易所正式实施《融资融券交易试点实施细则》。同年 8 月 29 日中国证券登记结算有限责任公司正式发布《融资融券试点登记结算业务实施细则》。通过对融资交易的设计、法律法规的变更，监管层在制度上为该业务的开展扫清了障碍。

在前期工作的基础上，2010 年 3 月 31 日融资（融券）交易试点正式启动。表 4-17 详细列示了改革的时间进程：交易试点启动当日，90 只上证 50 指数和深证指数的成分股被指定为融资（融券）标的证券。2010 年 7 月有 6 只证券被加入，6 只被剔除出标的证券范畴。2011 年 12 月 5 日交易所将标的证券进行扩充，标的证券包括 278 只上证 180 指数、深证 100 指数的成分股（及 7 只上市开放型指数基金）。随即交易所宣布试点方案将成为一种常规做法，并相应修订具体实施细则，对保证金要求做出了更加具体的规定。

表4-17 融资（融券）交易试点改革时间

| 生效日 | 公告日 | 标的股增加数（只） | 标的股减少数（只） | 标的股数（只） |
| --- | --- | --- | --- | --- |
| 2010年3月31日 | 2010年2月12日 | 90 | — | 90 |
| 2010年7月1日 | 2010年6月21日 | 5 | 5 | 90 |
| 2010年7月29日 | 2010年7月16日 | 1 | 1 | 90 |
| 2011年12月5日 | 2011年11月25日 | 189 | 1 | 278 |
| 合计 | | 285 | 7 | 278 |

注：该表报告了部分股票取消保证金交易禁令的时间。生效日是指指定证券成为融资（融券）标的证券正式生效的时间。公告日是指标的证券列表正式公布的时间。其余列表示添加到指定标的证券列表或从指定列表中删除的证券及列表上剩余的证券数目。

资料来源：Chang, E. C., Luo, Y., and Ren, J., "Short-selling, Margin Trading, and Price Efficiency: Evidence from the Chinese Market", *Journal of Banking and Finance* 48, 2014, pp. 411 - 424。

如第三章第四节所述，标的证券必须满足特定的市值、流动性及波动率要求。另外根据证监会颁布的管理规定，只有符合条件的投资者才能从事融资（融券）业务（不同的券商条件有所不同）。换言之，类似于日本和中国台湾的做法，我国的保证金业务主要面向散户投资者而非机构投资者。对于这些投资者而言，融资（融券）的成本是比较高的。例如海通证券对所有融资（融券）交易的收费相同：费率为6个月贷款利率加3%。根据证监会要求，融资（融券）的合同通常不超过6个月。2012年12月31日，中国人民银行公布的6个月贷款利率为5.6%，海通证券的收费标准为8.6%。相比之下，美国样本投资组合的加权费率仅为0.25%，且仅有9%的股票费率高于1%（D'Avolio, 2002）。即使对于高费率的股票而言，其平均费率也仅为4.300%。

与期权、期货交易类似，融资（融券）交易同样属于信用交易的范畴。作为信用交易的一种，融资必然伴随信用交易可能出现的所有风险。如果处理不当，则会对市场参与各方产生负面影响。而在融资产生的系列风险中，市场价格波动引发的风险是这些风险中最直接和必须首要解决的。当市场波动加剧时，融资标的证券价值的不利变化超过缴纳的保证金金额时，可能会导致客户无法偿还，甚至带来违约风险，即信用风险累积到一定程度时可能诱发系统性的金融危机。为此监管层引入了融资保证金制度，要求投资者缴纳一定的保证金作为履约保障。如第二章第二节所述，保证金分为现金和证券两种形式。后者根据一定的折扣率（因证券类型的不同而不同）经过折算后方可计入保证金。投资者必须将现金及信用账户的余额保持在维持保证金水平之上，否则券商将发出催缴保证金的通知甚至强制平仓（视客户是否及时足额补交差额而定）。

保证金制度是信用交易最基本的制度之一，以保证金比例为根本。保证金比例过低和过高分别会影响客户违约的风险和融资业务开展的效率。因此保证金比例的设置是否科学从根本上决定了融资业务能否持续健康发展。一般来说，科学性的衡量标准分为充足性和合理性两个方面。

## 二 保证金的充足性

保证金充足与否是衡量券商等金融机构融资业务能否正常运行及能否抵御风险的重要指标。现有文献检验保证金充足性的口径不同。鉴于长期以来政府对金融风险的态度，本书以初始保证金为例，主要采用极值理论下的 VaR 模型和 ES 模型测试目前的法定保证金是否能弥补市场极端波动情况下证券的最大可能损失。[①] 该方法得出的保证金以防范投资者违约风险为目标，能较好地衡量保证金是否充足及其充足程度（Longin，1999）。由于此处研究的主要目的是探讨保证金的充足性而非计算最优保证金水平，为简化计算，同时在不影响最终研究结果的情况下，我们不

---

[①] 如 2017 年底时任证监会主席刘士余在主持召开党委（扩大）会议、传达学习中央经济工作会议精神时指出，要在国务院金融委员会的领导下，充分依靠和尊重金融委员会办公室和中国人民银行牵头的金融稳定协调机制，全力维护资本市场稳定，防范系统性金融风险。交易所一般会选择将保证金设置为一段时间内可接受的概率水平下可覆盖特定价格变动所带来的损失的水平（Booth 等，1997）。

## 第四章 我国融资交易的保证金水平

考虑股价涨跌幅限制。[①]

我们考虑使用作为融资标的时间最长，也即其历史可追溯至2010年3月31日融资试点正式启动时的90只股票作为研究对象。这些标的在当时是流通市值最大、流动性和交易活跃度较好的股票，同时能够提供足够丰富的历史数据。其中武钢股份、天威保变、深发展A、招商地产、美的电器、宏源证券、秦达股份、神火股份目前已被剔除出标的股的范畴，因此研究对象仅剩下82只股票，包括在上海证券交易所上市的浦发银行、华夏银行、民生银行、上港集团、宝钢股份、中国石化、南方航空、中信证券、招商银行、保利地产、中国联通、特变电工、上汽集团、振华重工、江西铜业、金地集团、中金黄金、贵州茅台、山东黄金、北大荒、辽宁成大、国电电力、海通证券、长江电力、大秦铁路、中国神华、中国国航、兴业银行、西部矿业、北京银行、中国铁建、中国平安、交通银行、中国中铁、工商银行、中国铝业、中国太保、中国人寿、中国建筑、上海电气、中国中车、中国石油、中煤能源、紫金矿业、中远海控、建设银行、金钼股份和中国银行；在深圳证券交易所上市的平安银行、万科A、深圳能源、中集集团、中金岭南、中兴通讯、金融街、云南白药、泸州老窖、吉林敖东、铜陵有色、格力电器、河钢股份、长江证券、盐湖股份、华侨城A、潍柴动力、中联重科、燕京啤酒、中航飞机、一汽轿车、太钢不锈、中信国安、五粮液、云南铜业、鞍钢股份、华菱钢铁、冀中能源、锡业股份、西山煤电、华兰生物、苏宁易购、宁波银行、金风科技。所有数据皆源于WIND，并与其他来源如新浪、网易财经

---

[①] 我国目前股市的涨跌幅限制是10%。通常情况下，为使市场正常运作，涨跌幅限制应低于保证金水平。Broussard（2001）发现与不考虑涨跌幅相比，考虑涨跌幅后的基于极值理论得出的保证金更加保守。Shanker 和 Balakrishnan（2005）同样证实了涨跌幅限制有助于降低保证金水平。Chou 等（2000）通过实验得出涨跌幅是否会影响保证金水平主要视投资者是否能获取均衡的价格而定。上述研究均认为基于极值技术得到的结果是稳健的，可以用于制定审慎的保证金比例。

数据进行一致性检测。最终的股价经过向后复权调整。[①]

后复权后的股票价格 = 复权前价格 × (1 + 流通股份变动比例) −
配(新)股价格 × 流通股份变动比例 + 现金红利　　　　(4 − 3)

我们以中金岭南为例说明问题。根据沪深交易所《融资融券交易试点实施细则》的规定，当维持担保比例低于130%时，券商应当通知客户在不超过2个交易日的期限内追加保证金，否则有权强制平仓。[②] 换言之，从发出追加保证金通知到强行平仓需要3个交易日的时间，这就要求现有的保证金能覆盖这3个交易日的风险。因此本书以标的股3日的收益率为样本进行分析。股票收益率 $R$ 为日收盘复权价 $P$ 的百分比，即[③]

$$R_t = \frac{P_t - P_{t-3}}{P_{t-3}} \times 100\% \qquad (4-4)$$

其中下标 $t$ 为第 $t$ 天，$t-3$ 为第 $t-3$ 天。如股票第 $t-3$ 天无交易，则选取第 $t-4$ 天的股价进行计算，并以此类推。除去该股票由于停牌而暂无交易的情况，2010年3月31日至2018年5月2日期间我们共获得1944个数据。[④] 汇总的统计结果如表4 − 18所示。其他股票的3日收益率统计数据详见附录2。均值、中位值、偏度及峰度统计量综合表明样本股

---

① 此处我们采用股票的复权价而非交易价作为研究对象。股票的除权除息会导致其价格的异常波动（陈珠明和史余森，2010）。而这些异动并不能反映股票真实价格的变化。复权则对股价和成交量进行了权息修复，因而能反映股价的实际涨跌。

② 2015年7月1日证监会取消在2个交易日内追加保证金的规定，允许券商和客户自行商定补充担保物的期限和比例。为方便说明问题，我们在此依然选择2个交易日为标准。

③ 此处我们采用百分比法而非对数法的原因是后者得出的数值明显小于前者，导致最后计算得到的保证金水平同样低于前者，因此对于判断保证金的充足性，后者的作用不如前者。

④ 为检验研究期内保证金的充足性，我们采取事后法，即假设我们事先能够掌握2010 ~ 2018年的数据并根据这些数据分析目标问题。保证金于2015年11月23日经过一次调整，由原来的50%上升至100%。如下文所述，由于极值分析将大大减少原先的样本量，为确保有足够的样本保证统计测试的效力，我们未做子样本的划分（2010年3月31日 ~ 2015年11月22日和2015年11月23日 ~ 2018年5月2日），而是将样本作为整体进行研究。由后续计算结果得知，这种处理方法不会影响最后得出的结论。

收益率数据呈非正态分布(附录 2 表明其他股票的价格变动同样如此)。Kolmogorov – Smirnov 正态分布检测方法进一步印证了上述观点。因此以往基于正态分布估计保证金的方法是不恰当,会低估其水平,导致保证金的审慎程度降低。① 引发非正态分布现象的原因可能是部分极端值的存在。另外 ADF 的检验结果表明该股票 3 日收益率序列的 t 统计量小于其在 99% 置信度下的临界值,因此拒绝存在单位根的假设,即其为平稳序列。

表 4 – 18　中金岭南股票 3 日收益率的汇总统计数据
(2010 年 3 月 31 日 ~ 2018 年 5 月 2 日)

| 统计数据 | 均值(%) | 中位值(%) | 方差(%) | 最小值(%) | 最大值(%) | 偏度 | 峰度 | 正态分布检测统计值 | ADF统计值 | 观测值数 |
|---|---|---|---|---|---|---|---|---|---|---|
| 值 | 0.010 | -0.010 | 5.400 | -27.100 | 30.500 | 0.367 | 7.963 | 0.439 | -18.558*** | 1944 |

注:我们分别用 Kolmogorov – Smirnov 法和 Augmented Dickey Fuller (ADF) 法进行正态分布和平稳性检测。由于事先我们并未对中金岭南的日收益率做任何分析,因此在做平稳性检验时使用的是趋势回归,即回归方程包括漂移系数、确定性趋势系数和自回归系数。其中滞后数的确定使用的是常见的 Bayesian Information Criterion (BIC) 法。*** 表示在 1% 水平下的显著性。

鉴于数据总体上满足极值理论的要求,为提高结论的精准度,在此我们采用极值法进行分析。② 极值理论(Extreme Value Theory)是对分布中超过某一给定值的极端值进行分析的理论,通常用于度量和预测极端事件发生时的损失。假设 $F(r)$ 为总体,$R_i$(股票收益率)为样本,$i = 1, \cdots, n$。现按照大小将其进行排序,即 $R_{(1)} \leq R_{(2)} \leq \cdots \leq R_{(n)}$,并将 $[R_{(1)}, R_{(2)} \cdots, R_{(n)}]$ 看作次序统计量。样本的极小值与极大值则分别为 $R_{(1)} = \min\{R_1, R_2, \cdots, R_n\}$,$R_{(n)} = \max\{R_1, R_2, \cdots, R_n\}$,其组成的

---

① 如 Longin(1999)所示,在标的证券价格变动呈非正态分布时,采用极值法计算的保证金水平高于正态分布法,即后者可能会低估保证金水平。
② 使用极值理论建模还要求数据相互独立。Leadbetter 等(1983)和 McNeil(1998)认为满足平稳性条件的金融时间序列不会影响极值模型的应用,因此我们并未实施数据的独立性检测。

分布为极值分布,具有独立分布的特征。[①]

假设 $F(r)$、$F_{min}(r)$、$F_{max}(r)$ 分别为总体、极小值、极大值的分布函数,则三者之间的关系如下:

$$F_{min}(r) = P(R_{(1)} \leq r) = 1 - P(R_{(1)} > r) = 1 - P(R_1 > r, R_2 > r, \cdots, R_n > r)$$
$$= 1 - [1 - F(r)]^n \qquad (4-5)$$

$$F_{max}(r) = P(R_{(n)} \leq r) = P(R_1 \leq r, R_2 \leq r, \cdots, R_n \leq r) = [F(r)]^n \qquad (4-6)$$

若我们能得到总体的分布,则极值的分布便随之可得。然而一般情况下总体的分布是不可观测的,因此探讨极值时,需依据渐近理论,得出总体的渐近分布,进而获得极值的渐近分布。根据 Fisher 和 Tippett (1928) 理论,若 $a_n > 0$,$b_n \in R$,当 $n \to \infty$,极值分布满足:

$$\lim_{n \to \infty} P\left(\frac{R_{(n)} - b_n}{a_n} \leq r\right) = H(r) \qquad (4-7)$$

$$H(r) = \begin{cases} e^{-(1+\xi r)^{-1/\xi}}, & if\ \xi \neq 0 \\ e^{-e^{-r}}, & if\ \xi = 0 \end{cases} \qquad (4-8)$$

其中 $H(r)$ 为广义的极值分布 (Generalized Extreme Value Distribution, GEV),$\xi$ 为形状参数。当 $\xi > 0$ 时,$H(r)$ 对应 Frechet 分布,通常用于描述厚尾金融时间序列 (Kearns and Pagan, 1997; Venkataraman, 1997; Longin, 2000);当 $\xi = 0$ 时,$H(r)$ 对应 Gumbel 分布;当 $\xi < 0$ 时,$H(r)$ 对应 Weibull 分布。

关于极值的选取,一般有两种方法:Block Maxima Method (BMM) 和 Peaks Over Threshold (POT) 模型。[②] 鉴于后者应用的广泛性 (Cotter,

---

[①] $R_{(1)} = -\max\{-R_1, -R_2, \cdots, -R_n\}$。由 $R_{(n)}$ 相应的分布可得 $R_{(1)}$ 的分布。为方便说明,以下我们均以 $R_{(n)}$ 为例。

[②] BMM 法使用的是序列分块样本的极值数据,满足 GEV 分布。一般情况下 BMM 模型更适用于具有周期特征的数据。但由于区块样本中极值数据占比不高,因此可能会失去部分有价值的数据,导致模型参数估计的不确定性提高。

2001；Cotter and Dowd，2006；Kao and Lin，2010），在此我们选择其作为本书的方法，即我们只考虑样本的尾部数据——样本中比阈值 $u$ 大的所有数据，其条件分布函数 $F_u(r)$ 为：

$$F_u(r) = P(R - u \leqslant r | R > u) = \frac{F(r + u) - F(u)}{F(u)} \qquad (4-9)$$

Balkema 和 De Hann（1974）及 Pickands（1975）发现相对于一个足够高的阈值，超出部分数据的分布函数近似广义的帕累托分布（Generalized Pareto Distribution，GPD）：①

$$G(r) = \begin{cases} 1 - (1 + \xi \dfrac{r}{\beta})^{-1/\xi}, & if \ \xi \neq 0 \\ 1 - e^{-r/\beta}, & if \ \xi = 0 \end{cases} \qquad (4-10)$$

其中 $\beta$ 为尺度参数且大于零。分布的尾部是我们关注的焦点，其密度函数近似于：

$$F(r) = 1 - \frac{N_u}{n}\left(1 + \xi \frac{r - u}{\beta}\right)^{-\frac{1}{\xi}} \qquad (4-11)$$

其中 $N_u$ 为观测值中比阈值 $u$ 大的数据。阈值 $u$ 的选择需权衡偏差和方差：阈值偏低就会导致有偏的估计，而阈值偏高则会造成较少超限数据的局面，使得估计的参数有较高的方差。为降低阈值错误估计的概率，我们同时采用图论和数理分析两种方法。常用的图论法是平均超限图（Mean Excess Function，MEF）。若定义样本超过阈值的均值为 $e(u)$，则：

$$e(u) = \frac{\sum_{i=1}^{n}(R_i - u)^+}{\sum_{i=1}^{n} I_{\{R_i > u\}}} \qquad (4-12)$$

---

① 计算保证金的方法大致分为参数法和非参数法两类。此处我们选择参数法，即估计分布的参数 $\beta$ 与 $\xi$ 进而得出保证金水平，原因是参数法可以较好地利用历史数据，且当假设的分布与实际分布相符时其比非参数法更有效。后续参数估计的结果证实了我们选择的正确性。

其中 $(R_i - u)^+ = \begin{cases} R-u, & R>u \\ 0, & R<u \end{cases}$，$I_{\{R_i>u\}} = \begin{cases} 1, & R>u \\ 0, & R<u \end{cases}$。平均超限图则是通过 $\{[u, e(u)], R_{1,n} < u < R_{n,n}\}$ 的散点图得到。如果散点的拟合线是一条正斜线，则表明数据遵循 GPD 分布，形状参数 $\xi > 0$。由于本书考虑的是融资保证金的充足性问题，因此我们只关心股票负收益率的走势。如前文所述，通常情况下极值理论讨论的基础是正收益率。为更好地进行分析，我们将现有数据的正负号对调，得出的即为所需结论。图 4-10 为中金岭南负收益率绝对值的平均超额。观察该图发现，阈值的取值大概率落在 [0.050, 0.130]（或负收益率的阈值取值大致为 [-0.130, -0.050]）。

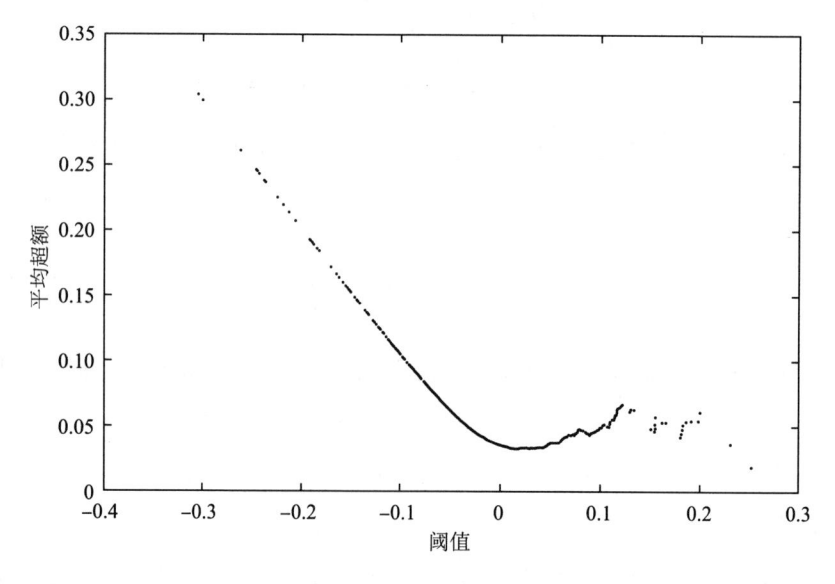

图 4-10　中金岭南负收益率绝对值的平均超额
(2010 年 3 月 31 日 ~ 2018 年 5 月 2 日)

通过观察平均超额图获取的阈值存在一定的主观性且无法精确判断具体的阈值取值。为使分析更具科学性、降低阈值 $u$ 选取的随机性，此处采用 Phillips 等（1996）年提出的数学方法计算最优阈值。具体思路如下。如前所述，分布的尾部是重点研究的对象。将 Hill（1975）提出 Hill 指数用于尾部估计。

$$\frac{1}{\alpha} = \frac{1}{k-1} \sum_{i=1}^{k-1} \ln R_{i,N} - \ln R_{k,N} \quad for\, k \geq 2 \qquad (4-13)$$

其中 $k$ 为高阶统计量（超限量），$N$ 为样本数，$\alpha$ 为尾部指数。Phillips 等（1996）选择的最优阈值是使尾部估计 $\alpha$ 均方误差最小的阈值。最优阈值 $M_n = m = \{\lambda\, n^{2/3}\}$，其中 $\lambda = \left| \frac{1}{\alpha_1}/2^{\frac{1}{2}} \left[ n/m_2 \left( \frac{1}{\alpha_1} - \frac{1}{\alpha_2} \right) \right] \right|^{2/3}$。通过该方法得出此处的最优阈值应为 -0.061。在中金岭南的 1944 个数据中，负收益极值数据有 151 个（仅 2014~2015 年负收益率数据就有 49 个）。

阈值确定后，我们用 GPD 进行数据的拟合与估计。前者主要测试的是估计的广义帕累托模型的密度函数与实际超阈数据的拟合程度，包括截断分布拟合、超阈值尾部分布拟合及残差拟合。其中截断分布拟合是对超过阈值 $u$ 的观察值对应的截断的经验分布函数 $F_u(r)$ 与 $G(r)$ 进行拟合比较；超阈值尾部分布拟合是对超过阈值 $u$ 的观察值对应的尾部的经验分布函数 $1-F(r)$ 与 $G(r)$ 尾部函数进行拟合比较；残差拟合是残差 $\frac{1}{\xi}\ln\left(1+\xi\frac{r}{\beta}\right)$，$r>u$ 与指数分布的拟合比较，其 QQ 图应为 45 度直线。具体情况参照图 4-11。从中可以看出收益率的散点基本都较紧密地围绕在参照线周围，表明所选择的极值数据与 GPD 拟合效果较好。

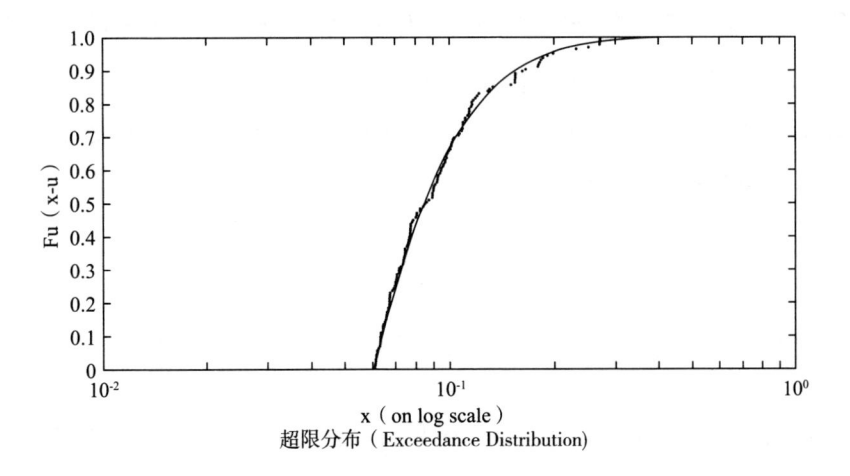

超限分布（Exceedance Distribution）

超阈值尾部分布（Tail of Underlying Distribution）

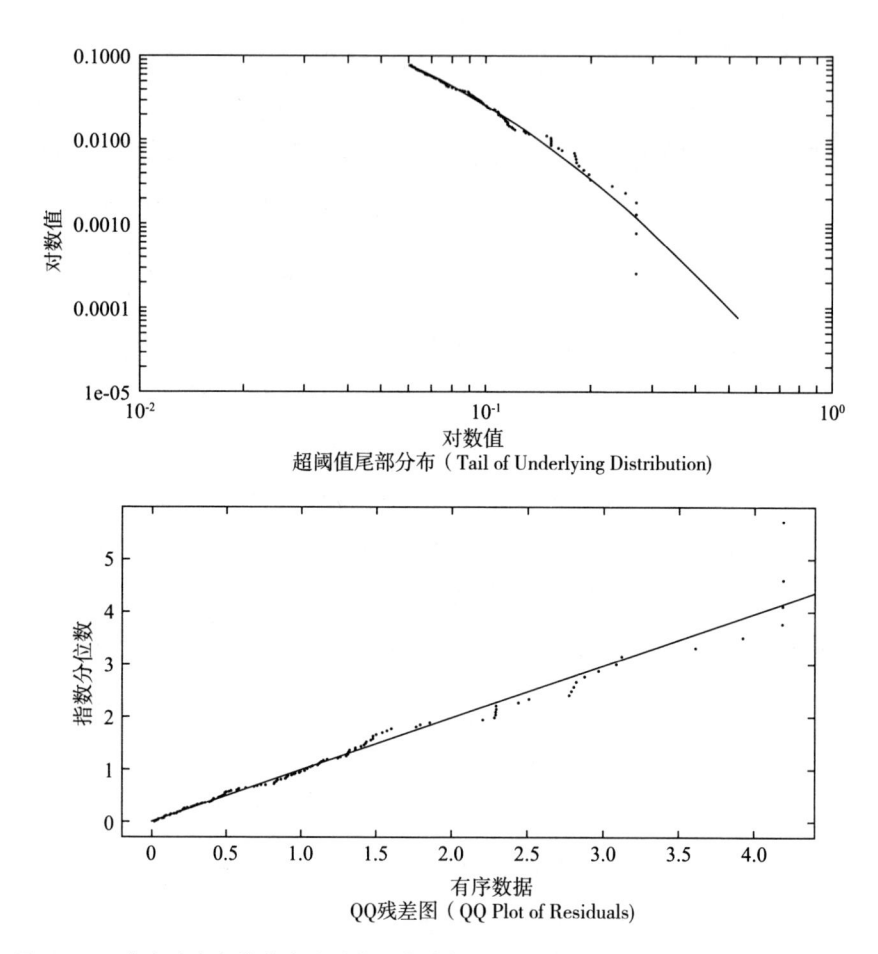

QQ残差图（QQ Plot of Residuals）

**图 4–11 中金岭南负收益率绝对值拟合诊断（2010 年 3 月 31 日 ~ 2018 年 5 月 2 日）**

对于极值分布中尺度参数 $\beta$ 与形状参数 $\xi$ 的估计，我们采用的是极大似然估计方法（Maximum Likelihood Estimate，MLE）。依据 GPD 分布函数，我们得出其密度函数为：

$$f(r) = \frac{1}{\beta}\left(1 + \xi\frac{r}{\beta}\right)^{\frac{1}{\xi}-1} \qquad (4-14)$$

通过密度函数的对数似然函数 $\lambda = -n\ln\beta - \left(-\frac{1}{\xi}+1\right)\sum_{i=1}^{n}\ln\left(1+\xi\frac{r}{\beta}\right)$，我们可推导出似然函数的似然方程，并求出尺度参数 $\beta$ 与

形状参数 $\xi$ 的最大似然估计。详情见表 4-19。其中 $\beta$ 和 $\xi$ 皆大于零，再次表明股票的负收益率符合 GPD 分布，为厚尾金融时间序列。我们对其他股票的负收益率同样进行了阈值与参数估计计算，详情见附录 3。得出的结论与中金岭南相同。

**表 4-19　中金岭南负收益率极值分布参数估计（2010 年 3 月 31 日 ~ 2018 年 5 月 2 日）**

| | 极值数（个） | 2014~2015 年极值数（个） | 阈值 | 尺度参数 $\beta$ | 形状参数 $\xi$ |
|---|---|---|---|---|---|
| 中金岭南（000060）* | 150 | 49 | -0.061 | 0.033 (0.004)** | 0.195 (0.098)** |

注：* 为股票代码，** 为标准误差。

我们采用常见的风险度量方法 VaR 测试当前的保证金水平能否弥补市场极端波动情况下证券的最大可能损失，探讨之前提及的充足性问题。VaR 是损失分布中某个高水平的分位数。给定置信水平 $q$，$VaR_q = F^{-1}(q)$。对式（4-11）进行变换，得出既定置信水平下的分位数：

$$VaR_q^{POT} = u + \frac{\hat{\beta}}{\hat{\xi}} \left[ \left( \frac{u}{N_u}(1-p) \right)^{-\hat{\xi}} - 1 \right] \quad (4-15)$$

其中 $\hat{\beta}$、$\hat{\xi}$ 为 $\beta$、$\xi$ 的估计值。我们将保证金水平定在 VaR 值上，并将其与现行的保证金水平进行对比。若前者小于后者，我们认为现行保证金是充足的。Cotter 和 Dowd（2006）指出 VaR 虽然应用广泛但也存在缺点。首先，该方法侧重测试特定置信水平对应的分位数，而未考虑超过分位数的损失大小。这意味着在投资者遭受损失的情况下，该方法将无法告知清算机构保证金耗尽后投资者的损失程度。其次，该方法不满足次可加性，即采用该法计算得出的投资组合风险将大于其包含的单个资产的风险之和，与风险分散化理论相悖。① 因此除 VaR 外我们还考虑了

---

① 对任意实数 $a_1$、$a_2$（$a_1 < a_2$），如果 $\rho(a_1 + a_2) \leq \rho(a_1) + \rho(a_2)$，则称其满足次可加性。从投资的角度而言，这意味着投资组合风险不应高于单个资产风险之和。

ES 法，其定义如下：

$$ES = VaR_q + E(X - VaR_q | X > VaR)$$

$$ES_q^{POT} = \frac{\widehat{VaR_q}}{1-\hat{\xi}} + \frac{\hat{\beta}(\mu) - 1 - \hat{\xi}u}{1-\hat{\xi}} \quad (4-16)$$

由式（4-16）可知，ES 考虑了尾部损失的大小，且可识别投资者超过置信水平对应的分位数的损失。因此 ES 所要求的保证金比例比 VaR 更高。

对于上述两类方法而言，最关键的问题是如何选择合适的置信度进行检测。选择置信度应权衡风险和成本：过低的置信度容易造成过高的风险承受压力，交易主体将面临极大的损失可能；而过高的置信度会导致过高的风险控制成本，交易主体获得的收益将被这些成本所蚕食。因此置信度的选择具有主观性。针对不同的投资者，国际金融机构采取不同的标准。如花旗银行、美洲银行和 JP 摩根银行采用 95% 的置信度，曼哈顿银行采用 97.5% 的置信度，巴塞尔委员会在 1997 年底生效的资本充足性条款中要求置信度为 99%。表 4-20 及附录 4 列举了上述三种置信度水平下中金岭南及其他股票收益率 VaR 和风险 ES 的估计值。另外由于融资的风险特征、我国证券市场的现实状况及政府的政策导向，为规避风险我们还考虑了较高的置信度（99.9%）。

从中我们发现以下重要信息。首先，通常情况下股票收益波动率与保证金水平具有一定的相关性。如锡业股份、中金岭南和中航飞机在所有研究对象中收益波动率最高，得出的保证金水平相对而言也是最高的：收益波动率越高意味着极端负值发生的可能性越大，所要求的保证金水平可能越高。其次，最重要的一点是，即使在最保守的策略下，即置信度为 99.9%，所有股票融资保证金的最高水平为 30.720%（VaR）/32.330%（ES），远低于目前证券交易所要求的 100%。因此我们认为目前我国的融资保证金是充足的。这与之前的文献，如王鑫等（2011）、王周伟(2012)、张梓靖(2016)等相吻合。

表 4-20 中金岭南风险估计值（2010 年 3 月 31 日~2018 年 5 月 2 日）

| | 组 A：VaR | | | | |
| --- | --- | --- | --- | --- | --- |
| | 收益率 | $VaR_{95}^{POT}$ | $VaR_{97.5}^{POT}$ | $VaR_{99}^{POT}$ | $VaR_{99.9}^{POT}$ |
| 中金岭南 (000060) | 负 | 7.530% | 10.150% | 14.200% | 28.230% |
| | 组 B：ES | | | | |
| | 收益率 | $ES_{95}^{POT}$ | $ES_{97.5}^{POT}$ | $ES_{99}^{POT}$ | $ES_{99.9}^{POT}$ |
| 中金岭南 (000060) | 负 | 11.010% | 13.230% | 18.060% | 30.650% |

注：括号内为股票代码。

对于上述结论，可能存在的质疑是：政府提高保证金比例的行为主要针对的是 2014~2015 年发生的股市的巨幅波动，因此研究对象应为该时间段的股价行为。此处我们使用 2014~2015 年的股价数据，按照前述方法重新计算广义帕累托分布的参数，并据此模拟极值 5000 次，计算审慎的保证金水平。我们重点关注三只最具代表性，也是所有研究对象中价格波动率最高的股票，并将计算结果列于表 4-21。

表 4-21 模拟风险值估计（2014 年 1 月 1 日~2015 年 3 月 31 日）

| | 组 A：VaR | | | | |
| --- | --- | --- | --- | --- | --- |
| | 收益率 | $VaR_{95}^{POT}$ | $VaR_{97.5}^{POT}$ | $VaR_{99}^{POT}$ | $VaR_{99.9}^{POT}$ |
| 中金岭南 (000060) | 负 | 48.490% | 61.640% | 76.430% | 119.320% |
| 中航飞机 (000768) | 负 | 42.650% | 51.460% | 68.540% | 103.680% |
| 锡业股份 (000960) | 负 | 55.980% | 69.630% | 84.460% | 135.620% |
| | 组 B：ES | | | | |
| | 收益率 | $ES_{95}^{POT}$ | $ES_{97.5}^{POT}$ | $ES_{99}^{POT}$ | $ES_{99.9}^{POT}$ |
| 中金岭南 (000060) | 负 | 53.830% | 65.370% | 81.200% | 142.010% |
| 中航飞机 (000768) | 负 | 47.320% | 55.660% | 69.030% | 107.970% |
| 锡业股份 (000960) | 负 | 60.270% | 74.550% | 88.150% | 138.770% |

注：括号内为股票代码。

表4-21信息显示，按照特殊时间段数据模拟计算出的保证金比例明显高于之前得出的数值。对于研究的所有股票，目前证券交易所规定的100%保证金比例可以覆盖99%的股市剧烈波动情况下价格变动的风险。这进一步证明了我国法定保证金的充足性。

与其他发展中国家一样，我国交易所采用较高的保证金水平主要是从安全角度考虑，为防止融资爆仓事件发生，规避系统性风险（李政等，2016）。2015年6月中国股市的暴跌主要是去杠杆导致股票甩卖进而引发大规模股市崩盘造成的（Bian等，2018）：杠杆收紧要求投资者对其资产去杠杆，导致资产价格下跌。资产价格下跌，杠杆措施更加严格，从而加重市场卖压。① 证监会于11月23日将保证金比例由原先的50%提高到100%，有助于更好地防范潜在的违约风险。100%的保证金比例意味着融资业务失去了杠杆属性，但并非意味着融资业务丧失了存在的意义。最新数据显示截至2017年年底，开立信用账户的个人投资者为455.53万名，机构投资者为1.41万名。② 对于上述投资者，尤其是持有证券的个人投资者而言，由于筹资渠道有限，多数情况下他们不得不通过券商提供的融资业务筹集资金买入证券进行投资。Chou等（2015）发现相对于机构投资者，个人投资者对保证金比例的提高不太敏感。换言之，在中国特殊的市场环境下，调高保证金比例会影响融资交易量（额），但不至于使融资业务退出市场。后续第七章的图7-1提供了相应的证据。数据显示2015年11月23日保证金大幅上调后，沪深交易所融资交易额平均保持在468.29亿元，即保证金提高后，融资交易并未就此一蹶不振，而是在波动中前行，间接印证了失去杠杆效应后的融资业务仍然有其存在的价值。

---

① 详见 Brunnermeier 和 Pedersen（2009）及 Geanakoplos（2010）的"downword leverage spiral"理论。
② 《2017中国证券登记结算统记年鉴》，http://www.chinaclear.cn/zdjs/editor_file/20180725163005316.pdf。

虽然过高的保证金比例有利于降低违约风险，但可能不利于市场效率的提高，造成大量资金的使用率低下，同时也可能促使部分投资者退出市场，导致市场流动性下降，甚至在市场状况欠佳时加剧证券价格的下跌（Chatrath et al.，2001；Hong et al.，2018）。后续第七章的图7-1及附录7显示，在不考虑其他因素的情况下，保证金比例上调使得市场的融资交易额减少。杨德勇和吴琼（2011）的研究进一步表明融资交易在为中国股市提供流动性上扮演了重要的角色，融资交易流动性的降低将导致股市流动性下降。假设我们采用沪深300指数代表整个中国证券市场，表4-22列示了融资交易额与股市交易额间的相关度。数据显示二者呈重要的正向相关关系，且该关系在保证金比例大幅上调后显得更加紧密。对于中国等发展中国家而言，市场普遍存在流动性不足的问题（Hearn et al.，2010）。融资保证金比例的大幅提高大大降低了市场流动性，将引发比发达国家更严重的后果。Hardouvelis和Theodossiou（2002）指出保证金设置的审慎原则应该是在市场急剧下挫时，降低保证金比例以提高市场流动性，防止股价的"金字塔"效应出现。但随后需要提高保证金比例并将其维持在较高水平以预防未来股价的"反金字塔"效应（效应的解释详见第五章第三节）出现。而我国的保证金调整时点却恰恰相反：在市场骤跌时，大幅提高保证金比例并长时间保持不变。这进一步说明我国现存的融资交易保证金制度，尤其是保证金比例的调整时机及幅度值得商榷。

表4-22　融资交易额与股市交易额的联系（2010年3月31日~2018年5月2日）

| 融资交易额 | | 沪深300交易额 | | |
|---|---|---|---|---|
| | 相关系数 | 2010.3.31–2018.5.2 | 2010.3.31–2015.11.20 | 2015.11.23–2018.5.2 |
| | Pearson | 0.814（0.000***） | 0.792（0.000***） | 0.890（0.000***） |
| | Spearman | 0.833（0.000***） | 0.819（0.000***） | 0.874（0.000***） |

注：括号内的数字为p值。***表示在1%的置信水平上显著。

## 三 保证金的合理性

随着融资业务在我国的迅速发展,其现有保证金制度的局限日益凸显,主要表现如下。

第一,保证金一般为固定比例,如遇特殊情况需要调整,调整范围也相对固定。此类设置模式十分僵化,在市场交易清淡时,投资者无法抽调资金转为他用。被保证金占用的资金不能创造预期价值,降低了资金的使用效率,加大了投资者的机会成本。而在市场频繁大幅波动时,起初收取的保证金又无法覆盖涉及的信用、市场等风险。如果为避免风险损失,券商选择提高保证金比例,又会增加投资者的交易成本,使其减少交易量或退出市场,导致融资业务萎缩。因此该类固定僵化的保证金比例没有考虑到瞬息万变的市场情况,也没有考虑降低机会成本、提高资金使用效率。

第二,保证金比例过于单一,未因充抵保证金抵押品的不同而选择分类收取保证金。个性化的保证金比例可以使券商更为有效地管理信用交易风险,提高资金使用效率和市场流动性,增强证券市场的价值发现功能。

第三,根据现有文献,影响保证金的因素有多种,包括标的证券的波动率、保证金贷款利率、未平仓合约、市场流动性、现有和未来市场状况、交易量等(Gay et al., 1986; Lee and Yoo, 1993)。然而我国的融资保证金比例是由监管当局制定的,得出这些政策的具体依据不得而知。信息的不确定性可能使市场的参与者无法准确判断政府政策的动向,造成市场更大幅度的波动。

如何设置科学合理的保证金比例,使融资业务能够灵活地适应经济发展的需要和证券市场总体情况的变化成为目前亟待解决的难题。

本章首先介绍了融资交易保证金比例的基本情况,包括标的证券、现行基于标的证券的融资保证金比例的计算与设定以及保证金比例的调整情况。其中对于标的证券的详述有助于初步了解和分析保证金比例的现状。本章随后对融资交易保证金制度进行了深入剖析，采用极值理论探讨了保证金的充足性，并分析了保证金的合理性。如何优化设置保证金比例一直都是学术界争论的焦点。各家虽然倡导的方法尚不一致，但基本都认为保证金的动态调整与个性化设置是证券市场发展的必然趋势。下一章将具体阐述学术界关于杠杆交易保证金比例设定方法及作用的探讨。

# 第五章
# 融资交易保证金问题研究

2010年3月31日,我国正式启动融资交易试点,开启了从单边市场到双边市场的转换。融资机制的引入引起了学术界和实业界的广泛关注,也引发了诸多争论。争论的焦点主要集中在两个方面:第一,杠杆的引入是否会加剧市场的波动、带来更大的风险;第二,保证金水平是不是有效调控市场的工具,如何设置合理的保证金比例以达到市场的均衡。针对问题一,普遍观点认为杠杆交易是一把双刃剑(Gao et al.,2018),其既可提高市场的流动性(Kahraman and Tookes,2017),又会导致市场过度波动,破坏市场的稳定(Moore,1966;Seguin,1990;Chang et al.,2014;Lv and Ruan,2017)。[①] 但即便杠杆交易暗藏巨大风险,其对资本市场的发展和经济增长的贡献是不容忽视的,因此适时引入该交易已成为必然(赫凤杰,2015)。针对问题二,目前为止观点不一。本章将详细介绍国内外学者对于杠杆交易保证金设定方法及保证金作用的研究。

---

[①] 最新研究表明在融资融券政策尚未完全成熟前,融资融券会导致市场波动增加,而政策成熟后市场波动将显著减小(Xie and Jia,2019)。

## 第一节　保证金水平的决定因素

Telser（1981）强调融资保证金制度的建立源于市场力量。在融资交易中，券商和客户为交易主体。在为客户执行交易时，券商面临风险：如果购买的证券遭受损失，客户又拒绝偿付时，券商必须弥补该损失。券商可以通过起诉的方式要求客户退还应缴款项，但该程序可能代价高昂且结果尚不确定，券商的风险依然存在。保证金因而成为客户执行交易的保障。作为市场化的产物，保证金水平的决定因素有多种，主要包括标的证券价格的波动率、市场状况、市场流动性、市场竞争及市场利率。

标的证券价格的波动可能导致：①在一定时间内证券的价格朝着不利于投资者的方向偏离以至初始保证金降低到维持水平以下，券商必须发出追缴保证金通知；②在宽限期结束之前，进一步的不利价格变动足以消耗完剩余的保证金（Figlewski，1984）。因此设置最优保证金水平时应该将标的证券的波动率考虑在内，降低投资者违约的概率。Fenn 和 Kupiec（1993）认为在一个最优且审慎的保证金规则下，保证金应与标的证券的预计价格波动成正比。比例的恒定性与保证金的过账成本、结算的交易成本以及违约的相关成本有关。同时作者还发现事实上交易所一般会在标的证券价格波动上升时调高保证金比例。类似的观点还源于 Figlewski（1984）、Schwert（1989）、Fishe 等（1990）、Booth 等（1997）等。

（现有和未来）市场状况会影响投资者的投资行为：当市场状况处于稳定、良好状态时，投资者的融资行为可能导致信贷资金大量进入证券市场，使得现货市场产生大量泡沫，金融风险积累。现货市场的大幅波动也会波及其他市场，融资业务由此增大了整个金融体系的系统性风险。而保证金作为风险控制的重要工具，在市场状况良好时，可以适当调高其比例，防范潜在的风险。因此设置保证金比例时也应将市场状况考虑在内，降低市场泡沫形成的可能性。Spiegelglas（1960）强调交易所调整保证金比例时会对相关因素进行综合考量，以稳定国民经济为主要目标。Gay 等（1986）进一步指出交易所在制定保证金比例时通常会考虑四个主要因素，其中包括现有和未来市场状况。

市场流动性的变化，尤其是流动性水平的降低可能导致融资业务萎缩、券商的利润降低，且与开设该业务的初衷相违背。而保证金比例的高低又直接影响到市场的流动性（Chou et al.，2015）：过高的保证金比例加大了投资者的交易成本，影响到投资者的投资预算，使其减少交易量。而过低的保证金比例又将刺激投资者的投资欲望，加大杠杆力度，加剧市场的波动。因此保证金比例的设定应将市场流动性因素纳入考虑的范畴，避免对流动性产生负面影响。Cotter（2001）指出，"交易所的商业属性要求其在流动性和审慎性之间进行权衡。而保证金则提供了满足上述目标的机制"。[①] Day 和 Lewis（2004）进一步指出，"保证金的设定反映了交易所对预防损失与提高市场交易效率之间的权衡"。[②] 其中市场交易效率包括市场深度和流动性。类似的观点还源于 Longin（1999）、Shanker 等（2005）、Chou 等（2006）。

市场的同业竞争是影响保证金水平的另一个因素。作为交易机构和平台，交易所需要与国内外同行竞争，争取更多的交易机会，使得融资业务能够经营下去。因此其在制定保证金比例时需要考虑其他机构的相应状况，以期设定具有竞争力和吸引力的保证金比例。正如 Gay 等（1986）所述，"保证金属于交易成本，是交易所竞争的对象。因此尽管其他交易所的保证金水平并非决定性因素，但是保证金委员会（Margin

---

① Cotter, J., "Margin Exceedences for European Stock Index Futures Using Extreme Value Theory", *Journal of Banking and Finance* 25, 2001, p.1475.
② Day, T. E., and Lewis, C. M., "Margin Adequacy and Standards: An Analysis of the Crude Oil Futures Market", *Journal of Business* 77, 2004, p.101.

Committee）在制定保证金比例时还是会将其纳入考虑的范畴"。[①] Cotter（2001）指出交易所的参与者在制定保证金政策时既希望能够保障交易所的安全、减轻客户违约造成的损失，又希望能够创造竞争的交易环境，吸引更多的客户进行交易。同样的观点还源于 Fishe 等（1990）、Park 和 Abruzzo（2016）等。

市场利率的变动同样会影响融资保证金比例。融资的标的是资金，其费用仅涉及资金的成本，即资金借贷需还本付息。其中利息主要反映的是资金的时间价值，取决于市场利率的变动。如我国《证券公司融资融券业务试点管理办法》将融资利率定为 7.86%，即在中国人民银行 6 个月以内贷款基准利率——4.86% 的基础上上浮 3 个百分点。融资费用的高低决定投资者参与该业务的难易程度，同时也影响着融资在提高证券市场流动性中作用的发挥（岳靓等，2011）。通常情况下，融资费率越低，吸引的投资者越多，证券市场的流动性也会越强。如前所述，流动性的变化反过来会影响融资保证金比例：若前者过高（过低），则要提高（降低）后者。

## 第二节　保证金比例的设定方法

### 一　现存的主要保证金征收方法

现存针对金融产品（现货、期货、期权等）征收保证金的方法主要有两种：标准化投资组合风险分析（Standard Portfolio Analysis of Risk，SPAN）和市场间理论性保证金系统（Theoretical Inter-Market Margin Sys-

---

[①] Gay, G. D., Hunter, W. C., and Kolb, R. W., "A Comparative Analysis of Futures Contract Margins", *The Journal of Futures Markets* 6, 1986, p. 310.

tem，TIMS）。二者皆为基于情节模拟法发展而来、用以衡量结算会员头寸风险、计算应收取保证金金额的系统。其中 SPAN 由芝加哥商业交易所（Chicago Mercantile Exchange Holdings Inc.，CME）提出，并于 1988 年 12 月启用。而 TIMS 则由美国期权清算公司（The Options Clearing Corporation，OCC）在 1986 年启用。二者在经历了数年实践检验和不断改进后，得到了广泛认可，已被多家交易所等国际知名机构（如纽约期货交易所、伦敦国际金融期货交易所、香港交易所等）采用，成为计算保证金和进行风险评估的国际标准（刘凤元，2006）。

## （一）SPAN 系统

SPAN 的计算主要基于三个层次：商品组合（具有相同标的物的金融工具视为一个商品组合）、商品群（不同标的物的商品组合形成一个商品群）和投资组合（不同商品群构成一个投资组合）。根据 CME 提供的 SPAN 系统回顾文件，SPAN 算法的原理可概括如下：首先，构造标的资产价格和价格波动率变化的 16 种情景，用以估计合约在一个交易日内可能的合理损失；其次，利用复合 Delta 值来计算各合约间的相关性，得出投资组合的总风险；最后，将其与规定的最低风险值比较后取高者，经过调整得出最终的保证金。① 具体步骤为见图 5 - 1。②

1. 计算商品组合中的各个风险值

（1）侦测价格风险值（Scanning Risk Charge）：用于计算不同市场情景下，每份合约可能的利得和损失，进而求出某一具体商品组合最大可能的日内亏损值。SPAN 系统通常以标的资产价格和价格波动率的变动为基础，构建未来 16 种市场情景，即风险矩阵，具体见表 5 - 1。

---

① Review of Standard Portfolio Analysis of Risk Margin System，http://www.cmegroup.com/clearing/span-methodology.html.
② 东兴证券：《衍生品市场保证金管理系统深度研究》，2014，第 7 ~ 10 页。

表 5-1　SPAN 风险矩阵

| 情景 | 标的资产价格变动 | 波动率变动 | 采用比例 | 情景 | 标的资产价格变动 | 波动率变动 | 采用比例 |
|---|---|---|---|---|---|---|---|
| 1 | 不变 | 上升 | 100% | 9 | 下降 2/3 | 上升 | 100% |
| 2 | 不变 | 下降 | 100% | 10 | 下降 2/3 | 下降 | 100% |
| 3 | 上升 1/3 | 上升 | 100% | 11 | 上升 3/3 | 上升 | 100% |
| 4 | 上升 1/3 | 下降 | 100% | 12 | 上升 3/3 | 下降 | 100% |
| 5 | 下降 1/3 | 上升 | 100% | 13 | 下降 3/3 | 上升 | 100% |
| 6 | 下降 1/3 | 下降 | 100% | 14 | 下降 3/3 | 下降 | 100% |
| 7 | 上升 2/3 | 上升 | 100% | 15 | 上升 2 倍 | 不变 | 100% |
| 8 | 上升 2/3 | 下降 | 100% | 16 | 下降 2 倍 | 不变 | 100% |

资料来源：东兴证券，《衍生品市场保证金管理系统深度报告》，2014。

（2）跨月价差头寸风险值（Inter-month Spread Charge）：指同一商品组合中不同到期月份的合约相对于现货基差变化的风险。由于 SPAN 在侦测不同市场情景时假设标的资产价格与任何月份到期的合约的价格变化完全相关，这不符合实际情况，因此必须进行调整。跨月价差头寸风险值通常以复合 Delta 作为计算的基础。其中 Delta 值用于衡量标的资产一个单位的变化导致合约价格变化的幅度。标的资产价格的变化具有不确定性，从而使得 Delta 值具有动态特征。复合 Delta 为不同市场情形下 Delta 的加权平均值，其权重的高低视价格波动可能性的大小而定。

越有可能出现价格波动的情景被赋予的权重越高，而价格极端变化的情景被赋予的权重较低。对于组合中的各合约，SPAN 算法都以复合 Delta 乘上净头寸（多头与空头的差额）来计算净 Delta 值。然后再将所有月份合约价为正的净 Delta 值相加，所有月份合约价为负的 Delta 值相加，形成多个不同月份价差头寸。将这些头寸进行配对，直到多头、空头的 Delta 值抵消为止。最后 SPAN 算法再把形成跨月价差配对的合约以设定值计算，对未形成配对的合约进行价格风险预估，并入相同标的资产的价格侦测风险值之中。

（3）交割风险值（Delivery Add-on Charge）：对于需要到期交割的合

约，在实际交割月份其价格可能受到标的资产供给的影响，出现价格异常波动，因此在计算风险值时需要将该因素考虑在内。

（4）跨资产的价差抵扣（Inter-Commodity Spread Credit）：不同商品组合价格的变化可能存在某种关联，因此导致组合间的价格波动风险会有一定程度的抵消。这一特点对于不同商品群尤为重要。由于此时不同商品群间不同商品组合价格的关联程度越低，商品群间保证金可抵扣的比例就越高。相反同一商品群内不同商品组合的价格变化具有较高程度的相关性，使得这些价格可能呈同向变化，风险的抵扣程度将大大降低，商品组合间保证金抵扣的比例降低。

（5）最小保证金要求值（Short Minimum）：SPAN算法的估计范围中，空头合约一般是没有风险的。但如果发生"黑天鹅"事件，标的资产的价格因此发生剧烈波动，空方将面临大额亏损。为降低上述潜在风险，SPAN对空头合约的最低风险值做出了强制规定，要求对每一标的资产的空头头寸计算的风险值不得低于交易所的标准。

表5-2对上述SPAN系统风险值的含义及计算原理进行了总结。

表5-2 SAPN系统各风险值的含义及计算原理

| | 侦测价格风险值 | 跨月价差头寸风险值 | 交割风险值 | 跨资产的价差抵扣 | 最小保证金要求值 |
| --- | --- | --- | --- | --- | --- |
| 风险值的含义 | 16种市场情景下，可能遭受的单日最大亏损 | 同一标的、不同到期月份的合约价格间的差异 | 需要交割的合约在临近交割时价格波动性增大 | 同一商品群内不同商品组合由于价格变动的相关性产生某种程度的抵消 | 标的资产价格剧烈波动，使合约空头遭受巨大亏损 |
| 计算原理 | 以标的资产的市价为基础，结合价格与波动率变动，构建未来市场情景，计算合约日内的最大亏损 | 同一标的、头寸相反的合约，以净Delta值为基础，形成跨月价差配比，以设定值计算跨月价差头寸风险值 | 交割头寸保证金＝单位交割保证金×当月交割的头寸数 | 根据不同资产组合价格相关性的正负和其头寸的方向进行抵扣 | 交易所规定 |

资料来源：东兴证券，《衍生品市场保证金管理系统深度研究》，2014。

### 2. 计算商品群的风险值

将上述风险值汇总,与最小保证金要求值做比较,取其中的较大者,即商品群风险值 = Max(侦测价格风险值 + 跨月价差头寸风险值 + 交割风险值 – 跨资产的价差抵扣,最小保证金要求值)。

### 3. 计算投资组合的风险值

将各商品群汇总,得到整个投资组合风险值,即投资组合风险值 = $\sum$ 各商品群风险值。

### 4. 计算 SPAN 保证金

投资组合风险值减去净合约价值(多头合约价值 – 空头合约价值),得到整个投资组合应该收取的保证金。即 SPAN 保证金 = 投资组合风险值 – 净合约价值。

通过上述描述,SPAN 系统的优点可概括如下(刘凤元,2006)。

(1)全面地考虑了多种风险来源,包括标的资产价格及价格波动率的变化、跨月价差头寸风险、商品间价差风险等,由此设定的保证金能满足多方面的需要。

(2)引入 Delta 对资产间价差进行配对,既提高了计算的准确性又简化了分析。投资组合的构成情况较复杂,存在多种可能性:同一投资组合可能由不同商品群构成,同一商品群内的商品组合也可能包括多项含有相同标的资产但到期日不同的合约。此类合约数目甚多且合约价格与标的资产价格的变化往往呈非线性关系。针对上述情况,SPAN 引入 Delta 概念,减少了抵扣率计算的复杂度。

(3)使用复合 Delta 作为合约的 Delta,间接考虑了 Gamma 风险。使用单一 Delta 存在以下缺点:首先由于合约价格变化与标的资产价格变化间呈非线性关系,当价格大幅上升或下降时,Delta 无法准确衡量标的资产价格的变化对合约价格的影响;其次 Delta 值并非固定不变,会随标的资产价格的不同而改变。SPAN 使用复合 Delta 作为合约的 Delta,在一定程度上有助于克服上述缺点。

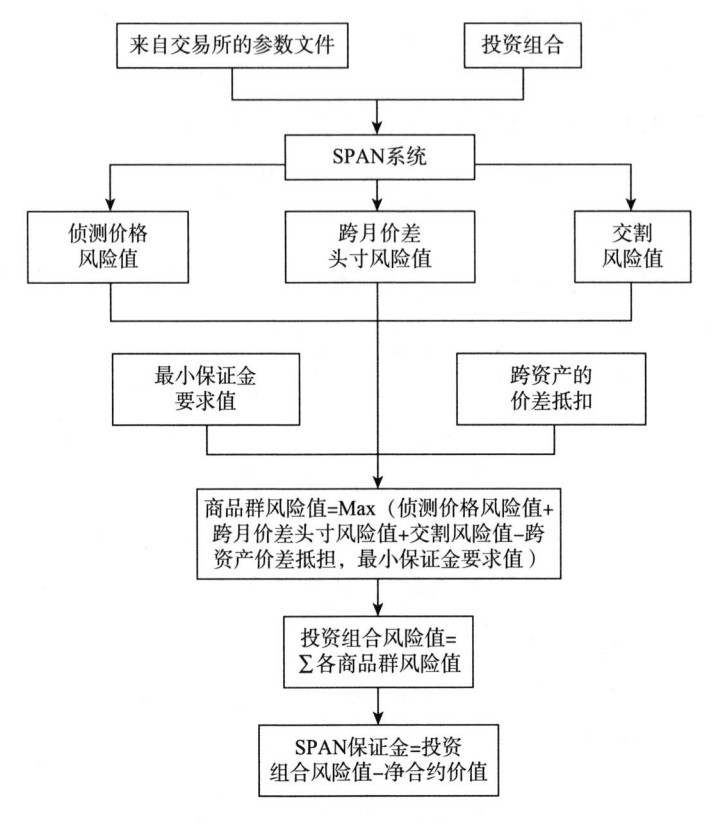

```
                    ┌──────────────────┐     ┌──────────┐
                    │ 来自交易所的参数文件 │     │ 投资组合  │
                    └─────────┬────────┘     └────┬─────┘
                              └──────┬────────────┘
                                     ▼
                              ┌────────────┐
                      ┌───────│  SPAN系统   │───────┐
                      │       └─────┬──────┘       │
                      ▼             ▼              ▼
              ┌──────────┐  ┌────────────┐   ┌──────────┐
              │ 侦测价格  │  │ 跨月价差   │   │ 交割     │
              │ 风险值    │  │ 头寸风险值 │   │ 风险值   │
              └──────────┘  └────────────┘   └──────────┘

              ┌──────────┐                    ┌──────────┐
              │ 最小保证金 │                   │ 跨资产的  │
              │ 要求值    │                    │ 价差抵扣  │
              └──────────┘                    └──────────┘
                                ▼
              ┌──────────────────────────────────────┐
              │ 商品群风险值=Max（侦测价格风险值+      │
              │ 跨月价差头寸风险值+交割风险值-跨      │
              │ 资产价差抵担，最小保证金要求值）      │
              └──────────────────────────────────────┘
                                ▼
                    ┌──────────────────┐
                    │ 投资组合风险值=   │
                    │ ∑各商品群风险值    │
                    └──────────────────┘
                                ▼
                    ┌──────────────────┐
                    │ SPAN保证金=投资   │
                    │ 组合风险值-净合约价值 │
                    └──────────────────┘
```

**图 5–1 SPAN 保证金计算示意图**

SPAN 系统虽然经过不断完善已具备较高的应用价值，但依然存在不足之处（Cotter and Dowd, 2006）。首先，该系统商品组合间的抵扣率过多，计算复杂程度高。其次，SPAN 系统低估了同一商品群内不同商品组合价差抵扣的程度：该系统在计算商品组合间价差抵扣时并未考虑没有形成价差的头寸，仅仅是将形成价差的头寸进行配对、抵消，因此实际上低估了可抵扣的空间。最后，该系统未能很好地反映投资组合的风险分散效果，投资组合的风险主要源于两个方面：商品组合数量与商品组合价格变化的相关性。SPAN 仅考虑了商品组合价差的抵扣，未考虑商品组合数量增加导致风险分散的可能性。

## (二) TIMS 系统

TIMS 的计算原理与方法同 SPAN 在一定程度上类似,都是将投资组合的风险来源分割成独立的要素,再衡量各风险要素的风险值。其中 TIMS 将风险值分为以下四类:权益净值、价格风险值、跨月价差风险值和交割风险值。具体情况如下。[①]

(1) 权益净值:代表商品组合立即平仓的清算价值,其计算公式为权益净值 = 各合约价值(市值×净头寸数×交易单位)。

(2) 价格风险值:与 SPAN 不同,TIMS 假设不同商品组合的价格会同向变化,因此在估计价格风险值时以商品群而非商品组合为单位。列出同一商品群内不同商品组合在不同市场情景下价格变化的损益,再将相同情景下的收益与损失抵消,计算得出价格风险值。由于不同商品组合间会有价格联动关系,TIMS 设定抵扣如下。

第一,价格上涨、下跌各 5 个区间共 10 种风险情景($Risk^{1\sim10}$)。

第二,空头合约必须额外考虑的特殊风险($Risk^{11\sim12}$)。

第三,最小保证金金额($Risk^{13}$)。

其中 $Risk^{1\sim10}$ 的 10 种风险情景如表 5 – 3 中情景 1 ~ 10 所示;$Risk^{11\sim12}$ 是为了反映空头合约未覆盖的风险,限定其价格风险保证金下限,以确保市场参与者购买空头合约后收取的保证金足以涵盖的损失至少在标的资产价值的某个百分比之上;$Risk^{13}$ 为价格风险保证金的下限,主要是配合各交易所限制每份合约最小保证金的规定,确保每份合约收取的价格风险保证金在某个水平之上。

---

① 中国台湾证券集中保管股份有限公司:《风险值计量模型与应用——以风险值角度比较 SPAN 与 TIMS 对含选择权投资组合风险衡量之正确性》,2000,第 5 ~ 19 页;东兴证券:《衍生品市场保证金管理系统深度研究》,2014,第 11 ~ 12 页。

表 5 – 3　TIMS 风险矩阵

| 情景 | 标的资产价格变动 | 价格变化单位 | 价格变化单位 | 情景 | 标的资产价格变动 | 价格变化单位 | 价格变化单位 |
| --- | --- | --- | --- | --- | --- | --- | --- |
| 1 | 下降 1/5 | 百分比 | 点数 | 6 | 上升 1/5 | 百分比 | 点数 |
| 2 | 下降 2/5 | 百分比 | 点数 | 7 | 上升 2/5 | 百分比 | 点数 |
| 3 | 下降 3/5 | 百分比 | 点数 | 8 | 上升 3/5 | 百分比 | 点数 |
| 4 | 下降 4/5 | 百分比 | 点数 | 9 | 上升 4/5 | 百分比 | 点数 |
| 5 | 下降 5/5 | 百分比 | 点数 | 10 | 上升 5/5 | 百分比 | 点数 |

资料来源：东兴证券，《衍生品市场保证金管理系统深度研究》，2014。

（3）跨月价差风险值：同一商品组合中不同到期月份合约的价差风险。与 SPAN 类似，TIMS 同样假设不同到期月份合约的价格与现货价格同向且同比率变化。然而实际上这些合约的价格与现货价格是不一致的，即合约间存在基差风险。因此必须考虑不同月份的价差风险保证金，即对持有同一标的资产、头寸相反的合约形成的价差头寸，收取固定金额的价差头寸保证金。

（4）交割风险值：对于指定交割还未交割的合约，在交割月份可能出现资产供给紧张导致合约价格异常波动的风险。一般以交割头寸保证金反映合约潜在的额外的交割风险。

表 5 – 4 对上述 TIMS 系统风险值的含义及计算原理进行了总结。

表 5 – 4　TIMS 系统风险的含义及计算原理

| | 权益净值 | 价格风险值 | 跨月价差风险值 | 交割风险值 |
| --- | --- | --- | --- | --- |
| 风险值的含义 | 商品组合立即平仓的清算价值 | 估计商品组合可能的损益变化 | 商品组合中不同到期月份合约的价差风险 | 临近到期日交割时合约价格波动增大 |
| 计算原理 | 权益净值 = 合约价值（市价）× 净头寸数 × 交易单位 | 以标的资产的市价为出发点，向上和向下各分 5 个区间观测商品组合价值的变化。另加 3 种特殊情景，在 13 种情景下预测最大损失 | 针对同一标的、头寸相反的合约形成的价差头寸，收取固定金额的保证金 | 交割头寸保证金 = 单位交割保证金 × 当月交割的头寸数 |

资料来源：东兴证券，《衍生品市场保证金管理系统深度研究》，2014。

单一商品群保证金为针对上述风险值收取的保证金之和，即单一商品群保证金＝权益净值＋价格风险值＋跨月价差风险值＋交割风险值。投资组合的保证金为不同商品群保证金的汇总，即投资组合保证金＝∑各商品群保证金（见图5－2）。

通过上述描述，TIMS系统的优点可概括如下（刘凤元，2006）。

（1）比较全面地考虑了市场风险。TIMS涵盖了标的资产的价格变化、跨月价差、合约到期交割等风险，提高了系统风险的计量精确度。

（2）能够准确衡量单一标的资产的投资风险。TIMS充分考虑了不同到期月份相同标的资产的合约在不同市场情景下的损益，因而能较好地反映单一标的资产价格变化的风险。

（3）商品群的整体设计简化了风险值的计算。按照相关性原则，TIMS将不同的合约列入不同的商品群，计算风险值时仅考虑同一商品群内不同标的资产间的风险抵扣，并且使用单一的抵扣率，减少了待估参数的数量，提高了整体运算速度。

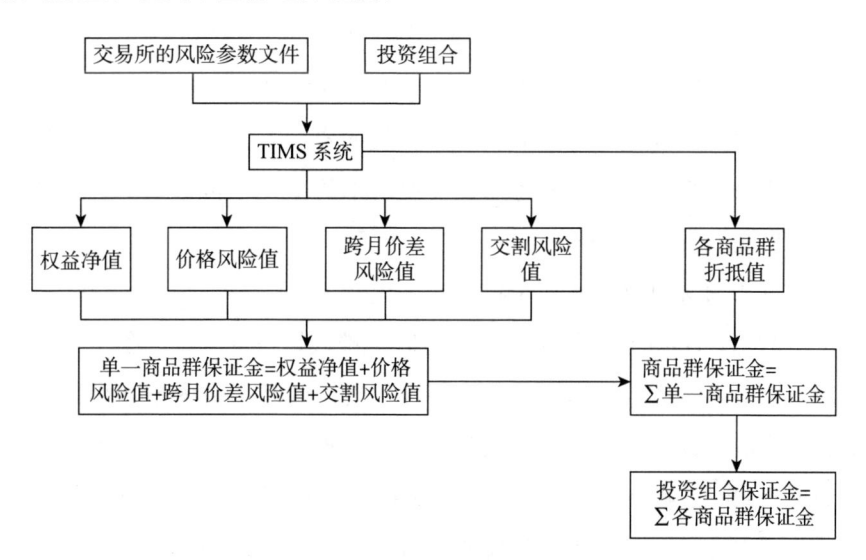

**图5－2 TIMS保证金计算示意图**

（4）区分近月和远月的价差风险，更符合实际的市场状况。在计算合约价差头寸风险保证金时，TIMS 采用加权平均法，赋予即将到期且易受现货市场供需影响的合约较高的价差风险率，因此能更好地反映市场的真实状况。

TIMS 系统的不足之处在于：对于同一商品群设定单一且固定的风险抵扣率较片面，未将所有情况考虑在内，因此无法准确地描述投资组合的整体风险。此外在计算投资组合的风险值或风险头寸保证金时忽略了某些重要的风险，如未考虑标的资产价格的波动率。TIMS 只能计算同一商品组合内的风险抵扣，不同商品组合之间无法进行相应的抵扣，因而可能会高估风险。

### （三） SPAN 系统与 TIMS 系统综合比较

综上所述，现将两系统保证金计算的差异归纳如下（戴良安和刘德明，2008）。

1. 预估价格风险时考虑的情景不同

在估计价格风险时，SPAN 以标的资产的市价为基础，考察不变、向上和向下 3 个区间及极端变化情况，同时结合价格波动率的上下变动，共形成 16 种市场情景。而 TIMS 同样以标的资产的市价为基础，但仅考察向上和向下 5 个区间，未考虑价格波动率的变化，再加上 3 种特殊情景，共形成 13 种市场情景。

2. 跨月价差计算的方式不同

SPAN 和 TIMS 在计算价格风险值时，都假设不同到期月份合约价格与现货价格同向且同比率变化。这将导致同一商品组合内不同到期月份的合约价格估算风险相同，多头与空头合约损益完全抵消。但事实上不同到期合约间是存在基差风险的。SPAN 和 TIMS 分别设计了不同的跨月价差计算方式：前者将头寸相反的所有具有相同标的资产的合约（包括期权）形成跨月价差配对，而后者考虑不同到期月份合约（除期权外）的跨月价差配对。

### 3. 跨资产间价差的抵扣方式不同

对于不同的商品组合，SPAN 使用抵扣率来抵扣不同商品组合间价格变化不相关假设下所高估的风险值。而 TIMS 则是针对不同商品组合都同向变化的假设下低估的风险值，即使用一个较低的抵扣率计算盈利头寸可抵扣亏损头寸的比率以调整其低估的风险值。二者从不同的角度出发提出假设，并使用一定的调整方法，期望得出更贴近实际的风险值。

### 4. 交割风险的定义不同

SPAN 和 TIMS 皆考虑到合约在到期交割月份，会受标的资产供给量的影响，存在价格剧烈波动的风险，而收取交割头寸保证金。不同之处在于，前者针对实体合约，即标的资产为实物（如商品和贵金属）的合约收取交割头寸保证金，而后者则是针对被指定交割但还未交割的合约，通常为非实体合约，即标的资产为非实物（如股票）的合约收取交割头寸保证金。

### 5. 空方合约的最低风险

SPAN 和 TIMS 均将交易所规定的数值作为空方合约的最低风险值，但二者计算空方合约的头寸数顺序不同，这并不影响最后保证金的计算值。前者对于同一商品群内的空头合约，只有标的资产相同的商品组合才允许对冲，计算得出的空头合约头寸数与 TIMS 计算的头寸数相同。换言之，只要两系统的最低风险值相同，二者最后计算得出的风险头寸保证金也是相同的。

## （四）效用评价

现存文献对保证金效用的讨论集中在 SPAN 系统上，主要分为对其风险防范能力和推广能力的探究。为评估风险防范能力，Kupiec 和 White（1996）构造了一系列假定的股指期货期权头寸，在此基础上将 SPAN 系统收取的保证金与联邦储备条例 T（Regulation T）收取的保证金进行对比。最后发现为达到同样的风险防范程度，前者要求的保证金远远少于后者。Kepiec（1994）使用历史数据估算了基于芝加哥商品期货交易所上市的标普 500 指数期货合约 SPAN 保证金的风险防范能力，发现 1988 年 12 月至 1992 年 12 月，对于单一的期货合约及简单的投资组合而言，SPAN 保证金可覆盖 99% 的单日风险。但对于到期日不同的同一标的资产的合约，保证金可覆盖的单日风险远远低于 95%。Artzner 等（1999）证明了 SPAN 系统得出的风险值为良好的风险测度，即其指标是一致的（coherent）。[①]

除风险防范外，随着 SPAN 的推广，关键问题转向如何有效地调整 SPAN 系统使其可处理更复杂的投资组合。对于期货、期权投资组合而言，SPAN 分别处理不同的风险（如价格和波动率），但随着投资组合中金融工具的增加、风险因素范围的扩大，该方法则略显笨拙（Jorion，2001）。可能的解决方法之一为采用 VaR 技术（Knott and Mills，2002）。如前所述，VaR 模型用于估计给定时间段内投资组合遭受的最大损失，其潜在优势在于通常充分考虑了投资组合中资产价格的联动性，使得保证金的计算效率更高。然而当联动性发生变化时，VaR 可能存在低估损失的风险。Barone – Adesi 等（1999，2002）将新的 VaR 方法，即过滤历史模拟分析法（Filtered Historical Simulation），应用至复杂的金融衍生品投资组合中来研究 SPAN 保证金问题。通过对多天标准化收益率的抽样，该法能够模拟历史数据未能显示的极端事件，因而使得真实的尾部分布能更有效地被复制。司继文等（2007）采用 Butler 和 Schachter（1998）提出的核估计历史模拟法计算 SPAN 保证金。该法给出了评估 VaR 估计精度的标准差信息，是对于传统历史模拟法的重要改进。除方法的改进

---

[①] 假设 $X$ 代表投资组合以货币形式表示的盈亏，一致性风险测度指标 $M$ 应满足以下条件。正同质性：投资组合规模增加常数 $k$ 倍（其中 $k > 0$），其风险相应增加 $k$ 倍，即 $M(kX) = kM(X)$。次可加性：投资组合合并后，风险不会增加，即 $M(X_1 + X_2) \leq M(X_1) + M(X_2)$。单调性：若一投资组合的盈亏在任何情况下不大于另一个投资组合，则前者的风险不小于后者。即 $X_1 \leq X_2$，则 $M(X_1) \geq M(X_2)$。平移不变性：投资组合增加 $\beta$（$\beta > 0$）单位现金，其风险相应减少 $\beta$，即 $M(X + \beta) = M(X) - \beta$。

外，还有部分研究将侧重点放在输入参数方法上，如龚朴和黄荣兵（2009）、路倩等（2011）。

## 二 保证金比例设定方法研讨

现存的保证金征收方法在应用上存在缺失，如 Cotter 和 Dowd（2006）指出 SPAN 不仅要求交易所指定每个仓位的尾部概率，同时也要求其针对如何抵消长短仓位、如何对标的资产价格呈非线性关系的仓位估价进行主观抉择。另外最值得关注的是该系统将不同商品群的风险汇总后得出保证金的方式。标的资产不同的商品组合的风险抵消程度在通常情况下是有限且主观的。换言之，SPAN 限制了投资者分享投资多元化带来的好处，使得保证金比例的设定变得更困难。SPAN 得出的风险值只能被视为反映了未被明确证明的商品组合间部分隐含的相关性，其有效性值得商榷。因此学术界涌现出大量关于如何设置合理保证金比例的探讨。现存文献，特别是国外文献的研究主要集中在期货市场上，对于融资探讨极少。概括而言，方法分为三大类：数理统计法（Statistical Approach）、经济建模法（Economic Modeling Approach）以及期权定价法（Option Pricing Approach）。

具体而言，数理统计法试图计算不同概率水平下能够防止投资者违约的保证金比例（Figlewski，1984；Gay et al.，1986；Edwards and Neftci，1988；Longin，1999；Dewachter and Gielens，1999；Cotter，2001；Cotter and Longin，2005；Cotter and Dowd，2006；Bhattacharyya and Ritolia，2008；Kao and Lin，2010）。该方法的关键是建立关于标的资产价格变化分布的模型。常用的分布包括正态分布（Normal Distribution）、学生 t 分布（Student's t-Distribution）和历史分布（Historical Distribution）。表 5-5 明确指出了各类分布存在的缺点。

表 5-5 资产价格变化分布的缺点

| 分布 | 缺点 |
| --- | --- |
| 正态分布 | 大多数情况下，该方法低估了分布尾部的重要性，因此低估了价格变动导致的保证金水平比例变化 |
| 学生 t 分布 | 该方法得出的保证金超过其充分值，因此造成过高的交易成本 |
| 历史分布 | 该方法缺乏足够、可供分析的历史价格变化值，因此无法计算概率水平极低时的保证金比例 |

资料来源：Cotter, J., "Margin Exceedences for European Stock Index Futures Using Extreme Value Theory", *Journal of Banking and Finance* 25 (8), 2001, pp. 1475 - 1502；Cotter, J., and Longin, F., "Margin Requirements with Intraday Dyramics", UCD Geary Institute Discussion paper, 2005。

部分学者认为由于既无经济理论，也无统计理论可借鉴，标的资产价格变化的精确分布是难以确定的。在这种情况下，极值方法应运而生。该方法主要研究标的资产价格变化极端值的分布，而非价格变化的分布。其中极值可以两种不同的方式来定义：①给定时间段内的最大（最小）观测值；②超过（低于）某一阈值的观测值。极值的分布可以采用 Fisher - Tippett 理论进行分析。这种方法的优点是只需知道观测值分布的类型（而非特定分布）。而对于设置最优保证金比例，则可使用参数或非参数法分析。具体见表 5-6。

表 5-6 参数法与非参数法的定义

| 方法 | 描述 |
| --- | --- |
| 参数法 | 采用特定方法（如最大似然法）获得类分布的参数，并计算不同概率水平下特定极端价格变动时不会被耗尽的保证金水平（Longin, 1999；Cotter and Dwod, 2006） |
| 非参数法 | 获得非参数尾部统计量 H - 尾指数（H - tail Index）估计，并计算不同概率水平下特定极端价格变动时不会被耗尽的保证金水平（Cotter, 2001；Kao and Lin, 2010） |

经济建模法侧重于使经纪人成本最小化，其中保证金水平是内生决定的（Telser, 1981；Hunter, 1986；Brennan, 1986；Shanker and Balakrishnan, 2005）。更确切地说，该法的具体过程为：①确定目标函数，

即最小化流动性成本和保证金的机会成本；②制定目标函数的约束条件，以确保合约的自我实现性（合约的所有方都坚守合约条款，不涉及任何违法行为）；③基于目标函数和约束条件进行优化。

期权定价法认为投资者的收益分布和交易所的潜在损失分布可以用障碍期权（Barrier Option）的收益来描述（Craine，1992；Bates and Craine，1999；Day and Lewis，1997，2004）。初始保证金可被视为交易所为保护其利益购买期权（其中该期权的标的资产为期货，界线为维持保证金）而支付的价格。如果期货价格未跌至期权界线之下，交货日的收益为到期日期货价格与执行价格之差。如果期货价跌破期权界线，合约中止，投资者可能选择违约。

上述三类方法从不同角度讨论了保证金的设置问题，其局限如表5-7所示。

表5-7 保证金水平设定方法的局限

| 方法 | 局限 |
| --- | --- |
| 数理统计法 | 该方法的关键在于参数（置信水平）的选择。通常情况下，其最优值难以确定 |
| 经济建模法 | 该方法的关键在于优化路径的选择，其最优形式难以确定 |
| 期权定价法 | 期货价格变动的波动性是时变的，其数据的生成过程不易用特定的模型来描述 |

资料来源：Cotter, J., and Doud, K., "Extreme Spectral Risk Measures: An Application to Futures Clearing house Margin Requirements", *Journal of Banking and Finance* 30 (12)，2006。

国内对于融资交易的研究尚处于初始阶段。大多数学者主要还是定性探讨融资业务风险的控制问题，没有数据支撑，缺乏实际可操作性。例如，朱晓会（2008）、张成军和谢玉海（2010）从证券公司的角度分析了开展融资业务的风险隐患，指出该业务可能给券商带来自营业务、管理操作、客户结算等方面的风险。陈红（2008）、廖焕国（2009）及宋艳婷和高广阔（2008）分别从信用交易、信用担保机制的完善和对股市带来的潜在影响角度对融资业务的风险防范进行了分析。

近年来少数学者也开始专注定量研究，探讨融资业务的保证金设置问题。例如，王鑫等（2011）和张梓靖（2016）认为数理统计 VaR 法可用于确定合理的保证金比例。王周伟（2012）根据欧式看跌期权定价的原理，利用结构化建模的方式探讨了融资保证金比例的个性化、动态化设置。① 孟科学和邹进文（2012）通过借鉴 Diamond 和 Dybvig（1983）的"三期"分析框架和效用与均衡分析法，逐步引入交易担保率、消费时间偏好、交易费用、通货膨胀等现实因素，得到市场实现一般均衡时的初始担保水平及其决定机制。上述研究方法中，数理统计法和期权定价法的缺点如前所述，市场均衡分析法下的模型涉及过多的参数估计，步骤繁杂，且很多因素，如消费时间偏好、对未来走势的预测都难以准确估计，所以该方法的理论意义远远大于实际意义。

值得提及的是 Huang 等（2012）提出的利用券商通过强行平仓获得负收益的条件概率作为风险度量指标来设置个性化自适应最小成本的保证金体系。该方法建立在 Figlewski（1984）的研究基础上，其设置的风险控制政策目标明确、理论和实际设定合理，且具有鲜明的特色和创新之处。但其不足之处在于在计算条件概率的过程中构建马尔可夫（Markov）链时涉及如何合理地划分状态空间及设置状态空间的记忆深度。其中状态空间的记忆深度主要和样本个数有关。样本过少意味着状态空间不足，会降低转移概率计算的精准度。但样本过多，则历史趋势会干扰当前趋势的识别，降低模型的预测精度。如何缓解该矛盾尚待进一步的研究。尽管如此，该方法还是为后续研究提供了方向。

---

① 融资交易方——证券公司是债权人，也是欧式看跌期权的空方。在 $T$ 时刻，如果融资抵押品的价值 $V_T$ 低于融资金额 $B_T$，投资者便会理性地选择违约，证券公司的损失为将抵押品卖出得到的价值与融资金额之间的差价 $V_T - B_T$，而投资者执行看跌期权的收益为 $B_T - V_T$。如果融资抵押品的价值 $V_T$ 高于融资金额 $B_T$，证券公司将得到投资者归还的融资本利和，此时期权的执行价格高于抵押品的价值。该笔融资业务的到期价值包括一笔无风险资产（该笔信用交易不存在违约时的价值）和一笔或有资产，类似于一个欧式看跌期权。而融资交易保证金则为隐含期权的价值。

## 第三节　保证金的作用

对于保证金作用的探讨主要涉及两个方面：保证金水平的调整与杠杆交易量的关系及保证金水平的调整与市场波动的关系。这实际上与保证金制度设置的初衷相关。1934 年美国国会在设立联邦保证金管理局（Federal Margin Authority）时明确其目标为：减少证券交易中信用的过度使用、防止投资者过度使用杠杆及降低股价的波动率。美国国会认为联邦保证金政策可以控制资金流向"非生产性投资"的股市，从而减少投机对股价稳定产生负面影响的可能。[①] 其理论依据如下（Kupiec，1998）：低位保证金水平使得市场投机者能够对股市施加不当影响，造成市场过度波动。投机者通常通过金字塔交易法（Pyramiding）迫使股价高于其基本价值：股价上涨鼓励过分乐观的投资者借入资金购买股票，而交易所获得的收益可以作为保障，从而借入更多的资金用于股票购买。这些利用杠杆购买的方式反过来对股票价格产生了额外的上行压力。当不可避免的市场修正开始时，收到追加保证金通知的杠杆投资者被迫清仓。这种反金字塔交易（Dypyramiding）的过程使得基础均衡遭到破坏。因此低位保证金水平鼓励杠杆交易，在归于基本面的市场波动外又产生了额外的波动来源。

这种理论在一定程度上是不完善的。通过调整保证金水平达到影响杠杆交易量和市场波动率的途径存在多种可能。例如，Glodberg（1985）提出了相关的理论模型。该模型认为当投资者受到保证金约束时，他们

---

① 问题的关键在于股市是否吸收了本该投入生产领域的资本。借入资金购买股票本质上与借入资金购买商品不同。前者仅意味着现有资产的交换：买方放弃现金，接受股票，而卖方放弃股票接受现金。虽然卖方持有的现金增加，但其对储蓄和消费的选择并不会因此改变。通常情况下，卖方会使用出售股票获取的现金进行其他投资，如购买其他证券、存入银行。无论采取哪种方式，交易并未耗费任何经济资源。资金仅在金融系统内部循环。

会争相购买高负债企业的股票,从而鼓励企业继续增加杠杆。在由此产生的一般均衡中,公司负债取代了私人负债,股价的波动随公司负债的增加而增大。

然而学术界产生了不同的声音,多数学者认为保证金制度的设立会增加股市的交易成本,且最重要的是其理论上并不能实现美国国会的既定目标。如 Kupiec 和 Sharpe(1991)认为当非理性噪声交易者需求变化导致股价下跌时,高位保证金水平可能会减少受流动性约束的理性投资者的购买量。而当愿意承担风险的投资者被限制借入资金购买股票时,股价将低于其基本价值。因此较高的保证金比例会约束杠杆交易,产生更大的股价波动;反之亦然。Brumm 等(2015)通过理论模型分析发现,保证金比例的提高会产生两类相反的效果:首先,交易成本的增加会使投资者的举债能力下降,这有助于稳定股价;其次,保证金比例的提高降低了标的资产对投资者的吸引力。当标的资产的价格受到冲击时,持有者为降低杠杆水平而抛售标的资产,标的资产价格必须下降到一定程度才能吸引其他投资者购买,这将增加股价的波动。在均衡状态时,这两种效应大致相互抵消,从而基本未影响股价的波动。

实证数据的引入和研究使得分析变得更为复杂。首先,研究对于保证金比例的调整是否能影响杠杆交易量意见不一。该领域的实证研究大致可分为两类:第一类主要探讨保证金比例的变化对不同类型投资者交易行为的影响;第二类则探讨保证金比例的变化对整个市场交易量的影响。一方面,Hartzmark(1986)探讨了保证金比例与投机者市场参与程度间的关系。该文假设对不同类型的交易者(如投机和对冲交易者)而言,保证金的成本有所不同。[①] 保证金比例的调整会导致市场交易者的结

---

① 保证金作为交易成本的一部分,会严重影响投资者的投资收益。例如,Hong 等(2018)构建了针对标普 500 指数的 18 种不同市场条件下的波动率交易策略,最后发现由于保证金制度的要求,投资者不得不将大部分财富存入保证金账户且随时面临补充保证金的通知,其交易策略实施起来非常困难。

构发生重大变化。实证结果发现保证金制度仅能用于保障合同的履行，而并非控制过度投机的有效工具。与之相反，Hardouvelis 和 Peristiani（1992）则发现保证金比例的提高能有效抑制投机者的交易行为。Chou 等（2015）将投资者分为四大类，即外资机构投资者、私有公司、国内机构投资者和个人投资者（个人日交易者和非日交易者），并研究保证金比例的变化对交易行为的影响。结论证明保证金比例的提高增加了投资者的交易成本，交易量随之大大减少。另外机构投资者对保证比例调整的敏感程度大于个人投资者。

另一方面，Fishe 和 Goldberg（1986）等发现保证金与交易量的相关性微弱。导致该结果发生的潜在原因为上述研究未考虑交易所调整保证金比例的前提是认为市场风险已发生变化：市场波动加剧，交易所提高保证金比例，从而导致杠杆交易量下降。但市价波动与杠杆交易量间存在正相关关系（Jacobs and Onochie，1998）。由于两股反向力量作用于交易量，保证金比例调整的作用受限。Dutt 和 Wein（2003）将保证金水平比例调整为考虑了潜在价格风险因素后的保证金比例，发现保证金比例的调整对交易量具有统计和经济上的显著负面效应。Phylaktis 和 Aristidou（2013）发现即便按照上述方法使用调整过后的保证金比例依然无法得出其与杠杆交易量间存在重要关联的结论。

其次，对于保证金比例的调整是否能影响市场波动率的意见不一。Hardouvelis（1988）通过研究 1934~1987 年美国市场的数据发现，月股价波动率与保证金比例的变化息息相关，后者的提高（降低）会导致前者的增大（减小）。该文指出保证金比例提高 10 个百分点将导致股价波动率在次月下降 8 个百分点，降幅在长期内还将继续增大。在扩展研究中，Hardouvelis（1990）使用不同的股价波动率衡量标准证明了其前期结论的有效性。但随后的研究，如 Ferris 和 Chance（1988）、Salinger（1989）、Schwert（1989a，1989b）、Kupiec（1989）及 Hsieh 和 Miller（1990），经过实证检验并未发现保证金比例的变化与股价波动率间存在负相关关系。这些研究反而发现股价波动率通常在保证金比例提高前就已上升。虽然后者的提高会导致信用扩张，但没有证据表明前者与后者是相关的。

同样是使用美国的数据，研究的时间段也类似，为何 Hardouvelis 的研究结论与其他学者大相径庭？Hsieh 和 Miller（1990）发现 Hardouvelis（1988）是使用 12 个月滚动标准差来衡量月股票收益的波动率。滚动法的使用引入了波动率正向自相关的因素，因而导致了保证金比例变化与股价波动率之间的虚假相关性。Hsieh 和 Miller（1990）在考虑了此类因素后再次进行测试，发现事实上二者间并不存在重要的关联关系。此外根据金字塔理论，如果保证金比例的调整能产生实际影响，其必定是通过改变信用水平来实现。因此如果需要衡量杠杆波动率增大效应，保证金信用不应被纳入 Hardouvelis 的回归模型。否则该回归衡量的为保持信用水平不变的情况下，保证金比例的变化对股价波动率的影响。

另外在 Hardouvelis（1990）的研究中，月股票收益的波动率是以月股票收益率、滞后 12 个月的股票收益率及代表 12 个月的虚拟变量回归所产生的残差的绝对值倍数为衡量标准。文章指出该波动率的估计方法是对 Schwert（1980a，1989b）方法的改进。Hsieh 和 Miller（1990）对改进的波动率估计方法进行了检测，发现其可能会产生极端不良的样本属性，因此不适合用于问题分析。

在美国建立融资交易保证金制度后，其他证券市场也纷纷效仿。日本于 1951 年、中国台湾地区于 1962 年、韩国于 1971 年分别引入。因此关于保证金比例调整的实证研究也逐步扩展至其他国家。Lee 和 Yoo（1993）考察了日本、韩国和中国台湾地区的股票市场。研究表明短期内日本是唯一股市波动受保证金比例调整影响显著的国家。而韩国和中国台湾在这方面的效果并不明显。从长期的角度而言，没有证据表明上述三个国家和地区的保证金比例调整与股市波动存在一定的关联。Hsu（1996）通过对 1981~1991 年在中国台湾证券交易所上市股票的研究，探讨保证金比例对中国台湾证券市场的影响。研究发现：在短期效果方面，无重要证据证明保证金比例的调整和股市波动存在紧密的关系；而在长期效果方面，仅存在微弱的证据表明前者对后者有些许影响。而戴秦和谢斐（2016）基于我国沪深股市的日高频交易数据，利用逐笔成交数据计算股票的日波动率，对股市的融资保证金比例与股票收益波动率进行回归分析。实证结果表明降低融资保证金比例有助于降低股票收益的日波动率。姚海青等（1999）进一步指出监管层调整保证金比例能否达到调节证券市场的效果实际上取决于投机性和流动性两种力量或两种效果的对比。其中两种力量是指投机者和投资者对保证金比例调整的反应，而两种效果是指两种力量对股市波动产生的影响，包括投机性效果和流动性效果。前者表现为保证金比例的调整与股市波动呈反向变动，后者则为保证金比例的调整与股市波动呈正向变动。当前者高于后者时，保证金比例的调整可以达到调控市场的预期效果；当前者低于后者时，则情况相反。①

从上述对于实证研究的梳理来看，学术界对于保证金比例的调整是否能影响股市波动有不同的结论。但总体而言，多数研究都表明监管层通过调整保证金比例来调控市场，并不一定能达到预期目标。其效果将取决于投机者和投资者两种市场力量的对比。保证金比例调整最重要的意义在于向市场发出政策信号，理性的投资者必然会快速接收并消化该信息，做出相应的策略调整。

本章重点介绍了理论界和实业界关于融资交易保证金问题的探讨。首先涉及的是融资制度下合理保证金比例的设定，包括保证金比例的决定因素、现存保证金征收方法（简介、优缺点、对比）以及学术界关于

---

① 融资交易保证金比例的调高（低）会使理性交易者的交易成本增加（减少），理性投资者将减少（增加）融资交易。当理性投资者占多数时，融资交易量的减少（增加）会导致市场流动性下降（上升）。市场流动性的短缺（富足）进而会增加（减少）市场波动。

保证金比例设定方法的研讨。其次主要围绕保证金比例调整的市场效应，包括保证金水平的比例是否能够影响杠杆交易量和市场波动率两方面展开探讨。在本章的基础之上，下一章将主要研究适合我国现状的融资保证金比例的优化和调整问题。

# 第六章
# 融资保证金比例的优化设置和动态调整

保证金制度是防范证券交易中市场风险引发信用风险的有效手段，也是控制杠杆交易风险的关键工具。设置合理的保证金比例、兼顾机会成本和信用风险对我国证券市场尤为重要。虽然目前学术界已对保证金水平（尤其是发达市场期货保证金水平）进行了充分的研究，但毕竟融资交易有别于期货交易，不能简单地将二者混为一谈。同时由于我国证券市场10%的涨跌幅制度、金融衍生品匮乏、个人投资者占主导地位、高换手率的投机氛围等特殊环境，我国无法照搬国外经验，而必须探索适合我国现阶段国情的融资保证金比例的设定方法。面对我国目前融资保证金制度存在的问题（如保证金比例过于统一、未对不同担保物做区分、保证金比例固定僵化）及其导致的严重后果（如2015年中国股市的暴跌），优化保证金比例的具体设置和调整方法已迫在眉睫。本章将探讨设置和调整融资交易保证金比例（初始保证金比例和维持担保比例）的理论和方法，为科学地识别和监控融资交易风险提供理论依据和技术支持。

## 第一节　风险控制目标

要建立保证金比例的数学模型并进行优化处理,首先必须明确风险控制的政策目标。根据现有文献(尤其是期货领域的研究),我们可以从覆盖投资者单日损失、控制市场波动率、控制投资者的违约概率和最小化投资者的机会成本四个方面筛选合适的政策目标。

### 一　单日损失 VaR 与保证金水平

如第四章第二节所述,VaR 是一种被广泛使用的风险价值模型,衡量的是在一定概率水平(置信度)下,金融资产或证券组合价值在未来特定时期内的最大可能损失。而单日 VaR 模型则是以日度损失分布的特定分位点作为设定保证金比例的基础。该法的核心在于确定标的资产价格变动的分布,通常用极值和广义自回归条件异方差模型(Autoregressive Conditional Heteroskedasticity Model,GARCH)进行描述。一方面,Cotter(2001)认为 GARCH 模型考虑了价格的波动动态,因此其可以用于计算动态保证金水平。在该模型的基础之上,Cotter(2001)计算了 VaR 法下欧洲国家股指期货的动态保证金比例。Lam 等(2004)使用恒生指数数据证明了同等违约概率约束下使用 GARCH 模型得到的保证金比例优于利用简单移动平均模型(Simple Moving Average,SMA)和指数加权移动平均模型(Exponentially Weighted Moving Averaging,EWMA)得到的结果。另一方面,Booth 等(1997)在极值理论的基础上,计算出 VaR 法下芬兰股指期货的保证金比例。Cotter 和 Dowd(2006)使用相同的理论和方法计算出标普 500 指数(美国)、富时 100 指数(英国)、DAX 指数(德国)、恒生指数(中国香港)及日经 225 指数(日本)的期货保证金比例。

但正如 Cotter 和 Dowd（2006）所言，VaR 法的缺点在于：首先，在投资者遭受损失的情况下，该法不能明确投资者保证金以外可能的损失程度；其次，该法的非次可加性可能会导致投资者将其账户进行拆分，从而达到降低总体保证金水平的目的，使得券商暴露在实际未从投资者处获得有效抵押品的剩余风险之下。因此为设置合理的融资保证金比例，我们不采用 VaR 作为风险度量的模型，即不将覆盖单日损失作为设定保证金比例的政策目标。

## 二 市场波动率与保证金水平

维持资本市场的稳定是近年来我国政策的主基调。无论是 2013 年政府工作报告提出的"加快发展多层次资本市场"、2014 年提出的"加快发展多层次资本市场，推进股票发行注册制度改革，规范发展债券市场"、2015 年提出的"加强多层次资本市场体系建设"、2016 年提出的"推进股票、债券市场改革和法制化建设，促进多层次资本市场健康发展，提高直接融资比重，适时启动'深港通'"、2017 年提出的"深化多层次资本市场改革，完善主板市场性制度，积极发展创业板、新三板，规范发展区域性股权市场"，还是 2018 年提出的"深化多层次资本市场改革，推动债市、期货市场发展"，其基础都是维持稳定（稳中求进）。而融资（融券）赋予了投资者买空（卖空）证券的权利，因此有助于调整市场上证券的需求（供给），将价格稳定在合理的范围内（Bryan et al.，2013）。那么是否可以通过调整保证金比例来影响投资者入市的机会成本，从而达到控制股票的供给和需求、降低市场波动的目的？如第五章第三节的文献综述所示，多数研究表明保证金比例的变化与市场波动并无明显关联，保证金制度不是限制投机交易的有效政策工具。

基于现有文献的研究结果，如果利用保证金比例来调控市场，并不一定能达到预期目标。因此在设置保证金比例时我们不把控制市场波动率作为政策目标。

## 三 违约概率与保证金水平

融资交易投资者违约是指在投资者从事融资交易期间，证券价格波动导致维持担保比例低于交易所规定的最低水平，券商以合同约定的方式向投资者发出追加担保物的通知后，投资者无法在约定时间内足额缴纳担保物的情形。其中如第四章第一节所述，担保物由保证金和融资购入的全部证券构成，初始保证金比例是指保证金占其购入证券市值的比例，维持担保比例是指担保物市值占其融资债务市值的比例。融资交易投资者的违约概率由初始保证金比例、维持担保比例及标的资产市场变动的微观结构共同决定。

Figlewski (1984) 使用几何布朗运动模型，通过计算固定保证金比例前提下发出追缴担保物通知的概率及在通知发出后保证金余额耗尽的概率，得出最优保证金比例的设定方法。该方法的主要目的是使设定的保证金比例能够尽量降低投资者违约的概率，进而降低信用风险引发系统性风险的可能。这与我国政府一直以来强调的"守住不发生系统性金融风险的底线"目标一致。但该方法存在的问题是未考虑券商最终损失的可能性：投资者无法按时按量补足保证金时，券商有权强制平仓处置担保物，因此券商最终是否受损取决于担保物的市值。因此投资者违约的概率不能完全描述券商面临的风险。基于此原因，我们把在投资者违约情况下控制券商损失的概率而非投资者违约的概率作为设置保证金比例的政策目标之一。

## 四 投资者机会成本与保证金水平

Brennan (1986) 指出由于同业间业务的激烈竞争，交易所推出的新期货合约仅有少数能够成功，而这些合约成功发行的共同原因在于考虑了最小化投资者的总成本。因此他以最小化投资者的总成本（保证金的机会成本、流动性成本、投资者违约导致的名誉受损和法律纠纷等）为目标函数、违约概率为约束条件，推导出约束条件下使成本最小的保证金比例。Shanker 等（2005）对 Brennan（1986）的模型进行改进，分别在 GARCH 和第三广义逻辑概率法（Type III Generalized Logistic Probability Distribution）下，以最小化投资者的机会成本为目标函数、违约概率为约束条件，建立了最优保证金模型，并用以计算加拿大温伯尼商品交易所菜籽油期货合约保证金水平。

由此可见，控制投资者的总成本，尤其是其中的机会成本，对融资市场有重要意义。换言之，能否最小化投资者的机会成本是融资市场中券商竞争的关键，必须得到高度重视。因此为发挥融资提高市场效率的功能、吸引更多的投资者参与交易、增强我国证券市场在国际上的地位，我们同时也将最小化投资者的机会成本作为设置保证金比例的政策目标之一。

## 第二节　实际存在的问题

在明确模型的政策目标后，需要进一步识别融资保证金水平设定中存在的实际问题，以便提高模型的精准度。接下来本章将从风险度量、价格变动度量和风险监控三个层面逐一进行阐述。

### 一　风险度量——被忽视的风险特征

如第四章所述，防范融资交易市场风险有两道防线：保证金制度和强行平仓制度。其中保证金制度包括初始保证金比例和维持担保比例。

只有当上述两道防线都被突破时，券商才会出现实质性损失，导致市场风险增加。现存文献多数都是针对保证金制度的研究（详情见第五章第二节），很少涉及强行平仓制度在防范风险中的作用。

初始保证金是交易者在开始建立交易部位（Trading Position）时缴纳的一定比例的保证存款。该存款可作为一种保障，避免投资者因市场价格的不利变化而不履行合约从而给交易另一方造成损失。同时为及时发现和防范风险，逐日盯市制度要求券商每日监测投资者的保证金是否低于最低维持担保比例。如果证券价格朝不利方向变化导致维持担保比例低于下限时，券商会发出保证金催缴通知。在投资者不能按时补齐保证金的情况下，券商有权对现有仓位进行强行平仓。只有当担保物（现金＋证券）的价值无法弥补投资者的债务时券商才会蒙受损失。换言之，对于券商而言，真正的风险不在于是否发出保证金催缴通知，而在于发出通知后投资者选择违约时，券商通过强制平仓是否依然会遭受损失。

鉴于政府一直以来对于风险的谨慎态度，我们考虑最坏的情形，即券商首次发出保证金催缴通知后投资者选择违约。为准确衡量券商面临的真实风险，我们把券商损失的条件概率，即在发出保证金催缴通知的条件下，投资者选择违约，券商强制平仓依然遭受损失的条件概率（the Conditional Probability of Negative Return，CPNR）作为风险度量的工具。假设政府的政策目标是将其控制在5%的范围内，这就意味着发出100次保证金催缴通知，券商出现损失的次数最多不超过5次。该目标简单明确，直观形象。

## 二 价格变动度量——被忽视的价格变动特征

根据现有文献，股价变动尤其是中国股市价格的变动通常具有以下三个特征：尖峰厚尾（Leptokurtosis and Fat Tail）、波动率集丛（Volatility Clustering）和序列相关（Serial Correlation）（陈梦根，2003；Guo and

Zhou，2007；汪孟海和周爱民，2009；Hong et al.，2018；Hong，2019）。①而对于融资保证金比例的设置而言，描述标的资产的价格变动，即股价的变动分布具有至关重要的作用。换言之，在计算保证金比例时，我们必须将上述股价变动的特点考虑进去。

关于标的资产的价格变动，以往研究倾向采用 GARCH（或 GARCH 变化）模型与极值模型来描述（Longin，1999，2000；Cotter，2001；Kao and Lin，2010）。一方面，Cotter（2001）对比了二者用于保证金比例计算时的优劣，指出虽然 GARCH 模型能比较好地捕捉股价波动率的集丛效应，但其也存在不容忽视的缺点：首先，该模型用于预测常见的波动情形时，对于极值所处的分布尾部属性的描述能力较差；② 其次，该模型需要对模型变量如无条件方差做出假设，易导致变量设定误差（Specification Error）。因此总体而言极值模型下的保证金水平要优于 GARCH 模型。

另一方面，根据极值模型的基本假设，时间序列数据必须独立且呈同分布状态。Potreba 和 Summers（1988）发现股票收益率短期（长期）内呈明显正（负）相关关系。Fama 和 French（1986）、Ball 和 Kothari（1989）发现股票收益率长期（3～5 年）内呈显著负相关关系。Nam 等（2006）通过研究个股及股指价格变动走势，发现收益率具有均值回归的特征，且负收益比正收益回归的速度更快、幅度更大。上述研究结果皆表明实际上股价变动是序列相关而非独立同分布的。因此除非收益率时间序列呈平稳状态，否则用极值模型描述标的资产价格变动的分布将导致结论误差。

股价呈随机游走状态（Random Walk），即股价走势不可预知，其未来走向与过去表现无关，这一概念最早由 Fan（1965）提出，近年来得到越来越多的实证研究支持（Zhu，1998；Narayan and Smyth，2006；Chen

---

① Hong 等（2018）甚至发现中国股市价格具有结构突变（时变）的特点。
② GARCH 随机模型的优势在于其考虑了波动率的集丛，然而实际上极值通常不会集中出现（Cotter，1999；Danielsson and De Vries，2000）。

and Chen，2009；Okpara，2010）。而我国股市的弱势有效性由于改革等因素（如放松管制和自由化使得市场流动性和成熟度提高）得到很大程度的改善，这一结论表明采用随机游走模型描述中国股市价格变动是合理的（Hung，2009）。马尔可夫链是描述随机过程常用的模型，应用范围较广，通常用于生物基因预测、人口过程模拟、熵编码技术、期权定价及股价预测等，能有效捕捉序列的运动规律。因此为抓住股票收益率的尖峰厚尾、波动率集丛和序列相关等特点，本书采用常见的马尔可夫链建立股价的数学模型。[①]

## 三 风险监控——被忽视的监控方式

如第四章第二节所述，现存保证金比例固定且单一，没有考虑根据充抵保证金抵押品的不同而分类收取保证金。这样的保证金比例设置方式无法使券商有效地管理信用交易风险、提高资金使用效率和市场流动性，同时也增加了投资者的机会成本。保证金组合的方式具有多样性，一般由现金、证券投资基金、债券和交易所认可的其他证券组成。保证金的具体形式受投资者个体差异的影响，同时不同的保证金组合隐含的风险也存在差异。因此券商应视不同类型的组合区别征收保证金，设置个性化的维持担保比例，鼓励投资者缴纳整体风险较小的保证金组合，降低担保物的整体风险。

此外初始保证金比例和维持担保比例也应随市场状况的变化而进行相应的调整，确保政策目标的顺利实现。本书将控制券商损失的条件概率作为直接的政策目标（投资者的机会成本作为间接的政策目标），随市场状况的改变及时调整保证金比例，确保新缔结合约损失的条件概率小

---

① 马尔可夫链已被广泛用于描述股价变动的过程（Fielitz and Bhargava，1973；McQueen and Thorley，1991；郭存芝，2002；Psaradakis et al.，2004；胡淑兰等，2011；瞿慧和肖斌卿，2011；黄晓彬等，2012；Rey et al.，2014）。

于目标值,同时兼顾最小化投资者的机会成本。

## 第三节 理论模型

### 一 CPNR 的定义

为简化说明的问题,我们假设在融资交易中投资者的初始保证金为现金形式,且投资者仅购买一份股票。① 再假设 $m_0$ 为融资交易开始时投资者缴纳的初始保证金比例,$Q_0$ 为投资者向券商缴纳的初始保证金,$w$ 为证券交易所规定的最小维持担保比例,$P_0$ 为融资交易开始时投资者购买股票的价格。其中,

$$m_0 = \frac{Q_0}{P_0} \qquad (6-1)$$

且其必须满足交易所规定的最低维持担保比例要求,即

$$\frac{P_0 + Q_0}{P_0} = \frac{P_0 + m_0 \times P_0}{P_0} \geqslant w \qquad (6-2)$$

否则投资者需要补缴保证金。另假设 $P_i$ 为第 $i$ 个交易日投资者购买股票时的价格($i=1, 2\cdots, T$,其中 $T$ 为融资合约的期限),$r$ 为银行存款利率,$R$ 为银行贷款利率。在第 $i$ 个交易日投资者缴纳的保证金市值由两

---

① 初始保证金为现金和标的证券组合时,只需假设前者为 $Q_0$,后者为 $\delta P_0$($\delta$ 为融资购买一份股票时所需抵押的标的股票的数量,大于零)。券商首次发出催缴保证金通知,事件 $B$ 变为 $B = \{(1+\delta) P_\tau \leqslant w P_0 (1+R)^\tau - Q_0 (1+r)^\tau\}$,券商发出催缴通知强制平仓后,损失事件 $A$ 变为 $A = \{(1+\delta) P_{\tau^*} < P_0 (1+R)^{\tau^*} - Q_0 (1+r)^{\tau^*}\}$。最后在导出保证金组合时将 $\delta$ 设为步长 1%、取值范围 [0%, 95%](根据沪深交易所对于融资抵押品折算率的规定得出,参见第四章第一节的内容)。其他计算方法与初始保证金为现金时相同。

部分（$M_i$和$L_i$）组成：$M_i$为第$i$个交易日满足交易所规定的保证金数额；$L_i$为第$i$个交易日满足最低维持担保比例后剩余的保证金数额，即

$$Q_0(1+r)^i = M_i + L_i \tag{6-3}$$

其中，

$$M_i = w P_0(1+R)^i - P_i \tag{6-4}$$

$$L_i = Q_0(1+r)^i + P_i - w P_0(1+R)^i \tag{6-5}$$

从中我们可以看出，投资者保证金账户的剩余保证金数额，即券商是否发出催缴保证金通知，取决于多种因素，包括投资者缴纳的初始保证金$Q_0$、银行存贷款利率$r$和$R$、融资交易开始时的股价$P_0$、第$i$个交易日的股价$P_i$（融资合同期限内股价的变动过程）及交易所要求的最低维持担保比例$w$。

当投资者保证金账户的剩余保证金数额小于等于零时，券商发出催缴保证金的通知：

$$L_i = Q_0(1+r)^\tau + P_\tau - w P_0(1+R)^\tau \leq 0 \tag{6-6}$$

其中$\tau$为合约期内券商首次发出催缴保证金通知的时间，即

$$\tau = \min\{i \in \{1,2,\cdots,T\}: Q_0(1+r)^i + P_i - w P_0(1+R)^i \leq 0\} \tag{6-7}$$

如第四章第二节所述，2017年7月1日之前沪深交易所规定，当维持担保比例低于130%时，券商应当通知客户在不超过2个交易日的期限内追加保证金，否则券商有权强制平仓。之后该规定取消，允许券商和客户自行商定补充担保物的期限和比例。在此我们考虑最简单的情况，即投资者在首次收到催缴保证金通知时选择违约，券商次日即对合约进行强制平仓。用$\tau^*$表示券商强制平仓的时间，则：

$$\tau^* = \min\{\tau+1, T\} \tag{6-8}$$

强制平仓后该合约收益小于零时，券商将遭受损失：

$$Q_0 \times (1+r)^{\tau^*} + P_{\tau^*} - P_0(1+R)^{\tau^*} < 0 \qquad (6-9)$$

如果我们把合约期券商首次发出催缴保证金通知的事件 $B$ 和首次发出通知并强行平仓后券商遭受损失的事件 $A$ 分别表示为：

$$B = \{Q_0 \times (1+r)^{\tau} + P_{\tau} - w P_0(1+R)^{\tau} \le 0\} \qquad (6-10)$$

或

$$B = \{P_{\tau} \le w P_0(1+R)^{\tau} - Q_0(1+r)^{\tau}\} \qquad (6-11)$$

$$A = \{Q_0 \times (1+r)^{\tau^*} + P_{\tau^*} - P_0(1+R)^{\tau^*} < 0\} \qquad (6-12)$$

或

$$A = \{P_{\tau^*} < P_0(1+R)^{\tau^*} - Q_0(1+r)^{\tau^*}\} \qquad (6-13)$$

则券商损失的条件概率为：

$$CPNR = Prob\{A|B\} = \frac{Prob(AB)}{Prob(B)} \qquad (6-14)$$

式（6-14）的分母应该不为零。分母为零则表示在融资合约期内，投资者缴纳的保证金是充足的，券商未曾发出催缴保证金的通知，因而也不存在券商蒙受损失的事件发生，即 CPNR 为零。

## 二 标的资产价格变动风险的度量模型——马尔可夫链

条件概率的计算首先要解决的问题是如何描述标的资产的价格变动过程，即股价的变动过程。在此我们用有限状态马尔可夫链进行拟合。马尔可夫链是一个在诸状态间随机转移的过程，未来处于何种状态只与当前状态有关，且所有独立增量过程都是马尔可夫过程。因此该模型可以自动识别数据的相关结构，避免了 GARCH 等人为设定相关结构的模型存在的误差。

假设有一组随机变量 $Prob\{X_{t_m} = i_{t_m} | X_{t_0} = i_{t_0}, \cdots, X_{t_{m-1}} = i_{t_{m-1}}\} = Prob$

$\{X_{t_m} = i_{t_m} \mid X_{t_{m-1}} = i_{t_{m-1}}\}$，则$\{X_t\}$是一个马尔可夫链，$t_0 < \cdots < t_m$为正整数（$X$为股价）。对每一个$X_t$，其无条件概率可记为：

$$Prob\{X_t = i_t\} = P_{i_t} \qquad (6-15)$$

而对每一对随机变量$X_m$和$X_n$，$m < n$，其条件概率为：

$$Prob\{X_n = j \mid X_m = i\} = p_{ij} \qquad (6-16)$$

需要指出的是在马尔可夫链模型中，随机变量$X_t$的所有可能取值构成所谓的状态空间。当状态的个数有限时，称为有限链；当状态的个数无限时，则称为无限链。式（6-15）中无条件概率反映在$t$时刻随机过程所处状态$i_t$的可能性，式（6-16）中条件概率反映从$m$时的状态$i$转移到$n$时的状态$j$的可能性。因此一个非负整数构成的状态空间的马尔可夫链是由最初的无条件概率和条件概率完全决定的。其中如果条件概率，又称为转移概率，是时间$t$的函数，则称马尔可夫链是非齐次链，反之为齐次链。由于股价的变动具有时间次序性，因此本书采用的是齐性有限状态马尔可夫链。假设空间状态为1，2，$\cdots$，$n$，转移概率$P$用$p_{ij}$的矩阵表示：

$$P = \begin{bmatrix} p_{11} & \cdots & p_{1n} \\ & \vdots & \\ p_{n1} & \cdots & p_{nn} \end{bmatrix} \qquad (6-17)$$

式（6-17）为马尔可夫链的转移概率矩阵。

对于$X_t = i$，有

$$\sum_j Prob\{X_{t+1} = j \mid X_t = i\} = \sum_j p_{ij} = 1 \qquad (6-18)$$

即转移概率矩阵每一行的元素之和为1。

在该矩阵中，如果从状态$i$转移到状态$j$发生在一步之中，我们有一步转移概率$p_{ij}(1)$：

$$Prob\{X_{t+1} = j \mid X_t = i\} = p_{ij}(1) \qquad (6-19)$$

同理如果从状态 $i$ 转移到状态 $j$ 发生在两步之中，我们有两步转移概率 $p_{ij}(2)$：

$$Prob\{X_{t+2}=j|X_t=i\}=p_{ij}(2) \qquad (6-20)$$

且两步转移概率满足下列等式：

$$p_{ik}(2)=\sum_j p_{ij}(1)p_{jk}(1),i,j,k=1,2\cdots \qquad (6-21)$$

式（6-21）也可用转移概率矩阵表示：

$$P(2)=P(1)P(1) \qquad (6-22)$$

以此类推，高阶转移概率满足关系式：

$$p_{ij}(m+n)=\sum_j p_{ij}(m)p_{jk}(n),i,j,k=1,2\cdots \qquad (6-23)$$

或用转移概率矩阵表示：

$$P(m+n)=P(m)P(n) \qquad (6-24)$$

为方便说明问题，我们在本书中仅考虑一步转移概率。假设历史数据的长度（记忆深度）为 $h$，将数据从小到大排列且剔除重复数据，以连续的 $g$ 个数据作为一个状态，剩下不足 $g$ 个的数据单独作为一个状态，最后形成状态空间 $s=\{s_1,\cdots,s_n\}$。从状态 $i$ 经过一步转移到状态 $j$ 的概率为：

$$\widehat{p}_{ij}(1)=\frac{f_{ij}}{f_{i.}} \qquad (6-25)$$

其中 $f_{ij}$ 为从状态 $i$ 出发经过一步后转移到状态 $j$ 的所有观测值的个数，$f_{i.}=\sum_{j=1}^n f_{ij}$，表示从状态 $i$ 出发经过一步转移后到达其他所有状态的个数之和。一步转移概率矩阵可表示为：

$$P(1)=\begin{bmatrix}\widehat{p}_{11}(1)\cdots\widehat{p}_{1n}(1)\\ \vdots \\ \widehat{p}_{n1}(1)\cdots\widehat{p}_{nn}(1)\end{bmatrix} \qquad (6-26)$$

### 三 CPNR 的计算

由式（6-14）知，CPNR 的计算可以分为分子和分母的计算，其具体过程如下。如果我们用 $B_i$ 表示券商在第 $i$ 个交易日首次发出催缴保证金的通知，$i = 1, 2, \cdots, T$，当前的股价属于状态空间 $s_h$，$h \in \{1, 2 \cdots, n\}$，则券商在合约期内首次发出催缴保证金通知的概率为：

$$Prob(B) = \sum_{t=1}^{T} Prob(B_t) \quad (6-27)$$

其中

$$Prob(B_t) = Prob(\overline{B}_1) Prob(\overline{B}_2 | \overline{B}_1) \cdots Prob(\overline{B}_{t-1} | \overline{B}_{t-2}) Prob(B_t | \overline{B}_{t-1}) \quad (6-28)$$

且

$$\begin{cases} Prob(\overline{B}_1) = 1 - \sum_{i=1}^{k_1} \widehat{p}_{hi}(1) \\ Prob(B_c | \overline{B}_{c-1}) = \dfrac{\sum_{i=k_{c-1}+1}^{n} \sum_{j=1}^{k_c} \widehat{p}_{hi}(1) \widehat{p}_{ij}(1)}{\sum_{i=k_{c-1}+1}^{n} \widehat{p}_{hi}(c-1)} \\ Prob(\overline{B}_c | \overline{B}_{c-1}) = 1 - Prob(B_c | \overline{B}_{c-1}) \end{cases} \quad (6-29)$$

$c = 2, 3, \cdots, t$，且 $k_c$ 满足：

$$k_c = \max\{k \in \{1, 2, \cdots, n\} : S_k < w P_0 (1+R)^c - Q_0 (1+r)^c\} \quad (6-30)$$

其中，$k_1$ 为合约期首日股价对应的空间状态，$k_c$ 为合约期第 $c$ 天股价对应的空间状态，且必须满足式（6-30），即为 $w P_0 (1+R)^c - Q_0 (1+r)^c$ 值对应的状态空间或前一状态空间，视 $w P_0 (1+R)^c - Q_0 (1+r)^c$ 值是否为状态空间股价的低位界点而定。如其恰好为低位界点，$k_c$ 为 $w P_0 (1+R)^c - Q_0 (1+r)^c$ 值对应的状态空间的前一空间，否则为 $P_0 (1+R)^c -$

$Q_0(1+r)^c$ 值对应的状态空间；$s_k$ 是第 $k$ 个状态空间股价。

而分子——券商在合约期间首次发出催缴保证金通知和强制平仓后券商蒙受损失同时发生的概率可通过下式计算：

$$Prob(AB) = \sum_{t=1}^{T} Prob(AB_t) \quad (6-31)$$

其中

$$Prob(AB_t) = Prob(\overline{B}_1) Prob(\overline{B}_2 | \overline{B}_1) \cdots Prob(\overline{B}_{t-1} | \overline{B}_{t-2}) Prob(B_t | \overline{B}_{t-1}) Prob(A | B_t) \quad (6-32)$$

且

$$Prob(A | B_t) = \begin{cases} \dfrac{\sum_{j=1}^{k_t} \sum_{l=1}^{a_t} \widehat{p}_{hj}(t) \widehat{p}_{jl}(1)}{\sum_{j=1}^{k_t} \widehat{p}_{hj}(t)}, & 1 \leq t \leq T-1 \\ \dfrac{\sum_{j=1}^{a_T} \widehat{p}_{hj}(T)}{\sum_{l=1}^{k_T} \widehat{p}_{hl}(t)}, & t = T \end{cases} \quad (6-33)$$

$a_t$ 满足如下要求：

$$a_t = \max\{k \in \{1,2,\cdots,n\} : S_k < \{P_0(1+R)^t - Q_0(1+r)^t\} \quad (6-34)$$

$Prob(B)$ 和 $Prob(AB)$ 的具体推导见附录 5、附录 6。其中 $a_t$ 为合约期第 $t$ 天股价对应的空间状态，且必须满足式（6-34）。其计算过程与 $k_c$ 相仿。

## 四 系统保证金组合的导出

根据前述方法，我们可知如果已知初始保证金比例和维持担保比例，通过马尔可夫链可以计算出券商损失的条件概率 CPNR。反之，如果已知

CPNR，也可反向推导出初始保证金比例和维持担保比例。但由于 CPNR 没有具体的表达式，我们只能用数值法求解。

初始保证金一般用于控制杠杆倍数，以免市场出现不利变化时投资者违约给交易对方造成损失。如果其水平过低，将导致维持担保比例过高。因此过低的保证金比例对构建保证金系统意义不大。同样保证金比例接近100%则意味着其将无法发挥融资工具的作用。在本书中我们以1%为步长，选取［1%，100%］的数值作为备选的初始保证金比例（我们考虑初始保证金比例为100%情况是鉴于目前我国融资交易的实际保证金比例）。同时记第 $i$ 个初始保证金比例为 $m_i$，$i=1$，…，100。对于维持担保比例而言，其取值不得低于100%，即担保物价值（资产）不能低于融资债务，否则券商可能遭受损失。同时根据沪深交易所规定，客户维持担保比例不得低于130%，低于130%时券商应通知客户在合同约定的期限内追加担保物，追加后的维持担保比例不得低于150%。为谨慎起见，在本书中我们将维持担保比例的上限定为150%。与初始保证金的取值类似，我们同样以1%为步长，选取［100%，150%］的数值作为备选的维持担保比例，且其必须满足 $1+m_0 \geq w$。同时记第 $i$ 个维持担保比例为 $w_i$，$i=1$，…，51。

当 CPNR 取特定值时，可能存在多组保证金组合 $(m_l, w_l)$ 满足约束条件，它们被称为无差异保证金组合，$l=1$，…，$q$，其中 $q$ 为无差异保证金组合的个数。为得到最优保证金组合，我们在此引入最小二乘法。该法是一种常用的数学优化技术，通过最小化误差的平方和寻找数据的最佳函数匹配（Tebaldi，2005；Bai et al.，2013；Lorenz，2016）。换言之，最优保证金组合 $(m^*, w^*)$ 需满足以下要求：

$$\text{Min}_{(m,w)} \sum_{l=1}^{q} (m_l - m)^2 + (w_l - w)^2 \qquad (6-35)$$

$$s.t.\ (m^*, w^*) \in \{(m_l, w_l), l=1, 2, \cdots, q\} \qquad (6-36)$$

### 五 样本外数据检测

优化保证金组合是本书设计中最关键的一步。但在进行参数优化时，如果直接将优化时间点前的所有数据都作为历史数据进行优化计算，然后选取优化后的策略投入实际运用是不恰当的。因为上述方式可能会导致"过度拟合"的现象出现。因此我们将历史数据划分为样本内和样本外数据，先利用前者进行优化处理，再利用后者进行样本外测试，这样可以及时纠错，并检验优化后的策略是否适用于实际的市场，即我们选取融资合约交易日后的某一时间段观测导出的保证金组合是否通过了样本外数据检验。如果券商强制平仓后出现损失的概率低于或等于事先设定的CPNR，则该股票在该CPNR下可以通过样本外数据检验。

## 第四节 实证数据

由于中兴通讯与太钢不锈两只股票在2018年4月停牌导致数据缺失，无法计算最新的融资保证金比例，因此在第四章第二节数据的基础上我们最终选取了满足条件的80只股票作为研究对象。$R$的取值与$r$相同，其年利率为7.86%。[①] 为方便说明问题，在此我们假设融资合约期为30天，并选取连续30份合约计算2018年3月16日至2018年5月2日共30个交易日的日融资交易初始保证金比例和维持担保比例。计算原理见表6-1。[②] 由表6-1可知，一份融资合约只能用于计算一组保证金，即以2018年3月16日为开始日的30天合约只能用于计算一组（$m_{2018.3.16}$,

---

① 该利率为融资业务启动时设定的利率。由于年化利率需进一步转化为日利率，其数值很小。因此融资利率的取值对保证金比例计算结果的影响微乎其微。
② 融资交易合同的生效是以交易的实际发生为基础的。

$w_{2018.3.16}$），以此类推。① 与以往研究（Huang et al., 2012）不同，为描述合约期内股价变动的过程，我们以当日之前 800 个交易日的股票复权价（而非收盘价）作为样本来说明如何计算保证金，② 同时对于窗口的选择我们采用移动值法（而非固定值法）。③ 以平安银行为例，计算 2018 年 3 月 16 日保证金时，我们选择 2014 年 12 月 5 日至 2018 年 3 月 15 日共 800 个交易日的数据为样本。计算 2018 年 3 月 19 日的保证金时，选择 2014 年 12 月 8 日至 2018 年 3 月 16 日的数据为样本，以此类推。同理，进行样本外检测时，对于 2018 年 3 月 16 日至 2018 年 4 月 14 日为期 30 天的融资合约而言，我们选取 2018 年 4 月 16 日至 2018 年 5 月 29 日作为样本外检测期；对于 2018 年 3 月 19 日至 2018 年 4 月 17 日为期 30 天的融资合约，我们则选取 2018 年 4 月 18 日至 2018 年 5 月 31 日作为样本外检测期，以此类推。由于以往文献（Huang et al., 2012）并未解决马尔可夫链的最优参数获取问题，我们首先对记忆深度为 800、状态空间数据数为 $[5, 105]$（步长为 10）的情况进行分析。该方式可以令我们更好地理解不同模型参数的选择对导出保证金比例的影响。

表 6-1 平安银行保证金计算原理（30 天融资合约期）

| 第1天 | 第2天 | 第3天 | 第4天 | … | 第30天 | 计算 |
|---|---|---|---|---|---|---|
| 2018年3月16日 | 2018年3月17日 | 2018年3月18日 | 2018年3月19日 | … | 2018年4月14日 | 2018年3月16日保证金 |

---

① 实操时融资交易合约的期限是指自然天数。出于方便计算的考虑，在后续的检验中我们以实际的交易天数为基础。

② 我们选取 800 天历史股价数据为最小样本的原因是这种方式基本能保证所选择的标的股票样本期涵盖 2014~2015 年中国股市的牛熊周期。如第五章第二节所述，对于构建马尔可夫链而言，关键的一步在于选择状态空间的记忆深度，即样本个数。样本过多或过少都会导致结论产生偏差。2014~2015 年发生的牛熊转换是距今最近且最完整的股市周期，其重要性仅次于中国股市史上 2005~2008 年发生的牛熊更替。因此将其列入样本的考虑范围有助于提高预测精度。

③ 我们认为股票复权价能真实反映股价的实际变动。此外移动窗口法将去除旧数据，引入新数据，因此比以往研究采用的固定窗口法更精确。

续表

| 第1天 | 第2天 | 第3天 | 第4天 | … | 第30天 | 计算 |
| --- | --- | --- | --- | --- | --- | --- |
| 2018年3月19日 | 2018年3月20日 | 2018年3月21日 | 2018年3月22日 | … | 2018年4月17日 | 2018年3月19日保证金 |
| … | … | … | … | … | … | … |
| 2018年5月2日 | 2018年5月3日 | 2018年5月4日 | 2018年5月5日 | … | 2018年5月31日 | 2018年5月2日保证金 |

## 第五节 实证分析

我们首先构造转移矩阵。如本章第三节所述，在建立转移矩阵前，我们必须确定最终矩阵的阶数。为方便说明，我们仅考虑一步转移矩阵。该假设的正确性可用 Billingsley（1961）提供的统计量进行检测（Hoel，1954；Good，1955）。该检测的原假设为：$\{X_1, X_2, \cdots, X_{N+1}\}$ 是独立同分布序列。备择假设为：$\{X_1, X_2, \cdots, X_{N+1}\}$ 是一阶马尔可夫链（$X$ 为股价）。若状态空间包含 $g$ 个元素（数据），则上述统计量可定义为：

$$\chi^2 = \sum_{i,j} \frac{(f_{ij} - f_{i.}f_{.j}/N)^2}{f_{i.}f_{.j}/N} \tag{6-37}$$

其渐进分布是自由度为 $(g-1)^2$ 的卡方分布。$f$ 的定义见公式（6-25），$f_{.j} = \sum_{i=1}^{n} f_{ij}$，$N$ 为样本数。表6-2列举了当记忆深度为800、状态空间数据数为25时80只股票的马氏性检验结果。① 如本节所述，转移矩阵的构造（或保证金的计算）采用的是移动窗口法。因此对于同一只股票而言，30个交易日（2018年3月16日至2018年5月2日）的保证金计算对应30个转移矩阵的构造，也即我们在此将有30次马氏性检验。由

---

① 其余记忆深度和状态空间组合得出的结论相同。

于同一只股票 30 次检验得出的结论相同，为节省空间我们在此仅列出 80 只股票 2018 年 3 月 16 日对应的转移矩阵的马氏性检验情况。

由表 6-2 可知，所有股票价格的变动过程无一例外都满足马尔可夫一步转移概率矩阵的条件：$\chi^2$ 的 P 值均为 0.000，因此拒绝序列为独立同分布的原假设，而接受其为一阶马尔可夫链的备择假设。

表 6-2 马氏性检验（2018 年 3 月 16 日）

| 股票名称 | 自由度 | $\chi^2$ 值 | P 值 |
|---|---|---|---|
| 上海证券交易所 | | | |
| 浦发银行（600000） | 576 | 5835 | 0.000*** |
| 华夏银行（600015） | 576 | 6163 | 0.000*** |
| 民生银行（600016） | 576 | 5248 | 0.000*** |
| 上港集团（600018） | 576 | 5894 | 0.000*** |
| 宝钢股份（600019） | 576 | 8991 | 0.000*** |
| 中国石化（600028） | 576 | 5874 | 0.000*** |
| 南方航空（600029） | 576 | 6731 | 0.000*** |
| 中信证券（600030） | 576 | 6167 | 0.000*** |
| 招商银行（600036） | 576 | 5138 | 0.000*** |
| 保利地产（600048） | 576 | 5389 | 0.000*** |
| 中国联通（600050） | 576 | 5567 | 0.000*** |
| 特变电工（600089） | 576 | 5333 | 0.000*** |
| 上汽集团（600104） | 576 | 5135 | 0.000*** |
| 振华重工（600320） | 576 | 6449 | 0.000*** |
| 江西铜业（600362） | 576 | 6662 | 0.000*** |
| 金地集团（600383） | 576 | 7222 | 0.000*** |
| 中金黄金（600489） | 576 | 5011 | 0.000*** |
| 贵州茅台（600519） | 576 | 7531 | 0.000*** |
| 山东黄金（600547） | 576 | 5084 | 0.000*** |
| 北大荒（600598） | 576 | 6542 | 0.000*** |
| 辽宁成大（600739） | 576 | 5761 | 0.000*** |
| 国电电力（600795） | 576 | 6297 | 0.000*** |

续表

| 股票名称 | 自由度 | $\chi^2$值 | P值 |
|---|---|---|---|
| 上海证券交易所 | | | |
| 海通证券（600837） | 576 | 5113 | 0.000*** |
| 长江电力（600900） | 576 | 6494 | 0.000*** |
| 大秦铁路（601006） | 576 | 6395 | 0.000*** |
| 中国神华（601088） | 576 | 7136 | 0.000*** |
| 中国国航（601111） | 576 | 6135 | 0.000*** |
| 兴业银行（601166） | 576 | 8171 | 0.000*** |
| 西部矿业（601168） | 576 | 5666 | 0.000*** |
| 北京银行（601169） | 576 | 4758 | 0.000*** |
| 中国铁建（601186） | 576 | 5002 | 0.000*** |
| 中国平安（601318） | 576 | 5715 | 0.000*** |
| 交通银行（601328） | 576 | 6244 | 0.000*** |
| 中国中铁（601390） | 576 | 5891 | 0.000*** |
| 工商银行（601398） | 576 | 6332 | 0.000*** |
| 中国铝业（601600） | 576 | 7405 | 0.000*** |
| 中国太保（601601） | 576 | 4852 | 0.000*** |
| 中国人寿（601628） | 576 | 5523 | 0.000*** |
| 中国建筑（601668） | 576 | 4917 | 0.000*** |
| 上海电气（601727） | 576 | 6084 | 0.000*** |
| 中国中车（601766） | 576 | 5019 | 0.000*** |
| 中国石油（601857） | 576 | 6889 | 0.000*** |
| 中煤能源（601898） | 576 | 7303 | 0.000*** |
| 紫金矿业（601899） | 576 | 4113 | 0.000*** |
| 中远海控（601919） | 576 | 5408 | 0.000*** |
| 建设银行（601939） | 576 | 6057 | 0.000*** |
| 金钼股份（601958） | 576 | 6354 | 0.000*** |
| 中国银行（601988） | 576 | 4140 | 0.000*** |
| 深圳证券交易所 | | | |
| 平安银行（000001） | 576 | 6046 | 0.000*** |
| 万科A（000002） | 576 | 7800 | 0.000*** |

续表

| 股票名称 | 自由度 | $\chi^2$ 值 | P 值 |
|---|---|---|---|
| 深圳证券交易所 | | | |
| 深圳能源（000027） | 576 | 5202 | 0.000*** |
| 中集集团（000039） | 576 | 5621 | 0.000*** |
| 中金岭南（000060） | 576 | 4443 | 0.000*** |
| 金融街（000402） | 576 | 6141 | 0.000*** |
| 云南白药（000538） | 576 | 8245 | 0.000*** |
| 泸州老窖（000568） | 576 | 6661 | 0.000*** |
| 吉林敖东（000623） | 576 | 7192 | 0.000*** |
| 铜陵有色（000630） | 576 | 7348 | 0.000*** |
| 格力电器（000651） | 576 | 4534 | 0.000*** |
| 河钢股份（000709） | 576 | 6128 | 0.000*** |
| 长江证券（000783） | 576 | 5305 | 0.000*** |
| 盐湖股份（000792） | 576 | 8216 | 0.000*** |
| 华侨城A（000069） | 576 | 7036 | 0.000*** |
| 潍柴动力（000338） | 576 | 6195 | 0.000*** |
| 中联重科（000157） | 576 | 6465 | 0.000*** |
| 燕京啤酒（000729） | 576 | 5048 | 0.000*** |
| 中航飞机（000768） | 576 | 4547 | 0.000*** |
| 一汽轿车（000800） | 576 | 4304 | 0.000*** |
| 中信国安（000839） | 576 | 5387 | 0.000*** |
| 五粮液（000858） | 576 | 8556 | 0.000*** |
| 云南铜业（000878） | 576 | 5884 | 0.000*** |
| 鞍钢股份（000898） | 576 | 6287 | 0.000*** |
| 华菱钢铁（000932） | 576 | 6296 | 0.000*** |
| 冀中能源（000937） | 576 | 6586 | 0.000*** |
| 锡业股份（000960） | 576 | 8924 | 0.000*** |
| 西山煤电（000983） | 576 | 6257 | 0.000*** |
| 华兰生物（002007） | 576 | 9296 | 0.000*** |
| 苏宁易购（002024） | 576 | 4180 | 0.000*** |
| 宁波银行（002142） | 576 | 5386 | 0.000*** |

续表

| 股票名称 | 自由度 | $\chi^2$ 值 | P 值 |
|---|---|---|---|
| 深圳证券交易所 | | | |
| 金风科技（002202） | 576 | 6976 | 0.000*** |

注：河钢股份、中航飞机、盐湖股份、苏宁易购后分别更名为河北钢铁、西飞国际、盐湖钾肥、苏宁电器。括号内为股票代码。*** 表示在 1% 的置信水平上显著。

接下来在马尔可夫一步转移概率矩阵的基础上，按照本章前述关于 CPNR 的计算以及系统保证金组合的导出方法，我们进一步计算初始保证金比例和维持担保比例。假设我们能接受的 CPNR 为 [0.05, 0.10]，即券商对融资合约发出 100 次催缴保证金通知，投资者选择违约导致券商强制平仓时，券商面临损失的次数不能为 [5, 10] 次。① 对于每一只股票而言，我们计算 30 个交易日的保证金组合数据，80 只股票的保证金（组合）数据将达到 4800（2400）个。为节约空间，同时为更好地研究保证金比例的分布性质，我们选择对 80 只股票每一交易日保证金组合的观测值及 80 只股票 30 个交易日保证金组合的观测值分别进行分位点分析，相关统计量包括最大值、最小值、均值、20%、30%、40%、50%、60%、70%、80%、90%、95%分位点。对于记忆深度为 800、状态空间数据数为 [5, 105]（步长为 10）的不同情况，其具体的统计分析结果见表 6 – 3 和表 6 – 4、表 6 – 5。

观察表 6 – 3、表 6 – 4，我们可以得出以下结论。以均值为例，首先，随着状态空间数据数的增加，初始保证金比例呈先下降后上升的趋势，而维持保证金比例则呈逐步上升趋势。如表 6 – 4 所示，80 只股票 30 个交易日初始保证金比例的均值由 33%（状态空间数据数为 5）下降到 11%（状态空间数据数为 25），再上升至 27%（状态空间数据数为 105）。

---

① CPNR 不能为固定值，只能为区间，因为给定初始保证金比例（$m$）和维持担保比例（$w$），反推得出的 CPNR 值在极少情况下刚好为设定值，这样很可能导致多数股票的保证金无法计算。

表6-3 记忆深度为800时80只股票每一日保证金组合比例的分位点分析（2018年3月16日～2018年5月2日）

| 日期 | 最小值 | 最大值 | 均值 | 20%分位点 | 30%分位点 | 40%分位点 | 50%分位点 | 60%分位点 | 70%分位点 | 80%分位点 | 90%分位点 | 95%分位点 |
|---|---|---|---|---|---|---|---|---|---|---|---|---|
| | | | | | | 状态空间数据数为5 | | | | | | |
| 2018年3月16日 | 1%(100%) | 78%(100%) | 34%(100%) | 15%(100%) | 24%(100%) | 29%(100%) | 35%(100%) | 39%(100%) | 42%(100%) | 48%(100%) | 53%(100%) | 70%(100%) |
| 2018年3月19日 | 3%(100%) | 72%(100%) | 32%(100%) | 13%(100%) | 25%(100%) | 29%(100%) | 32%(100%) | 37%(100%) | 42%(100%) | 44%(100%) | 56%(100%) | 68%(100%) |
| 2018年3月20日 | 1%(100%) | 59%(100%) | 33%(100%) | 19%(100%) | 28%(100%) | 29%(100%) | 32%(100%) | 36%(100%) | 41%(100%) | 48%(100%) | 56%(100%) | 59%(100%) |
| 2018年3月21日 | 3%(100%) | 78%(122%) | 33%(101%) | 14%(100%) | 26%(100%) | 29%(100%) | 33%(100%) | 24%(100%) | 43%(100%) | 50%(100%) | 58%(100%) | 69%(109%) |
| 2018年3月22日 | 3%(100%) | 77%(122%) | 35%(101%) | 16%(100%) | 24%(100%) | 29%(100%) | 33%(100%) | 36%(100%) | 43%(100%) | 49%(100%) | 59%(100%) | 76%(107%) |
| 2018年3月23日 | 3%(100%) | 77%(122%) | 36%(101%) | 18%(100%) | 24%(100%) | 29%(100%) | 33%(100%) | 41%(100%) | 45%(100%) | 54%(100%) | 61%(100%) | 75%(110%) |
| 2018年3月26日 | 3%(100%) | 69%(100%) | 32%(100%) | 17%(100%) | 22%(100%) | 26%(100%) | 31%(100%) | 39%(100%) | 45%(100%) | 48%(100%) | 55%(100%) | 64%(100%) |
| 2018年3月27日 | 2%(100%) | 76%(100%) | 31%(100%) | 9%(100%) | 22%(100%) | 26%(100%) | 27%(100%) | 36%(100%) | 43%(100%) | 49%(100%) | 55%(100%) | 68%(100%) |
| 2018年3月28日 | 4%(100%) | 57%(100%) | 29%(100%) | 12%(100%) | 21%(100%) | 24%(100%) | 26%(100%) | 34%(100%) | 42%(100%) | 45%(100%) | 53%(100%) | 57%(100%) |
| 2018年3月29日 | 1%(100%) | 78%(100%) | 30%(100%) | 9%(100%) | 21%(100%) | 24%(100%) | 26%(100%) | 31%(100%) | 40%(100%) | 46%(100%) | 57%(100%) | 67%(100%) |

第六章 融资保证金比例的优化设置和动态调整

续表

状态空间数据数为 5

| 日期 | 最小值 | 最大值 | 均值 | 20%分位点 | 30%分位点 | 40%分位点 | 50%分位点 | 60%分位点 | 70%分位点 | 80%分位点 | 90%分位点 | 95%分位点 |
|---|---|---|---|---|---|---|---|---|---|---|---|---|
| 2018年3月30日 | 4%(100%) | 75%(100%) | 32%(100%) | 16%(100%) | 22%(100%) | 25%(100%) | 27%(100%) | 36%(100%) | 41%(100%) | 49%(100%) | 55%(100%) | 66%(100%) |
| 2018年4月2日 | 5%(100%) | 75%(125%) | 34%(101%) | 18%(100%) | 23%(100%) | 26%(100%) | 29%(100%) | 37%(100%) | 43%(100%) | 53%(100%) | 57%(100%) | 66%(110%) |
| 2018年4月3日 | 2%(100%) | 56%(100%) | 29%(100%) | 11%(100%) | 21%(100%) | 25%(100%) | 29%(100%) | 37%(100%) | 43%(100%) | 48%(100%) | 54%(100%) | 55%(100%) |
| 2018年4月4日 | 1%(100%) | 78%(100%) | 33%(100%) | 13%(100%) | 21%(100%) | 25%(100%) | 30%(100%) | 36%(100%) | 43%(100%) | 54%(100%) | 56%(100%) | 68%(100%) |
| 2018年4月9日 | 4%(100%) | 59%(100%) | 33%(100%) | 19%(100%) | 22%(100%) | 26%(100%) | 34%(100%) | 39%(100%) | 4%(100%) | 52%(100%) | 55%(100%) | 57%(100%) |
| 2018年4月10日 | 2%(100%) | 60%(100%) | 32%(100%) | 12%(100%) | 22%(100%) | 26%(100%) | 30%(100%) | 29%(100%) | 44%(100%) | 54%(100%) | 57%(100%) | 58%(100%) |
| 2018年4月11日 | 2%(100%) | 71%(100%) | 32%(100%) | 12%(100%) | 22%(100%) | 25%(100%) | 29%(100%) | 39%(100%) | 45%(100%) | 51%(100%) | 57%(100%) | 63%(100%) |
| 2018年4月12日 | 6%(100%) | 78%(100%) | 37%(100%) | 22%(100%) | 24%(100%) | 29%(100%) | 37%(100%) | 40%(100%) | 46%(100%) | 53%(100%) | 57%(100%) | 76%(100%) |
| 2018年4月13日 | 5%(100%) | 75%(100%) | 34%(100%) | 19%(100%) | 24%(100%) | 30%(100%) | 38%(100%) | 40%(100%) | 46%(100%) | 52%(100%) | 55%(100%) | 63%(100%) |
| 2018年4月16日 | 1%(100%) | 74%(100%) | 34%(100%) | 16%(100%) | 22%(100%) | 27%(100%) | 37%(100%) | 41%(100%) | 46%(100%) | 48%(100%) | 56%(100%) | 63%(100%) |

续表

| 日期 | 最小值 | 最大值 | 均值 | 20%分位点 | 30%分位点 | 40%分位点 | 50%分位点 | 60%分位点 | 70%分位点 | 80%分位点 | 90%分位点 | 95%分位点 |
|---|---|---|---|---|---|---|---|---|---|---|---|---|
| | | | | | 状态空间数据为5 | | | | | | | |
| 2018年4月17日 | 1%(100%) | 77%(100%) | 31%(100%) | 18%(100%) | 21%(100%) | 26%(100%) | 34%(100%) | 38%(100%) | 42%(100%) | 46%(100%) | 54%(100%) | 62%(100%) |
| 2018年4月18日 | 1%(100%) | 75%(100%) | 32%(100%) | 14%(100%) | 21%(100%) | 26%(100%) | 29%(100%) | 36%(100%) | 41%(100%) | 51%(100%) | 56%(100%) | 74%(100%) |
| 2018年4月19日 | 1%(100%) | 58%(100%) | 32%(100%) | 19%(100%) | 21%(100%) | 27%(100%) | 34%(100%) | 39%(100%) | 43%(100%) | 46%(100%) | 54%(100%) | 56%(100%) |
| 2018年4月20日 | 3%(100%) | 57%(100%) | 32%(100%) | 18%(100%) | 21%(100%) | 27%(100%) | 34%(100%) | 40%(100%) | 43%(100%) | 46%(100%) | 54%(100%) | 56%(100%) |
| 2018年4月23日 | 2%(100%) | 70%(100%) | 31%(100%) | 17%(100%) | 21%(100%) | 27%(100%) | 32%(100%) | 39%(100%) | 42%(100%) | 45%(100%) | 55%(100%) | 61%(100%) |
| 2018年4月24日 | 4%(100%) | 78%(100%) | 33%(100%) | 15%(100%) | 22%(100%) | 27%(100%) | 29%(100%) | 39%(100%) | 41%(100%) | 48%(100%) | 55%(100%) | 66%(100%) |
| 2018年4月25日 | 2%(100%) | 78%(100%) | 33%(100%) | 21%(100%) | 23%(100%) | 29%(100%) | 32%(100%) | 40%(100%) | 42%(100%) | 45%(100%) | 54%(100%) | 65%(100%) |
| 2018年4月26日 | 1%(100%) | 58%(100%) | 31%(100%) | 19%(100%) | 22%(100%) | 27%(100%) | 30%(100%) | 39%(100%) | 41%(100%) | 45%(100%) | 55%(100%) | 56%(100%) |
| 2018年4月27日 | 2%(100%) | 77%(100%) | 31%(100%) | 18%(100%) | 20%(100%) | 24%(100%) | 28%(100%) | 39%(100%) | 42%(100%) | 46%(100%) | 55%(100%) | 61%(100%) |
| 2018年5月2日 | 1%(100%) | 77%(100%) | 32%(100%) | 14%(100%) | 21%(100%) | 25%(100%) | 27%(100%) | 39%(100%) | 42%(100%) | 49%(100%) | 56%(100%) | 71%(100%) |

第六章 融资保证金比例的优化设置和动态调整

续表

状态空间数为 15

| 日期 | 最小值 | 最大值 | 均值 | 20%分位点 | 30%分位点 | 40%分位点 | 50%分位点 | 60%分位点 | 70%分位点 | 80%分位点 | 90%分位点 | 95%分位点 |
|---|---|---|---|---|---|---|---|---|---|---|---|---|
| 2018年3月16日 | 1%(100%) | 72%(122%) | 23%(100%) | 6%(100%) | 8%(100%) | 14%(100%) | 17%(100%) | 22%(100%) | 35%(100%) | 42%(100%) | 51%(100%) | 69%(100%) |
| 2018年3月19日 | 1%(100%) | 69%(122%) | 21%(100%) | 5%(100%) | 8%(100%) | 12%(100%) | 14%(100%) | 18%(100%) | 31%(100%) | 38%(100%) | 47%(100%) | 63%(101%) |
| 2018年3月20日 | 1%(100%) | 68%(122%) | 23%(100%) | 6%(100%) | 9%(100%) | 13%(100%) | 16%(100%) | 21%(100%) | 35%(100%) | 41%(100%) | 48%(100%) | 62%(100%) |
| 2018年3月21日 | 1%(100%) | 72%(122%) | 22%(100%) | 6%(100%) | 7%(100%) | 12%(100%) | 15%(100%) | 19%(100%) | 35%(100%) | 41%(100%) | 58%(100%) | 67%(101%) |
| 2018年3月22日 | 1%(100%) | 67%(122%) | 22%(101%) | 5%(100%) | 7%(100%) | 10%(100%) | 14%(100%) | 22%(100%) | 34%(100%) | 41%(100%) | 54%(100%) | 62%(101%) |
| 2018年3月23日 | 1%(100%) | 71%(122%) | 21%(100%) | 6%(100%) | 7%(100%) | 9%(100%) | 14%(100%) | 20%(100%) | 32%(100%) | 39%(100%) | 48%(100%) | 63%(100%) |
| 2018年3月26日 | 1%(100%) | 71%(122%) | 21%(100%) | 5%(100%) | 8%(100%) | 9%(100%) | 13%(100%) | 20%(100%) | 31%(100%) | 38%(100%) | 48%(100%) | 62%(101%) |
| 2018年3月27日 | 1%(100%) | 71%(101%) | 21%(100%) | 5%(100%) | 6%(100%) | 10%(100%) | 14%(100%) | 21%(100%) | 31%(100%) | 39%(100%) | 43%(100%) | 64%(100%) |
| 2018年3月28日 | 1%(100%) | 70%(122%) | 23%(100%) | 5%(100%) | 8%(100%) | 12%(100%) | 18%(100%) | 26%(100%) | 32%(100%) | 41%(100%) | 60%(100%) | 63%(100%) |
| 2018年3月29日 | 1%(100%) | 70%(122%) | 22%(100%) | 5%(100%) | 7%(100%) | 11%(100%) | 15%(100%) | 23%(100%) | 33%(100%) | 40%(100%) | 61%(101%) | 64%(102%) |

145

续表

| 日期 | 最小值 | 最大值 | 均值 | 20%分位点 | 30%分位点 | 40%分位点 | 50%分位点 | 60%分位点 | 70%分位点 | 80%分位点 | 90%分位点 | 95%分位点 |
|---|---|---|---|---|---|---|---|---|---|---|---|---|
| | | | | | | 状态空间数据数为15 | | | | | | |
| 2018年3月30日 | 1%(100%) | 71%(125%) | 23%(100%) | 6%(100%) | 8%(100%) | 13%(100%) | 16%(100%) | 25%(100%) | 32%(100%) | 40%(100%) | 58%(100%) | 64%(104%) |
| 2018年4月2日 | 1%(100%) | 71%(125%) | 22%(100%) | 6%(100%) | 7%(100%) | 12%(100%) | 16%(100%) | 24%(100%) | 31%(100%) | 39%(100%) | 53%(100%) | 64%(101%) |
| 2018年4月3日 | 1%(100%) | 69%(125%) | 22%(101%) | 4%(100%) | 6%(100%) | 11%(100%) | 15%(100%) | 22%(100%) | 31%(100%) | 38%(100%) | 54%(100%) | 64%(104%) |
| 2018年4月4日 | 2%(100%) | 70%(123%) | 22%(101%) | 5%(100%) | 6%(100%) | 9%(100%) | 17%(100%) | 23%(100%) | 31%(100%) | 39%(100%) | 62%(100%) | 64%(120%) |
| 2018年4月9日 | 1%(100%) | 70%(125%) | 21%(101%) | 4%(100%) | 6%(100%) | 10%(100%) | 17%(100%) | 20%(100%) | 28%(100%) | 36%(100%) | 53%(100%) | 64%(121%) |
| 2018年4月10日 | 1%(100%) | 65%(122%) | 20%(100%) | 4%(100%) | 6%(100%) | 9%(100%) | 13%(100%) | 19%(100%) | 29%(100%) | 37%(100%) | 46%(100%) | 65%(101%) |
| 2018年4月11日 | 1%(100%) | 65%(126%) | 21%(100%) | 5%(100%) | 7%(100%) | 12%(100%) | 16%(100%) | 23%(100%) | 29%(100%) | 37%(100%) | 45%(100%) | 62%(100%) |
| 2018年4月12日 | 1%(100%) | 65%(126%) | 21%(101%) | 5%(100%) | 7%(100%) | 11%(100%) | 16%(100%) | 23%(100%) | 30%(100%) | 38%(100%) | 50%(100%) | 64%(101%) |
| 2018年4月13日 | 1%(100%) | 65%(126%) | 20%(101%) | 5%(100%) | 7%(100%) | 10%(100%) | 16%(100%) | 23%(100%) | 27%(100%) | 36%(100%) | 45%(101%) | 64%(104%) |
| 2018年4月16日 | 1%(100%) | 69%(122%) | 21%(101%) | 5%(100%) | 6%(100%) | 9%(100%) | 14%(100%) | 20%(100%) | 28%(100%) | 38%(100%) | 60%(100%) | 64%(101%) |

第六章 融资保证金比例的优化设置和动态调整

续表

| 日期 | 最小值 | 最大值 | 均值 | 20%分位点 | 30%分位点 | 40%分位点 | 50%分位点 | 60%分位点 | 70%分位点 | 80%分位点 | 90%分位点 | 95%分位点 |
|---|---|---|---|---|---|---|---|---|---|---|---|---|
| | | | | | 状态空间数据数为15 | | | | | | | |
| 2018年4月17日 | 1%(100%) | 64%(125%) | 19%(101%) | 4%(100%) | 6%(100%) | 8%(100%) | 12%(100%) | 17%(100%) | 26%(100%) | 35%(100%) | 57%(101%) | 63%(194%) |
| 2018年4月18日 | 1%(100%) | 68%(122%) | 21%(101%) | 4%(100%) | 6%(100%) | 9%(100%) | 14%(100%) | 20%(100%) | 28%(100%) | 36%(100%) | 61%(101%) | 63%(104%) |
| 2018年4月19日 | 1%(100%) | 69%(125%) | 22%(101%) | 6%(100%) | 8%(100%) | 11%(100%) | 16%(100%) | 21%(100%) | 32%(100%) | 39%(100%) | 61%(101%) | 65%(120%) |
| 2018年4月20日 | 1%(100%) | 65%(122%) | 19%(101%) | 5%(100%) | 6%(100%) | 8%(100%) | 13%(100%) | 18%(100%) | 23%(100%) | 36%(100%) | 52%(101%) | 63%(105%) |
| 2018年4月23日 | 1%(100%) | 66%(122%) | 19%(101%) | 4%(100%) | 5%(100%) | 8%(100%) | 12%(100%) | 19%(100%) | 24%(100%) | 35%(100%) | 45%(100%) | 61%(102%) |
| 2018年4月24日 | 1%(100%) | 66%(122%) | 21%(101%) | 5%(100%) | 6%(100%) | 10%(100%) | 14%(100%) | 21%(100%) | 31%(100%) | 38%(100%) | 57%(100%) | 61%(102%) |
| 2018年4月25日 | 1%(100%) | 66%(122%) | 20%(101%) | 3%(100%) | 5%(100%) | 8%(100%) | 12%(100%) | 19%(100%) | 29%(100%) | 37%(100%) | 58%(100%) | 65%(104%) |
| 2018年4月26日 | 1%(100%) | 64%(122%) | 20%(101%) | 3%(100%) | 6%(100%) | 8%(100%) | 13%(100%) | 20%(100%) | 30%(100%) | 36%(100%) | 57%(101%) | 63%(105%) |
| 2018年4月27日 | 1%(100%) | 68%(122%) | 21%(101%) | 4%(100%) | 6%(100%) | 8%(100%) | 13%(100%) | 19%(100%) | 30%(100%) | 37%(100%) | 58%(101%) | 63%(104%) |
| 2018年5月2日 | 1%(100%) | 68%(125%) | 22%(101%) | 5%(100%) | 6%(100%) | 8%(100%) | 14%(100%) | 20%(100%) | 32%(100%) | 39%(100%) | 60%(101%) | 63%(121%) |

147

续表

| 日期 | 最小值 | 最大值 | 均值 | 20%分位点 | 30%分位点 | 40%分位点 | 50%分位点 | 60%分位点 | 70%分位点 | 80%分位点 | 90%分位点 | 95%分位点 |
|---|---|---|---|---|---|---|---|---|---|---|---|---|
| | | | | | | 状态空间同数据数为25 | | | | | | |
| 2018年3月16日 | 1%(100%) | 66%(122%) | 8%(101%) | 3%(100%) | 3%(100%) | 4%(100%) | 5%(100%) | 5%(100%) | 6%(100%) | 9%(101%) | 17%(102%) | 44%(108%) |
| 2018年3月19日 | 1%(100%) | 69%(122%) | 10%(102%) | 2%(100%) | 3%(100%) | 4%(100%) | 4%(100%) | 6%(100%) | 7%(101%) | 11%(101%) | 23%(105%) | 60%(118%) |
| 2018年3月20日 | 1%(100%) | 66%(124%) | 8%(101%) | 2%(100%) | 3%(100%) | 3%(100%) | 4%(100%) | 5%(100%) | 6%(100%) | 9%(101%) | 21%(104%) | 29%(108%) |
| 2018年3月21日 | 1%(100%) | 69%(122%) | 11%(101%) | 2%(100%) | 3%(100%) | 4%(100%) | 5%(100%) | 6%(100%) | 8%(101%) | 12%(101%) | 26%(104%) | 67%(109%) |
| 2018年3月22日 | 1%(100%) | 68%(125%) | 10%(103%) | 2%(100%) | 2%(100%) | 4%(100%) | 4%(100%) | 6%(100%) | 7%(101%) | 9%(101%) | 24%(120%) | 60%(125%) |
| 2018年3月23日 | 1%(100%) | 66%(124%) | 10%(102%) | 2%(100%) | 3%(100%) | 4%(100%) | 5%(100%) | 6%(100%) | 7%(101%) | 12%(101%) | 23%(104%) | 62%(122%) |
| 2018年3月26日 | 1%(100%) | 65%(123%) | 11%(102%) | 2%(100%) | 3%(100%) | 4%(100%) | 5%(100%) | 7%(100%) | 7%(101%) | 13%(102%) | 37%(102%) | 64%(122%) |
| 2018年3月27日 | 1%(100%) | 66%(124%) | 11%(102%) | 2%(100%) | 3%(100%) | 3%(100%) | 5%(100%) | 6%(100%) | 8%(101%) | 12%(101%) | 44%(105%) | 66%(122%) |
| 2018年3月28日 | 1%(100%) | 66%(127%) | 12%(103%) | 2%(100%) | 4%(100%) | 5%(100%) | 5%(100%) | 6%(100%) | 9%(100%) | 12%(102%) | 58%(122%) | 65%(123%) |
| 2018年3月29日 | 1%(100%) | 67%(123%) | 13%(103%) | 2%(100%) | 3%(100%) | 4%(100%) | 5%(100%) | 7%(100%) | 9%(101%) | 18%(101%) | 63%(121%) | 66%(122%) |

第六章 融资保证金比例的优化设置和动态调整

续表

状态空间数据数为 25

| 日期 | 最小值 | 最大值 | 均值 | 20%分位点 | 30%分位点 | 40%分位点 | 50%分位点 | 60%分位点 | 70%分位点 | 80%分位点 | 90%分位点 | 95%分位点 |
|---|---|---|---|---|---|---|---|---|---|---|---|---|
| 2018年3月30日 | 1%（100%） | 66%（125%） | 11%（103%） | 1%（100%） | 3%（100%） | 3%（100%） | 4%（100%） | 5%（100%） | 6%（101%） | 9%（102%） | 47%（121%） | 66%（123%） |
| 2018年4月2日 | 1%（100%） | 67%（125%） | 10%（103%） | 2%（100%） | 3%（100%） | 3%（100%） | 4%（100%） | 5%（100%） | 6%（101%） | 10%（102%） | 36%（122%） | 66%（125%） |
| 2018年4月3日 | 1%（100%） | 67%（124%） | 11%（102%） | 2%（100%） | 3%（100%） | 4%（100%） | 5%（100%） | 5%（100%） | 7%（101%） | 12%（102%） | 32%（105%） | 65%（122%） |
| 2018年4月4日 | 1%（100%） | 67%（124%） | 11%（102%） | 2%（100%） | 3%（100%） | 3%（100%） | 4%（100%） | 6%（100%） | 7%（101%） | 12%（101%） | 30%（105%） | 65%（122%） |
| 2018年4月9日 | 1%（100%） | 67%（124%） | 13%（103%） | 2%（100%） | 3%（100%） | 4%（100%） | 6%（100%） | 7%（101%） | 9%（101%） | 15%（102%） | 61%（122%） | 65%（122%） |
| 2018年4月10日 | 1%（100%） | 68%（127%） | 12%（103%） | 2%（100%） | 3%（100%） | 4%（100%） | 4%（100%） | 7%（101%） | 9%（101%） | 20%（101%） | 47%（121%） | 66%（122%） |
| 2018年4月11日 | 1%（100%） | 68%（125%） | 11%（103%） | 1%（100%） | 2%（100%） | 3%（100%） | 4%（100%） | 4%（101%） | 7%（101%） | 12%（102%） | 38%（107%） | 66%（122%） |
| 2018年4月12日 | 1%（100%） | 68%（127%） | 12%（102%） | 2%（100%） | 3%（100%） | 4%（100%） | 5%（100%） | 5%（100%） | 8%（101%） | 19%（102%） | 42%（122%） | 65%（124%） |
| 2018年4月13日 | 1%（100%） | 68%（124%） | 10%（102%） | 2%（100%） | 3%（100%） | 4%（100%） | 5%（100%） | 6%（100%） | 8%（101%） | 13%（101%） | 26%（107%） | 62%（122%） |
| 2018年4月16日 | 1%（100%） | 65%（122%） | 10%（102%） | 3%（100%） | 4%（100%） | 5%（100%） | 6%（100%） | 6%（100%） | 7%（101%） | 11%（101%） | 32%（106%） | 65%（122%） |

续表

状态空间数据数为 25

| 日期 | 最小值 | 最大值 | 均值 | 20%分位点 | 30%分位点 | 40%分位点 | 50%分位点 | 60%分位点 | 70%分位点 | 80%分位点 | 90%分位点 | 95%分位点 |
|---|---|---|---|---|---|---|---|---|---|---|---|---|
| 2018年4月17日 | 1%(100%) | 68%(122%) | 12%(103%) | 3%(100%) | 4%(100%) | 5%(100%) | 6%(100%) | 7%(100%) | 7%(101%) | 16%(101%) | 61%(117%) | 66%(122%) |
| 2018年4月18日 | 1%(100%) | 68%(125%) | 13%(103%) | 3%(100%) | 3%(100%) | 5%(100%) | 5%(100%) | 6%(100%) | 7%(101%) | 14%(102%) | 60%(122%) | 67%(122%) |
| 2018年4月19日 | 1%(100%) | 67%(125%) | 13%(103%) | 2%(100%) | 4%(100%) | 4%(100%) | 5%(100%) | 6%(100%) | 7%(100%) | 18%(102%) | 62%(121%) | 66%(122%) |
| 2018年4月20日 | 1%(100%) | 65%(122%) | 11%(102%) | 3%(100%) | 4%(100%) | 5%(100%) | 5%(100%) | 6%(100%) | 7%(101%) | 10%(102%) | 44%(106%) | 64%(122%) |
| 2018年4月23日 | 1%(100%) | 65%(122%) | 11%(103%) | 2%(100%) | 4%(100%) | 4%(100%) | 4%(100%) | 5%(101%) | 6%(101%) | 9%(102%) | 61%(121%) | 64%(122%) |
| 2018年4月24日 | 1%(100%) | 65%(124%) | 11%(103%) | 2%(100%) | 2%(100%) | 4%(100%) | 5%(100%) | 6%(101%) | 6%(101%) | 10%(102%) | 33%(122%) | 64%(123%) |
| 2018年4月25日 | 1%(100%) | 66%(123%) | 12%(103%) | 2%(100%) | 3%(100%) | 4%(100%) | 5%(100%) | 6%(100%) | 8%(101%) | 14%(102%) | 60%(120%) | 65%(122%) |
| 2018年4月26日 | 1%(100%) | 65%(123%) | 13%(103%) | 3%(100%) | 5%(100%) | 5%(100%) | 6%(100%) | 7%(101%) | 8%(101%) | 14%(102%) | 60%(122%) | 64%(122%) |
| 2018年4月27日 | 1%(100%) | 66%(122%) | 11%(102%) | 2%(100%) | 3%(100%) | 5%(100%) | 6%(100%) | 6%(101%) | 7%(101%) | 10%(102%) | 48%(106%) | 64%(122%) |
| 2018年5月2日 | 1%(100%) | 66%(128%) | 11%(104%) | 2%(100%) | 3%(100%) | 5%(100%) | 6%(100%) | 6%(101%) | 7%(101%) | 11%(102%) | 39%(122%) | 65%(124%) |

第六章 融资保证金比例的优化设置和动态调整

续表

状态空间数据数为 35

| 日期 | 最小值 | 最大值 | 均值 | 20%分位点 | 30%分位点 | 40%分位点 | 50%分位点 | 60%分位点 | 70%分位点 | 80%分位点 | 90%分位点 | 95%分位点 |
|---|---|---|---|---|---|---|---|---|---|---|---|---|
| 2018年3月16日 | 1%(100%) | 64%(128%) | 8%(103%) | 3%(100%) | 3%(100%) | 4%(100%) | 5%(100%) | 5%(101%) | 7%(102%) | 8%(103%) | 19%(120%) | 49%(123%) |
| 2018年3月19日 | 1%(100%) | 67%(123%) | 10%(103%) | 3%(100%) | 4%(100%) | 5%(100%) | 5%(100%) | 6%(101%) | 7%(102%) | 9%(102%) | 20%(106%) | 63%(122%) |
| 2018年3月20日 | 1%(100%) | 66%(124%) | 10%(103%) | 2%(100%) | 4%(100%) | 4%(100%) | 5%(100%) | 7%(101%) | 7%(102%) | 9%(103%) | 20%(116%) | 62%(122%) |
| 2018年3月21日 | 1%(100%) | 69%(125%) | 10%(104%) | 2%(100%) | 3%(100%) | 4%(100%) | 5%(101%) | 6%(101%) | 7%(102%) | 8%(104%) | 32%(121%) | 65%(122%) |
| 2018年3月22日 | 1%(100%) | 68%(125%) | 12%(104%) | 2%(100%) | 4%(100%) | 4%(100%) | 5%(101%) | 6%(101%) | 8%(102%) | 10%(104%) | 57%(122%) | 67%(123%) |
| 2018年3月23日 | 1%(100%) | 69%(123%) | 14%(104%) | 3%(100%) | 4%(100%) | 5%(100%) | 6%(101%) | 7%(102%) | 9%(102%) | 14%(105%) | 64%(122%) | 66%(122%) |
| 2018年3月26日 | 1%(100%) | 69%(123%) | 11%(103%) | 2%(100%) | 2%(100%) | 4%(100%) | 5%(101%) | 6%(101%) | 8%(102%) | 11%(103%) | 59%(121%) | 65%(122%) |
| 2018年3月27日 | 1%(100%) | 68%(123%) | 11%(104%) | 1%(100%) | 3%(100%) | 4%(100%) | 5%(101%) | 5%(102%) | 7%(103%) | 9%(103%) | 49%(107%) | 64%(122%) |
| 2018年3月28日 | 1%(100%) | 68%(123%) | 12%(104%) | 2%(100%) | 4%(100%) | 4%(100%) | 5%(101%) | 7%(102%) | 9%(103%) | 12%(104%) | 61%(122%) | 65%(122%) |
| 2018年3月29日 | 1%(100%) | 68%(123%) | 13%(104%) | 2%(100%) | 3%(100%) | 4%(100%) | 5%(101%) | 6%(102%) | 9%(102%) | 12%(104%) | 64%(121%) | 65%(122%) |

续表

状态空间数据数为35

| 日期 | 最小值 | 最大值 | 均值 | 20%分位点 | 30%分位点 | 40%分位点 | 50%分位点 | 60%分位点 | 70%分位点 | 80%分位点 | 90%分位点 | 95%分位点 |
|---|---|---|---|---|---|---|---|---|---|---|---|---|
| 2018年3月30日 | 1%(100%) | 69%(123%) | 13%(104%) | 2%(100%) | 3%(100%) | 4%(100%) | 6%(101%) | 7%(101%) | 10%(102%) | 12%(104%) | 64%(121%) | 66%(122%) |
| 2018年4月2日 | 1%(100%) | 65%(123%) | 10%(103%) | 1%(100%) | 3%(100%) | 4%(100%) | 5%(101%) | 6%(101%) | 8%(102%) | 11%(103%) | 18%(108%) | 64%(122%) |
| 2018年4月3日 | 1%(100%) | 66%(123%) | 12%(104%) | 3%(100%) | 3%(100%) | 4%(100%) | 5%(101%) | 6%(102%) | 9%(102%) | 11%(103%) | 58%(121%) | 64%(122%) |
| 2018年4月4日 | 1%(100%) | 65%(123%) | 12%(104%) | 2%(100%) | 3%(100%) | 4%(100%) | 5%(101%) | 7%(101%) | 9%(102%) | 12%(104%) | 53%(122%) | 65%(122%) |
| 2018年4月9日 | 1%(100%) | 65%(123%) | 11%(104%) | 2%(100%) | 3%(100%) | 4%(100%) | 5%(101%) | 6%(101%) | 10%(102%) | 12%(103%) | 41%(122%) | 65%(122%) |
| 2018年4月10日 | 1%(100%) | 66%(124%) | 10%(103%) | 1%(100%) | 2%(100%) | 3%(100%) | 4%(101%) | 5%(101%) | 6%(102%) | 10%(104%) | 22%(121%) | 64%(122%) |
| 2018年4月11日 | 1%(100%) | 67%(123%) | 10%(103%) | 2%(100%) | 3%(100%) | 4%(100%) | 4%(101%) | 4%(101%) | 6%(102%) | 10%(103%) | 37%(121%) | 64%(122%) |
| 2018年4月12日 | 1%(100%) | 67%(125%) | 12%(103%) | 2%(100%) | 3%(100%) | 4%(100%) | 5%(101%) | 6%(101%) | 11%(102%) | 13%(103%) | 58%(119%) | 64%(122%) |
| 2018年4月13日 | 1%(100%) | 66%(123%) | 12%(103%) | 2%(100%) | 3%(100%) | 4%(100%) | 5%(101%) | 7%(101%) | 10%(102%) | 12%(103%) | 59%(122%) | 63%(122%) |
| 2018年4月16日 | 1%(100%) | 66%(124%) | 13%(103%) | 3%(100%) | 4%(100%) | 5%(100%) | 6%(101%) | 8%(101%) | 10%(102%) | 12%(103%) | 62%(122%) | 64%(122%) |

第六章 融资保证金比例的优化设置和动态调整

续表

| 日期 | 最小值 | 最大值 | 均值 | 20%分位点 | 30%分位点 | 40%分位点 | 50%分位点 | 60%分位点 | 70%分位点 | 80%分位点 | 90%分位点 | 95%分位点 |
|---|---|---|---|---|---|---|---|---|---|---|---|---|
| | | | | | 状态空间数据数为35 | | | | | | | |
| 2018年4月17日 | 1%(100%) | 67%(123%) | 14%(104%) | 3%(100%) | 5%(100%) | 6%(100%) | 7%(101%) | 8%(101%) | 9%(102%) | 10%(103%) | 62%(122%) | 65%(122%) |
| 2018年4月18日 | 1%(100%) | 66%(123%) | 12%(103%) | 3%(100%) | 3%(100%) | 4%(100%) | 5%(100%) | 7%(101%) | 8%(101%) | 10%(102%) | 58%(122%) | 64%(122%) |
| 2018年4月19日 | 1%(100%) | 66%(123%) | 13%(103%) | 3%(100%) | 3%(100%) | 4%(100%) | 6%(100%) | 6%(101%) | 8%(102%) | 12%(102%) | 63%(122%) | 65%(122%) |
| 2018年4月20日 | 1%(100%) | 65%(126%) | 14%(104%) | 2%(100%) | 3%(100%) | 4%(100%) | 6%(100%) | 6%(101%) | 8%(102%) | 11%(104%) | 63%(122%) | 64%(122%) |
| 2018年4月23日 | 1%(100%) | 67%(124%) | 15%(105%) | 3%(100%) | 4%(100%) | 5%(100%) | 6%(101%) | 6%(102%) | 7%(102%) | 15%(105%) | 63%(122%) | 65%(122%) |
| 2018年4月24日 | 1%(100%) | 65%(123%) | 13%(103%) | 1%(100%) | 3%(100%) | 4%(100%) | 6%(100%) | 6%(101%) | 8%(102%) | 10%(102%) | 62%(122%) | 64%(122%) |
| 2018年4月25日 | 1%(100%) | 66%(129%) | 12%(103%) | 2%(100%) | 4%(100%) | 5%(100%) | 6%(100%) | 6%(101%) | 7%(102%) | 10%(103%) | 62%(122%) | 65%(122%) |
| 2018年4月26日 | 1%(100%) | 65%(122%) | 12%(103%) | 2%(100%) | 4%(100%) | 4%(100%) | 6%(100%) | 6%(101%) | 7%(101%) | 11%(102%) | 62%(122%) | 64%(122%) |
| 2018年4月27日 | 1%(100%) | 66%(129%) | 12%(104%) | 2%(100%) | 3%(100%) | 5%(100%) | 6%(100%) | 6%(101%) | 7%(101%) | 15%(103%) | 62%(122%) | 64%(122%) |
| 2018年5月2日 | 1%(100%) | 66%(128%) | 13%(104%) | 3%(100%) | 4%(100%) | 5%(100%) | 6%(100%) | 6%(101%) | 8%(101%) | 15%(103%) | 61%(122%) | 65%(122%) |

续表

| 日期 | 最小值 | 最大值 | 均值 | 20%分位点 | 30%分位点 | 40%分位点 | 50%分位点 | 60%分位点 | 70%分位点 | 80%分位点 | 90%分位点 | 95%分位点 |
|---|---|---|---|---|---|---|---|---|---|---|---|---|
| | | | | | 状态空间数据数为45 | | | | | | | |
| 2018年3月16日 | 1%(100%) | 66%(133%) | 10%(104%) | 3%(100%) | 4%(100%) | 4%(100%) | 5%(101%) | 7%(102%) | 8%(102%) | 10%(104%) | 17%(121%) | 61%(122%) |
| 2018年3月19日 | 1%(100%) | 65%(133%) | 11%(103%) | 3%(100%) | 4%(100%) | 5%(100%) | 6%(101%) | 7%(102%) | 8%(102%) | 12%(103%) | 22%(114%) | 64%(122%) |
| 2018年3月20日 | 1%(100%) | 66%(123%) | 12%(104%) | 3%(100%) | 4%(100%) | 4%(100%) | 6%(101%) | 7%(102%) | 8%(102%) | 14%(103%) | 57%(114%) | 64%(122%) |
| 2018年3月21日 | 1%(100%) | 65%(123%) | 12%(104%) | 3%(100%) | 4%(100%) | 5%(100%) | 7%(101%) | 8%(102%) | 9%(103%) | 13%(103%) | 32%(122%) | 63%(122%) |
| 2018年3月22日 | 1%(100%) | 66%(123%) | 11%(103%) | 3%(100%) | 4%(100%) | 5%(100%) | 6%(101%) | 7%(101%) | 9%(102%) | 13%(104%) | 20%(114%) | 63%(122%) |
| 2018年3月23日 | 1%(100%) | 68%(133%) | 14%(105%) | 2%(100%) | 4%(100%) | 6%(100%) | 7%(101%) | 9%(102%) | 11%(103%) | 14%(105%) | 63%(122%) | 64%(122%) |
| 2018年3月26日 | 1%(100%) | 68%(131%) | 16%(105%) | 3%(100%) | 3%(100%) | 5%(101%) | 7%(102%) | 10%(103%) | 12%(104%) | 14%(107%) | 64%(122%) | 66%(122%) |
| 2018年3月27日 | 1%(100%) | 69%(132%) | 13%(105%) | 3%(100%) | 4%(100%) | 4%(101%) | 5%(101%) | 6%(102%) | 9%(103%) | 14%(106%) | 64%(122%) | 66%(127%) |
| 2018年3月28日 | 1%(100%) | 68%(130%) | 16%(106%) | 2%(100%) | 3%(100%) | 4%(101%) | 6%(102%) | 8%(103%) | 11%(103%) | 20%(113%) | 64%(122%) | 66%(123%) |
| 2018年3月29日 | 1%(100%) | 67%(134%) | 16%(106%) | 2%(100%) | 3%(100%) | 3%(101%) | 4%(101%) | 5%(103%) | 11%(104%) | 23%(122%) | 64%(122%) | 67%(124%) |

第六章 融资保证金比例的优化设置和动态调整

续表

状态空间数据数为 45

| 日期 | 最小值 | 最大值 | 均值 | 20%分位点 | 30%分位点 | 40%分位点 | 50%分位点 | 60%分位点 | 70%分位点 | 80%分位点 | 90%分位点 | 95%分位点 |
|---|---|---|---|---|---|---|---|---|---|---|---|---|
| 2018年3月30日 | 1%（100%） | 68%（134%） | 15%（106%） | 2%（100%） | 3%（100%） | 4%（101%） | 5%（101%） | 7%（102%） | 10%（103%） | 13%（115%） | 64%（122%） | 66%（125%） |
| 2018年4月2日 | 1%（100%） | 69%（132%） | 16%（106%） | 2%（100%） | 3%（100%） | 4%（101%） | 6%（101%） | 9%（102%） | 11%（103%） | 19%（113%） | 64%（122%） | 67%（123%） |
| 2018年4月3日 | 1%（100%） | 69%（134%） | 16%（106%） | 3%（100%） | 4%（100%） | 5%（101%） | 7%（101%） | 9%（102%） | 10%（103%） | 18%（111%） | 65%（122%） | 66%（124%） |
| 2018年4月4日 | 1%（100%） | 70%（133%） | 14%（106%） | 2%（100%） | 3%（100%） | 4%（101%） | 6%（102%） | 7%（103%） | 9%（104%） | 11%（108%） | 64%（122%） | 65%（125%） |
| 2018年4月9日 | 1%（100%） | 69%（131%） | 16%（107%） | 2%（100%） | 3%（101%） | 5%（101%） | 6%（102%） | 7%（103%） | 11%（106%） | 23%（122%） | 65%（122%） | 66%（125%） |
| 2018年4月10日 | 1%（100%） | 68%（129%） | 16%（106%） | 2%（100%） | 3%（100%） | 4%（101%） | 6%（102%） | 7%（102%） | 10%（103%） | 19%（117%） | 65%（122%） | 67%（122%） |
| 2018年4月11日 | 1%（100%） | 68%（129%） | 12%（104%） | 2%（100%） | 3%（100%） | 4%（100%） | 5%（101%） | 6%（101%） | 9%（102%） | 12%（104%） | 62%（122%） | 65%（122%） |
| 2018年4月12日 | 1%（100%） | 68%（129%） | 14%（105%） | 3%（100%） | 4%（100%） | 5%（100%） | 6%（101%） | 8%（102%） | 10%（102%） | 12%（106%） | 63%（122%） | 67%（122%） |
| 2018年4月13日 | 1%（100%） | 69%（130%） | 14%（105%） | 2%（100%） | 4%（100%） | 5%（101%） | 6%（101%） | 9%（102%） | 10%（102%） | 15%（105%） | 64%（122%） | 67%（122%） |
| 2018年4月16日 | 1%（100%） | 67%（130%） | 14%（105%） | 3%（100%） | 4%（100%） | 6%（101%） | 6%（101%） | 7%（102%） | 9%（103%） | 15%（105%） | 63%（122%） | 64%（122%） |

续表

| 日期 | 最小值 | 最大值 | 均值 | 20%分位点 | 30%分位点 | 40%分位点 | 50%分位点 | 60%分位点 | 70%分位点 | 80%分位点 | 90%分位点 | 95%分位点 |
|---|---|---|---|---|---|---|---|---|---|---|---|---|
| 2018年4月17日 | 1%(100%) | 67%(125%) | 14%(104%) | 3%(100%) | 3%(100%) | 5%(101%) | 6%(101%) | 7%(102%) | 9%(103%) | 16%(105%) | 62%(122%) | 64%(122%) |
| 2018年4月18日 | 1%(100%) | 69%(123%) | 14%(104%) | 3%(100%) | 4%(100%) | 5%(101%) | 6%(101%) | 7%(102%) | 9%(103%) | 16%(104%) | 62%(121%) | 67%(122%) |
| 2018年4月19日 | 1%(100%) | 69%(124%) | 13%(104%) | 2%(100%) | 4%(100%) | 5%(101%) | 5%(101%) | 7%(102%) | 9%(103%) | 12%(105%) | 62%(122%) | 64%(122%) |
| 2018年4月20日 | 1%(100%) | 70%(125%) | 16%(105%) | 3%(100%) | 4%(100%) | 5%(101%) | 6%(101%) | 7%(102%) | 9%(103%) | 21%(105%) | 64%(122%) | 67%(122%) |
| 2018年4月23日 | 1%(100%) | 68%(129%) | 16%(105%) | 3%(100%) | 5%(100%) | 5%(101%) | 6%(101%) | 7%(102%) | 9%(102%) | 18%(104%) | 64%(122%) | 66%(122%) |
| 2018年4月24日 | 1%(100%) | 67%(124%) | 13%(104%) | 3%(100%) | 4%(100%) | 5%(101%) | 6%(101%) | 7%(101%) | 8%(102%) | 10%(103%) | 62%(122%) | 65%(122%) |
| 2018年4月25日 | 1%(100%) | 67%(124%) | 14%(104%) | 3%(100%) | 4%(100%) | 5%(101%) | 6%(101%) | 8%(101%) | 8%(102%) | 10%(103%) | 63%(121%) | 66%(122%) |
| 2018年4月26日 | 1%(100%) | 70%(124%) | 14%(104%) | 3%(100%) | 5%(100%) | 5%(101%) | 6%(101%) | 7%(101%) | 8%(102%) | 15%(103%) | 62%(122%) | 65%(122%) |
| 2018年4月27日 | 1%(100%) | 70%(128%) | 16%(105%) | 3%(100%) | 4%(100%) | 5%(100%) | 6%(101%) | 6%(101%) | 9%(102%) | 17%(104%) | 64%(122%) | 67%(122%) |
| 2018年5月2日 | 1%(100%) | 70%(125%) | 16%(105%) | 3%(100%) | 4%(100%) | 4%(100%) | 5%(101%) | 6%(101%) | 8%(102%) | 17%(104%) | 64%(122%) | 67%(122%) |

状态空间数据数为45

第六章 融资保证金比例的优化设置和动态调整

续表

| 日期 | 最小值 | 最大值 | 均值 | 20%分位点 | 30%分位点 | 40%分位点 | 50%分位点 | 60%分位点 | 70%分位点 | 80%分位点 | 90%分位点 | 95%分位点 |
|---|---|---|---|---|---|---|---|---|---|---|---|---|
| | | | | | 状态空间数据数为55 | | | | | | | |
| 2018年3月16日 | 1%(100%) | 68%(130%) | 15%(105%) | 3%(100%) | 4%(100%) | 5%(101%) | 6%(102%) | 9%(102%) | 12%(103%) | 18%(107%) | 63%(121%) | 67%(122%) |
| 2018年3月19日 | 1%(100%) | 68%(126%) | 15%(106%) | 4%(100%) | 4%(100%) | 6%(101%) | 7%(101%) | 9%(102%) | 12%(104%) | 19%(119%) | 64%(122%) | 67%(123%) |
| 2018年3月20日 | 2%(100%) | 68%(123%) | 16%(105%) | 4%(100%) | 5%(100%) | 7%(101%) | 8%(101%) | 10%(102%) | 12%(103%) | 20%(106%) | 62%(122%) | 65%(122%) |
| 2018年3月21日 | 1%(100%) | 68%(124%) | 17%(105%) | 3%(100%) | 4%(100%) | 6%(101%) | 8%(101%) | 9%(102%) | 14%(104%) | 22%(108%) | 64%(122%) | 66%(122%) |
| 2018年3月22日 | 1%(100%) | 66%(124%) | 14%(105%) | 4%(100%) | 5%(100%) | 6%(101%) | 7%(102%) | 8%(102%) | 11%(104%) | 17%(106%) | 57%(122%) | 65%(122%) |
| 2018年3月23日 | 1%(100%) | 67%(126%) | 17%(106%) | 3%(100%) | 4%(101%) | 7%(102%) | 8%(102%) | 11%(103%) | 14%(104%) | 21%(117%) | 62%(122%) | 65%(123%) |
| 2018年3月26日 | 1%(100%) | 67%(125%) | 18%(106%) | 3%(100%) | 4%(100%) | 6%(101%) | 8%(102%) | 9%(103%) | 13%(104%) | 35%(117%) | 62%(122%) | 65%(122%) |
| 2018年3月27日 | 1%(100%) | 67%(123%) | 15%(105%) | 3%(100%) | 4%(100%) | 5%(101%) | 6%(101%) | 8%(102%) | 11%(104%) | 18%(107%) | 62%(122%) | 65%(122%) |
| 2018年3月28日 | 1%(100%) | 67%(124%) | 17%(106%) | 3%(100%) | 4%(100%) | 5%(101%) | 6%(102%) | 7%(103%) | 13%(104%) | 24%(121%) | 62%(122%) | 65%(123%) |
| 2018年3月29日 | 1%(100%) | 67%(128%) | 17%(106%) | 3%(100%) | 4%(101%) | 5%(101%) | 6%(102%) | 8%(103%) | 12%(104%) | 23%(110%) | 62%(122%) | 65%(122%) |

续表

状态空间数据数为 55

| 日期 | 最小值 | 最大值 | 均值 | 20%分位点 | 30%分位点 | 40%分位点 | 50%分位点 | 60%分位点 | 70%分位点 | 80%分位点 | 90%分位点 | 95%分位点 |
|---|---|---|---|---|---|---|---|---|---|---|---|---|
| 2018年3月30日 | 1%(100%) | 67%(130%) | 16%(106%) | 3%(100%) | 4%(101%) | 5%(101%) | 6%(102%) | 7%(102%) | 9%(105%) | 21%(119%) | 62%(122%) | 65%(122%) |
| 2018年4月2日 | 1%(100%) | 68%(129%) | 16%(107%) | 2%(100%) | 3%(101%) | 4%(101%) | 5%(102%) | 7%(104%) | 10%(107%) | 24%(121%) | 63%(122%) | 64%(122%) |
| 2018年4月3日 | 1%(100%) | 67%(129%) | 19%(107%) | 3%(100%) | 4%(101%) | 5%(102%) | 7%(102%) | 10%(104%) | 14%(108%) | 59%(122%) | 64%(122%) | 65%(122%) |
| 2018年4月4日 | 1%(100%) | 67%(123%) | 18%(106%) | 2%(100%) | 4%(101%) | 6%(102%) | 7%(102%) | 12%(103%) | 15%(105%) | 41%(121%) | 62%(122%) | 64%(122%) |
| 2018年4月9日 | 1%(100%) | 67%(123%) | 17%(106%) | 3%(100%) | 4%(100%) | 5%(101%) | 7%(102%) | 10%(103%) | 13%(104%) | 23%(110%) | 62%(122%) | 64%(122%) |
| 2018年4月10日 | 1%(100%) | 67%(123%) | 17%(105%) | 3%(100%) | 3%(100%) | 4%(101%) | 6%(102%) | 8%(103%) | 13%(104%) | 21%(108%) | 63%(122%) | 64%(122%) |
| 2018年4月11日 | 1%(100%) | 67%(125%) | 15%(106%) | 2%(100%) | 3%(100%) | 4%(101%) | 5%(102%) | 7%(102%) | 9%(104%) | 17%(110%) | 63%(122%) | 64%(122%) |
| 2018年4月12日 | 1%(100%) | 66%(125%) | 14%(105%) | 2%(100%) | 3%(100%) | 4%(101%) | 5%(102%) | 7%(102%) | 10%(104%) | 16%(106%) | 61%(122%) | 64%(122%) |
| 2018年4月13日 | 1%(100%) | 66%(132%) | 14%(105%) | 3%(100%) | 4%(100%) | 5%(101%) | 6%(102%) | 8%(102%) | 9%(103%) | 14%(106%) | 61%(122%) | 64%(122%) |
| 2018年4月16日 | 1%(100%) | 65%(125%) | 16%(106%) | 3%(100%) | 4%(101%) | 6%(101%) | 7%(102%) | 9%(103%) | 11%(105%) | 21%(122%) | 62%(122%) | 64%(123%) |

第六章　融资保证金比例的优化设置和动态调整

续表

| 日期 | 最小值 | 最大值 | 均值 | 20%分位点 | 30%分位点 | 40%分位点 | 50%分位点 | 60%分位点 | 70%分位点 | 80%分位点 | 90%分位点 | 95%分位点 |
|---|---|---|---|---|---|---|---|---|---|---|---|---|
| | | | | | | 状态空间数据数为55 | | | | | | |
| 2018年4月17日 | 1%（100%） | 67%（132%） | 16%（106%） | 3%（100%） | 4%（101%） | 6%（101%） | 7%（102%） | 8%（103%） | 11%（105%） | 19%（119%） | 62%（122%） | 64%（122%） |
| 2018年4月18日 | 1%（100%） | 68%（125%） | 16%（106%） | 3%（100%） | 4%（100%） | 5%（101%） | 7%（102%） | 8%（103%） | 11%（104%） | 19%（113%） | 62%（122%） | 64%（122%） |
| 2018年4月19日 | 1%（100%） | 65%（132%） | 16%（105%） | 3%（100%） | 4%（100%） | 5%（101%） | 7%（101%） | 9%（102%） | 9%（104%） | 13%（105%） | 61%（122%） | 63%（122%） |
| 2018年4月20日 | 1%（100%） | 69%（133%） | 15%（105%） | 3%（100%） | 4%（101%） | 6%（101%） | 7%（102%） | 8%（103%） | 11%（104%） | 17%（105%） | 61%（122%） | 64%（122%） |
| 2018年4月23日 | 1%（100%） | 67%（135%） | 15%（106%） | 3%（100%） | 5%（100%） | 7%（101%） | 7%（102%） | 8%（103%） | 12%（104%） | 17%（115%） | 61%（122%） | 63%（123%） |
| 2018年4月24日 | 1%（100%） | 67%（132%） | 16%（106%） | 3%（100%） | 4%（100%） | 6%（101%） | 7%（102%） | 9%（102%） | 13%（104%） | 19%（113%） | 61%（122%） | 64%（123%） |
| 2018年4月25日 | 1%（100%） | 68%（133%） | 15%（105%） | 3%（100%） | 4%（100%） | 6%（101%） | 7%（102%） | 9%（102%） | 12%（104%） | 18%（105%） | 61%（122%） | 63%（122%） |
| 2018年4月26日 | 1%（100%） | 69%（133%） | 18%（106%） | 3%（100%） | 5%（100%） | 7%（101%） | 8%（102%） | 9%（103%） | 12%（104%） | 24%（121%） | 61%（122%） | 64%（122%） |
| 2018年4月27日 | 1%（100%） | 69%（133%） | 17%（106%） | 4%（100%） | 5%（100%） | 6%（101%） | 7%（102%） | 9%（103%） | 12%（104%） | 21%（121%） | 62%（122%） | 64%（122%） |
| 2018年5月2日 | 1%（100%） | 69%（133%） | 16%（106%） | 3%（100%） | 5%（100%） | 7%（101%） | 8%（101%） | 9%（103%） | 14%（104%） | 22%（121%） | 62%（122%） | 65%（122%） |

续表

状态空间数据数为65

| 日期 | 最小值 | 最大值 | 均值 | 20%分位点 | 30%分位点 | 40%分位点 | 50%分位点 | 60%分位点 | 70%分位点 | 80%分位点 | 90%分位点 | 95%分位点 |
|---|---|---|---|---|---|---|---|---|---|---|---|---|
| 2018年3月16日 | 1%(100%) | 69%(132%) | 19%(107%) | 4%(100%) | 5%(101%) | 6%(102%) | 9%(103%) | 13%(103%) | 16%(106%) | 21%(121%) | 64%(122%) | 66%(123%) |
| 2018年3月19日 | 1%(100%) | 69%(132%) | 20%(107%) | 4%(100%) | 6%(101%) | 8%(102%) | 10%(102%) | 12%(103%) | 17%(107%) | 33%(122%) | 64%(122%) | 65%(123%) |
| 2018年3月20日 | 1%(100%) | 69%(133%) | 19%(107%) | 4%(100%) | 6%(101%) | 7%(102%) | 10%(102%) | 12%(103%) | 16%(105%) | 26%(121%) | 64%(122%) | 66%(123%) |
| 2018年3月21日 | 1%(100%) | 69%(127%) | 18%(107%) | 4%(100%) | 6%(101%) | 7%(102%) | 10%(103%) | 11%(103%) | 16%(106%) | 24%(121%) | 62%(122%) | 65%(123%) |
| 2018年3月22日 | 1%(100%) | 69%(128%) | 20%(107%) | 5%(100%) | 6%(101%) | 7%(102%) | 10%(103%) | 11%(103%) | 15%(109%) | 38%(121%) | 64%(122%) | 66%(124%) |
| 2018年3月23日 | 1%(100%) | 69%(135%) | 22%(108%) | 4%(100%) | 6%(101%) | 7%(102%) | 9%(103%) | 13%(105%) | 19%(111%) | 59%(122%) | 64%(122%) | 67%(124%) |
| 2018年3月26日 | 1%(100%) | 69%(129%) | 21%(108%) | 5%(100%) | 6%(101%) | 7%(102%) | 8%(103%) | 11%(104%) | 18%(108%) | 57%(122%) | 64%(122%) | 67%(123%) |
| 2018年3月27日 | 1%(100%) | 67%(128%) | 18%(107%) | 4%(101%) | 6%(101%) | 6%(102%) | 7%(103%) | 10%(104%) | 15%(106%) | 35%(121%) | 63%(122%) | 65%(123%) |
| 2018年3月28日 | 1%(100%) | 69%(127%) | 20%(108%) | 4%(101%) | 5%(102%) | 6%(102%) | 9%(103%) | 12%(104%) | 18%(110%) | 55%(121%) | 63%(122%) | 66%(123%) |
| 2018年3月29日 | 1%(100%) | 68%(127%) | 20%(108%) | 4%(101%) | 6%(102%) | 7%(103%) | 9%(104%) | 11%(105%) | 17%(111%) | 50%(122%) | 63%(122%) | 67%(124%) |

第六章 融资保证金比例的优化设置和动态调整

续表

| 日期 | 最小值 | 最大值 | 均值 | 20%分位点 | 30%分位点 | 40%分位点 | 50%分位点 | 60%分位点 | 70%分位点 | 80%分位点 | 90%分位点 | 95%分位点 |
|---|---|---|---|---|---|---|---|---|---|---|---|---|
| | | | | | 状态空间数据数为65 | | | | | | | |
| 2018年3月30日 | 1%（100%） | 69%（127%） | 20%（108%） | 4%（101%） | 6%（102%） | 8%（102%） | 10%（103%） | 12%（104%） | 18%（112%） | 58%（122%） | 64%（122%） | 67%（124%） |
| 2018年4月2日 | 1%（100%） | 69%（126%） | 20%（108%） | 4%（101%） | 6%（102%） | 8%（102%） | 9%（103%） | 12%（104%） | 15%（113%） | 59%（122%） | 64%（122%） | 67%（125%） |
| 2018年4月3日 | 1%（100%） | 69%（126%） | 20%（108%） | 4%（101%） | 5%（102%） | 7%（102%） | 9%（103%） | 10%（103%） | 18%（110%） | 59%（122%） | 64%（122%） | 67%（123%） |
| 2018年4月4日 | 1%（100%） | 69%（128%） | 21%（108%） | 4%（101%） | 5%（102%） | 6%（102%） | 8%（103%） | 12%（103%） | 18%（107%） | 59%（122%） | 64%（122%） | 66%（123%） |
| 2018年4月9日 | 1%（100%） | 69%（127%） | 21%（108%） | 4%（100%） | 5%（102%） | 7%（102%） | 9%（103%） | 12%（105%） | 17%（115%） | 59%（122%） | 64%（122%） | 67%（123%） |
| 2018年4月10日 | 1%（100%） | 69%（127%） | 20%（107%） | 4%（101%） | 5%（101%） | 7%（102%） | 9%（103%） | 11%（104%） | 15%（107%） | 58%（122%） | 63%（122%） | 66%（123%） |
| 2018年4月11日 | 1%（100%） | 69%（127%） | 18%（106%） | 4%（100%） | 5%（101%） | 7%（102%） | 9%（103%） | 10%（103%） | 14%（106%） | 21%（121%） | 62%（122%） | 66%（123%） |
| 2018年4月12日 | 1%（100%） | 69%（123%） | 19%（106%） | 4%（100%） | 5%（101%） | 7%（102%） | 9%（103%） | 10%（103%） | 15%（105%） | 50%（115%） | 62%（122%） | 67%（122%） |
| 2018年4月13日 | 1%（100%） | 69%（127%） | 20%（107%） | 4%（101%） | 5%（101%） | 8%（102%） | 8%（103%） | 10%（104%） | 15%（107%） | 58%（121%） | 64%（122%） | 68%（122%） |
| 2018年4月16日 | 1%（100%） | 69%（126%） | 19%（107%） | 4%（100%） | 4%（101%） | 7%（102%） | 8%（103%） | 9%（103%） | 13%（106%） | 58%（121%） | 63%（122%） | 67%（122%） |

续表

状态空间数据点为65

| 日期 | 最小值 | 最大值 | 均值 | 20%分位点 | 30%分位点 | 40%分位点 | 50%分位点 | 60%分位点 | 70%分位点 | 80%分位点 | 90%分位点 | 95%分位点 |
|---|---|---|---|---|---|---|---|---|---|---|---|---|
| 2018年4月17日 | 1%(100%) | 68%(127%) | 20%(107%) | 4%(101%) | 6%(101%) | 7%(102%) | 8%(103%) | 11%(103%) | 15%(108%) | 58%(121%) | 64%(122%) | 67%(123%) |
| 2018年4月18日 | 1%(100%) | 69%(127%) | 20%(107%) | 3%(101%) | 5%(102%) | 8%(102%) | 9%(103%) | 11%(104%) | 14%(108%) | 58%(121%) | 64%(122%) | 68%(122%) |
| 2018年4月19日 | 1%(100%) | 69%(126%) | 18%(108%) | 4%(100%) | 5%(101%) | 6%(102%) | 8%(103%) | 9%(104%) | 13%(108%) | 48%(121%) | 62%(122%) | 65%(123%) |
| 2018年4月20日 | 1%(100%) | 68%(127%) | 19%(107%) | 4%(100%) | 5%(101%) | 7%(102%) | 8%(103%) | 9%(104%) | 14%(107%) | 58%(121%) | 63%(122%) | 67%(123%) |
| 2018年4月23日 | 1%(100%) | 68%(127%) | 19%(107%) | 4%(100%) | 5%(101%) | 7%(102%) | 9%(103%) | 11%(104%) | 14%(106%) | 58%(121%) | 61%(122%) | 65%(123%) |
| 2018年4月24日 | 1%(100%) | 69%(126%) | 18%(106%) | 4%(100%) | 6%(101%) | 7%(102%) | 8%(102%) | 10%(103%) | 13%(105%) | 42%(121%) | 61%(122%) | 65%(123%) |
| 2018年4月25日 | 1%(100%) | 69%(126%) | 18%(107%) | 4%(100%) | 5%(101%) | 7%(102%) | 8%(103%) | 9%(104%) | 12%(106%) | 26%(122%) | 61%(122%) | 65%(124%) |
| 2018年4月26日 | 1%(100%) | 70%(125%) | 24%(109%) | 5%(101%) | 7%(102%) | 8%(103%) | 9%(103%) | 12%(105%) | 29%(119%) | 58%(121%) | 65%(122%) | 68%(123%) |
| 2018年4月27日 | 1%(100%) | 69%(125%) | 21%(107%) | 5%(100%) | 6%(101%) | 8%(102%) | 9%(103%) | 12%(104%) | 14%(106%) | 58%(121%) | 63%(122%) | 67%(123%) |
| 2018年5月2日 | 1%(100%) | 68%(127%) | 23%(108%) | 5%(100%) | 5%(101%) | 7%(102%) | 10%(103%) | 12%(105%) | 15%(120%) | 59%(122%) | 66%(122%) | 67%(124%) |

第六章 融资保证金比例的优化设置和动态调整

续表

状态空间回数据数为 75

| 日期 | 最小值 | 最大值 | 均值 | 20%分位点 | 30%分位点 | 40%分位点 | 50%分位点 | 60%分位点 | 70%分位点 | 80%分位点 | 90%分位点 | 95%分位点 |
|---|---|---|---|---|---|---|---|---|---|---|---|---|
| 2018年3月16日 | 1%(100%) | 69%(127%) | 21%(107%) | 6%(100%) | 7%(101%) | 8%(102%) | 11%(103%) | 16%(104%) | 20%(107%) | 25%(122%) | 64%(122%) | 66%(124%) |
| 2018年3月19日 | 2%(100%) | 69%(130%) | 21%(107%) | 6%(100%) | 7%(101%) | 8%(102%) | 13%(103%) | 16%(104%) | 19%(107%) | 31%(121%) | 64%(122%) | 65%(124%) |
| 2018年3月20日 | 2%(100%) | 69%(130%) | 21%(107%) | 6%(101%) | 7%(101%) | 10%(102%) | 13%(104%) | 15%(104%) | 19%(107%) | 26%(121%) | 63%(122%) | 66%(123%) |
| 2018年3月21日 | 1%(100%) | 69%(124%) | 20%(107%) | 5%(101%) | 7%(101%) | 8%(102%) | 11%(103%) | 16%(104%) | 19%(107%) | 39%(121%) | 61%(122%) | 65%(123%) |
| 2018年3月22日 | 1%(100%) | 69%(124%) | 21%(107%) | 6%(101%) | 7%(101%) | 9%(102%) | 13%(103%) | 15%(104%) | 17%(107%) | 39%(121%) | 62%(122%) | 65%(123%) |
| 2018年3月23日 | 1%(100%) | 69%(123%) | 23%(108%) | 6%(100%) | 7%(102%) | 9%(103%) | 12%(104%) | 15%(106%) | 18%(112%) | 57%(122%) | 65%(122%) | 67%(123%) |
| 2018年3月26日 | 1%(100%) | 69%(130%) | 23%(108%) | 6%(101%) | 7%(101%) | 9%(103%) | 11%(104%) | 14%(106%) | 20%(115%) | 58%(122%) | 64%(122%) | 66%(123%) |
| 2018年3月27日 | 1%(100%) | 69%(127%) | 20%(108%) | 5%(100%) | 6%(101%) | 8%(102%) | 9%(104%) | 11%(104%) | 16%(108%) | 57%(122%) | 62%(122%) | 65%(123%) |
| 2018年3月28日 | 1%(100%) | 69%(125%) | 22%(108%) | 4%(101%) | 6%(102%) | 7%(103%) | 10%(104%) | 12%(105%) | 20%(109%) | 58%(122%) | 63%(122%) | 65%(123%) |
| 2018年3月29日 | 1%(100%) | 70%(125%) | 20%(109%) | 3%(100%) | 5%(102%) | 7%(103%) | 8%(104%) | 11%(105%) | 18%(116%) | 57%(122%) | 61%(122%) | 65%(123%) |

续表

| 日期 | 最小值 | 最大值 | 均值 | 20%分位点 | 30%分位点 | 40%分位点 | 50%分位点 | 60%分位点 | 70%分位点 | 80%分位点 | 90%分位点 | 95%分位点 |
|---|---|---|---|---|---|---|---|---|---|---|---|---|
| | | | | | 状态空间数据数为75 | | | | | | | |
| 2018年3月30日 | 1%(100%) | 70%(125%) | 21%(108%) | 5%(100%) | 6%(101%) | 8%(102%) | 10%(103%) | 12%(105%) | 20%(109%) | 58%(122%) | 62%(122%) | 65%(123%) |
| 2018年4月2日 | 1%(100%) | 70%(127%) | 19%(108%) | 4%(101%) | 5%(102%) | 6%(102%) | 8%(104%) | 10%(105%) | 14%(111%) | 57%(122%) | 62%(122%) | 65%(124%) |
| 2018年4月3日 | 1%(100%) | 70%(127%) | 20%(109%) | 5%(101%) | 6%(102%) | 6%(103%) | 9%(104%) | 11%(106%) | 15%(120%) | 58%(122%) | 63%(123%) | 65%(124%) |
| 2018年4月4日 | 2%(100%) | 69%(127%) | 21%(110%) | 5%(101%) | 6%(102%) | 8%(103%) | 10%(105%) | 11%(107%) | 16%(121%) | 58%(122%) | 63%(123%) | 65%(124%) |
| 2018年4月9日 | 1%(100%) | 69%(127%) | 21%(109%) | 6%(102%) | 6%(102%) | 8%(103%) | 10%(104%) | 11%(106%) | 17%(118%) | 58%(122%) | 63%(123%) | 66%(125%) |
| 2018年4月10日 | 1%(100%) | 70%(127%) | 18%(108%) | 4%(101%) | 5%(101%) | 8%(103%) | 9%(104%) | 10%(105%) | 14%(108%) | 25%(122%) | 63%(123%) | 64%(125%) |
| 2018年4月11日 | 1%(100%) | 70%(128%) | 18%(108%) | 4%(100%) | 6%(102%) | 7%(102%) | 8%(103%) | 10%(105%) | 14%(108%) | 23%(122%) | 61%(123%) | 64%(126%) |
| 2018年4月12日 | 1%(100%) | 69%(128%) | 18%(109%) | 4%(101%) | 5%(102%) | 7%(103%) | 8%(104%) | 11%(105%) | 14%(109%) | 24%(122%) | 63%(124%) | 65%(127%) |
| 2018年4月13日 | 1%(100%) | 69%(128%) | 18%(108%) | 5%(101%) | 6%(102%) | 7%(102%) | 9%(103%) | 11%(105%) | 13%(108%) | 24%(122%) | 63%(123%) | 65%(127%) |
| 2018年4月16日 | 1%(100%) | 70%(129%) | 22%(109%) | 4%(101%) | 5%(102%) | 7%(103%) | 9%(104%) | 12%(107%) | 17%(121%) | 58%(122%) | 65%(123%) | 67%(124%) |

第六章 融资保证金比例的优化设置和动态调整

续表

状态空间数据数为 75

| 日期 | 最小值 | 最大值 | 均值 | 20%分位点 | 30%分位点 | 40%分位点 | 50%分位点 | 60%分位点 | 70%分位点 | 80%分位点 | 90%分位点 | 95%分位点 |
|---|---|---|---|---|---|---|---|---|---|---|---|---|
| 2018年4月17日 | 1%(100%) | 69%(128%) | 23%(110%) | 4%(101%) | 7%(102%) | 7%(103%) | 9%(105%) | 12%(107%) | 22%(121%) | 60%(122%) | 64%(123%) | 68%(126%) |
| 2018年4月18日 | 1%(100%) | 69%(128%) | 21%(109%) | 5%(101%) | 6%(102%) | 8%(103%) | 10%(104%) | 12%(106%) | 18%(109%) | 58%(122%) | 64%(122%) | 68%(126%) |
| 2018年4月19日 | 1%(100%) | 69%(129%) | 19%(109%) | 5%(101%) | 6%(101%) | 7%(102%) | 10%(104%) | 12%(106%) | 16%(109%) | 27%(122%) | 63%(123%) | 67%(127%) |
| 2018年4月20日 | 1%(100%) | 68%(130%) | 22%(109%) | 5%(101%) | 6%(102%) | 8%(103%) | 10%(104%) | 15%(106%) | 20%(120%) | 58%(122%) | 64%(123%) | 67%(126%) |
| 2018年4月23日 | 1%(100%) | 68%(130%) | 22%(110%) | 5%(101%) | 6%(102%) | 8%(103%) | 10%(104%) | 14%(106%) | 21%(121%) | 58%(122%) | 64%(124%) | 67%(128%) |
| 2018年4月24日 | 1%(100%) | 68%(129%) | 20%(108%) | 4%(101%) | 6%(102%) | 8%(102%) | 9%(103%) | 14%(105%) | 19%(109%) | 36%(122%) | 62%(123%) | 65%(126%) |
| 2018年4月25日 | 1%(100%) | 69%(129%) | 22%(109%) | 4%(101%) | 6%(102%) | 8%(102%) | 9%(104%) | 15%(106%) | 21%(121%) | 59%(122%) | 66%(122%) | 68%(126%) |
| 2018年4月26日 | 1%(100%) | 69%(130%) | 23%(110%) | 3%(101%) | 6%(102%) | 9%(103%) | 10%(105%) | 16%(107%) | 23%(121%) | 60%(122%) | 66%(123%) | 67%(126%) |
| 2018年4月27日 | 1%(100%) | 69%(129%) | 23%(110%) | 5%(101%) | 7%(102%) | 8%(103%) | 11%(105%) | 15%(108%) | 23%(121%) | 59%(122%) | 65%(123%) | 67%(126%) |
| 2018年5月2日 | 1%(100%) | 69%(129%) | 23%(110%) | 5%(101%) | 6%(102%) | 7%(103%) | 10%(106%) | 12%(108%) | 26%(121%) | 61%(122%) | 65%(123%) | 67%(126%) |

续表

| 日期 | 最小值 | 最大值 | 均值 | 20%分位点 | 30%分位点 | 40%分位点 | 50%分位点 | 60%分位点 | 70%分位点 | 80%分位点 | 90%分位点 | 95%分位点 |
|---|---|---|---|---|---|---|---|---|---|---|---|---|
| | | | | | | 状态空间数据为85 | | | | | | |
| 2018年3月16日 | 2%(100%) | 69%(125%) | 23%(108%) | 6%(101%) | 8%(102%) | 10%(103%) | 14%(104%) | 17%(105%) | 23%(111%) | 58%(121%) | 64%(122%) | 65%(123%) |
| 2018年3月19日 | 2%(100%) | 69%(125%) | 22%(109%) | 6%(100%) | 6%(102%) | 9%(103%) | 14%(105%) | 16%(106%) | 20%(112%) | 58%(122%) | 63%(122%) | 65%(123%) |
| 2018年3月20日 | 2%(100%) | 70%(125%) | 21%(108%) | 5%(101%) | 7%(102%) | 8%(102%) | 12%(105%) | 14%(106%) | 19%(110%) | 56%(122%) | 63%(122%) | 64%(123%) |
| 2018年3月21日 | 2%(100%) | 69%(125%) | 21%(108%) | 5%(101%) | 6%(102%) | 9%(103%) | 11%(104%) | 15%(105%) | 19%(114%) | 57%(122%) | 63%(122%) | 65%(123%) |
| 2018年3月22日 | 1%(100%) | 70%(129%) | 19%(109%) | 5%(100%) | 7%(102%) | 9%(102%) | 11%(104%) | 13%(106%) | 16%(114%) | 26%(122%) | 62%(123%) | 64%(126%) |
| 2018年3月23日 | 3%(100%) | 69%(132%) | 26%(110%) | 6%(102%) | 8%(103%) | 11%(104%) | 14%(106%) | 19%(108%) | 29%(121%) | 58%(122%) | 64%(123%) | 66%(125%) |
| 2018年3月26日 | 1%(100%) | 69%(132%) | 23%(110%) | 5%(101%) | 5%(102%) | 9%(104%) | 12%(105%) | 16%(107%) | 27%(121%) | 58%(122%) | 62%(123%) | 66%(126%) |
| 2018年3月27日 | 1%(100%) | 68%(131%) | 20%(109%) | 5%(101%) | 6%(102%) | 9%(103%) | 10%(105%) | 13%(106%) | 21%(116%) | 48%(122%) | 60%(123%) | 62%(125%) |
| 2018年3月28日 | 1%(100%) | 68%(133%) | 23%(110%) | 5%(101%) | 6%(102%) | 8%(104%) | 10%(105%) | 18%(107%) | 27%(121%) | 57%(122%) | 62%(123%) | 66%(126%) |
| 2018年3月29日 | 1%(100%) | 69%(127%) | 22%(109%) | 6%(102%) | 7%(102%) | 9%(104%) | 10%(106%) | 13%(107%) | 26%(117%) | 56%(122%) | 62%(123%) | 65%(125%) |

续表

状态空间数据数为 85

| 日期 | 最小值 | 最大值 | 均值 | 20%分位点 | 30%分位点 | 40%分位点 | 50%分位点 | 60%分位点 | 70%分位点 | 80%分位点 | 90%分位点 | 95%分位点 |
|---|---|---|---|---|---|---|---|---|---|---|---|---|
| 2018年3月30日 | 1%(100%) | 67%(132%) | 20%(109%) | 5%(102%) | 7%(102%) | 8%(104%) | 10%(105%) | 13%(106%) | 18%(113%) | 55%(122%) | 61%(123%) | 64%(125%) |
| 2018年4月2日 | 1%(100%) | 68%(132%) | 22%(109%) | 4%(101%) | 6%(102%) | 8%(103%) | 10%(104%) | 12%(105%) | 24%(116%) | 58%(122%) | 62%(123%) | 66%(123%) |
| 2018年4月3日 | 1%(100%) | 68%(128%) | 22%(110%) | 5%(101%) | 6%(102%) | 7%(103%) | 9%(105%) | 13%(108%) | 25%(121%) | 57%(122%) | 63%(123%) | 66%(124%) |
| 2018年4月4日 | 1%(100%) | 68%(128%) | 23%(110%) | 5%(102%) | 6%(102%) | 7%(104%) | 10%(105%) | 15%(108%) | 30%(121%) | 57%(122%) | 63%(123%) | 66%(124%) |
| 2018年4月9日 | 1%(100%) | 68%(128%) | 25%(111%) | 5%(102%) | 6%(103%) | 8%(104%) | 12%(105%) | 22%(109%) | 37%(121%) | 60%(122%) | 66%(123%) | 66%(124%) |
| 2018年4月10日 | 1%(100%) | 68%(128%) | 21%(110%) | 5%(101%) | 6%(102%) | 7%(103%) | 9%(105%) | 12%(107%) | 23%(121%) | 58%(122%) | 63%(123%) | 65%(125%) |
| 2018年4月11日 | 1%(100%) | 69%(128%) | 21%(109%) | 4%(101%) | 7%(102%) | 8%(104%) | 9%(105%) | 12%(107%) | 18%(114%) | 56%(122%) | 63%(123%) | 65%(125%) |
| 2018年4月12日 | 1%(100%) | 68%(128%) | 21%(109%) | 5%(102%) | 6%(102%) | 8%(103%) | 9%(104%) | 12%(106%) | 23%(115%) | 58%(122%) | 63%(123%) | 66%(123%) |
| 2018年4月13日 | 1%(100%) | 68%(130%) | 21%(110%) | 5%(101%) | 6%(102%) | 7%(104%) | 9%(105%) | 11%(107%) | 23%(121%) | 58%(122%) | 64%(123%) | 66%(125%) |
| 2018年4月16日 | 1%(100%) | 69%(129%) | 24%(110%) | 5%(101%) | 5%(102%) | 7%(104%) | 9%(105%) | 17%(111%) | 27%(121%) | 59%(122%) | 65%(123%) | 67%(124%) |

续表

| 日期 | 最小值 | 最大值 | 均值 | 20%分位点 | 30%分位点 | 40%分位点 | 50%分位点 | 60%分位点 | 70%分位点 | 80%分位点 | 90%分位点 | 95%分位点 |
|---|---|---|---|---|---|---|---|---|---|---|---|---|
| | | | | | 状态空间数据数为85 | | | | | | | |
| 2018年4月17日 | 3%(100%) | 69%(129%) | 24%(112%) | 5%(101%) | 5%(102%) | 6%(105%) | 9%(109%) | 14%(121%) | 29%(122%) | 58%(122%) | 65%(124%) | 67%(126%) |
| 2018年4月18日 | 1%(100%) | 68%(129%) | 23%(111%) | 4%(102%) | 6%(103%) | 7%(104%) | 10%(106%) | 18%(112%) | 26%(121%) | 58%(122%) | 65%(123%) | 67%(127%) |
| 2018年4月19日 | 1%(100%) | 68%(134%) | 23%(111%) | 5%(102%) | 6%(103%) | 7%(104%) | 9%(105%) | 13%(110%) | 26%(121%) | 58%(122%) | 63%(123%) | 67%(128%) |
| 2018年4月20日 | 1%(100%) | 67%(130%) | 24%(111%) | 5%(101%) | 6%(103%) | 6%(104%) | 9%(106%) | 12%(116%) | 28%(121%) | 60%(122%) | 65%(123%) | 66%(126%) |
| 2018年4月23日 | 1%(100%) | 72%(130%) | 23%(111%) | 4%(102%) | 5%(102%) | 6%(104%) | 10%(106%) | 16%(112%) | 26%(121%) | 57%(122%) | 64%(123%) | 66%(125%) |
| 2018年4月24日 | 1%(100%) | 72%(129%) | 23%(110%) | 5%(102%) | 6%(102%) | 7%(104%) | 9%(105%) | 14%(109%) | 25%(121%) | 58%(122%) | 64%(123%) | 66%(126%) |
| 2018年4月25日 | 1%(100%) | 72%(131%) | 25%(110%) | 5%(102%) | 6%(103%) | 8%(104%) | 12%(105%) | 19%(108%) | 29%(122%) | 58%(122%) | 64%(123%) | 66%(126%) |
| 2018年4月26日 | 1%(100%) | 71%(130%) | 24%(111%) | 5%(102%) | 5%(103%) | 8%(104%) | 10%(107%) | 17%(115%) | 31%(122%) | 60%(122%) | 65%(123%) | 66%(126%) |
| 2018年4月27日 | 1%(100%) | 71%(130%) | 25%(112%) | 5%(102%) | 6%(103%) | 7%(104%) | 10%(108%) | 18%(118%) | 36%(122%) | 60%(122%) | 65%(124%) | 66%(127%) |
| 2018年5月2日 | 1%(100%) | 68%(130%) | 25%(111%) | 5%(101%) | 6%(102%) | 7%(104%) | 10%(107%) | 18%(112%) | 34%(122%) | 60%(122%) | 65%(123%) | 66%(127%) |

第六章　融资保证金比例的优化设置和动态调整

续表

状态空间数据数为 95

| 日期 | 最小值 | 最大值 | 均值 | 20%分位点 | 30%分位点 | 40%分位点 | 50%分位点 | 60%分位点 | 70%分位点 | 80%分位点 | 90%分位点 | 95%分位点 |
|---|---|---|---|---|---|---|---|---|---|---|---|---|
| 2018年3月16日 | 1%(100%) | 69%(128%) | 22%(109%) | 6%(102%) | 7%(102%) | 9%(103%) | 13%(105%) | 18%(106%) | 22%(110%) | 55%(122%) | 63%(122%) | 66%(124%) |
| 2018年3月19日 | 2%(100%) | 69%(128%) | 22%(109%) | 6%(101%) | 8%(102%) | 11%(103%) | 13%(105%) | 17%(106%) | 22%(112%) | 56%(122%) | 63%(123%) | 66%(124%) |
| 2018年3月20日 | 2%(100%) | 69%(129%) | 22%(109%) | 6%(101%) | 8%(103%) | 12%(104%) | 14%(15%) | 18%(106%) | 22%(111%) | 36%(121%) | 62%(122%) | 66%(123%) |
| 2018年3月21日 | 1%(100%) | 69%(129%) | 23%(109%) | 6%(101%) | 8%(102%) | 11%(104%) | 13%(105%) | 18%(107%) | 24%(113%) | 55%(121%) | 63%(122%) | 67%(123%) |
| 2018年3月22日 | 1%(100%) | 69%(130%) | 23%(109%) | 6%(102%) | 8%(103%) | 10%(104%) | 14%(106%) | 19%(108%) | 23%(114%) | 57%(121%) | 63%(122%) | 67%(123%) |
| 2018年3月23日 | 1%(100%) | 69%(133%) | 27%(111%) | 6%(102%) | 9%(104%) | 11%(104%) | 16%(107%) | 22%(111%) | 51%(121%) | 61%(122%) | 65%(123%) | 67%(125%) |
| 2018年3月26日 | 1%(100%) | 68%(132%) | 27%(111%) | 6%(102%) | 9%(104%) | 10%(104%) | 15%(108%) | 19%(111%) | 50%(121%) | 60%(122%) | 65%(123%) | 67%(125%) |
| 2018年3月27日 | 1%(100%) | 69%(130%) | 26%(112%) | 5%(102%) | 8%(103%) | 10%(105%) | 15%(108%) | 19%(117%) | 40%(121%) | 61%(122%) | 65%(124%) | 67%(126%) |
| 2018年3月28日 | 1%(100%) | 68%(128%) | 27%(111%) | 6%(102%) | 9%(103%) | 11%(104%) | 15%(107%) | 17%(114%) | 55%(121%) | 61%(122%) | 65%(122%) | 67%(123%) |
| 2018年3月29日 | 1%(100%) | 69%(128%) | 25%(110%) | 7%(102%) | 9%(103%) | 11%(104%) | 13%(106%) | 16%(108%) | 26%(121%) | 59%(122%) | 65%(122%) | 67%(123%) |

续表

| 日期 | 最小值 | 最大值 | 均值 | 20%分位点 | 30%分位点 | 40%分位点 | 50%分位点 | 60%分位点 | 70%分位点 | 80%分位点 | 90%分位点 | 95%分位点 |
|---|---|---|---|---|---|---|---|---|---|---|---|---|
| | | | | | | 状态空间数据数为95 | | | | | | |
| 2018年3月30日 | 1%（100%） | 69%（131%） | 25%（111%） | 7%（102%） | 9%（103%） | 11%（104%） | 12%（105%） | 17%（109%） | 26%（121%） | 59%（122%） | 65%（123%） | 67%（125%） |
| 2018年4月2日 | 1%（100%） | 68%（132%） | 23%（110%） | 5%（102%） | 7%（103%） | 11%（104%） | 13%（105%） | 17%（109%） | 26%（121%） | 58%（122%） | 65%（123%） | 67%（126%） |
| 2018年4月3日 | 1%（100%） | 68%（129%） | 25%（110%） | 5%（102%） | 9%（103%） | 11%（105%） | 13%（106%） | 18%（109%） | 29%（121%） | 59%（122%） | 66%（123%） | 67%（124%） |
| 2018年4月4日 | 2%（100%） | 68%（129%） | 26%（111%） | 7%（103%） | 9%（104%） | 10%（105%） | 13%（107%） | 20%（111%） | 33%（121%） | 60%（122%） | 65%（123%） | 67%（125%） |
| 2018年4月9日 | 2%（100%） | 69%（129%） | 27%（111%） | 7%（102%） | 9%（104%） | 12%（105%） | 14%（107%） | 18%（112%） | 55%（121%） | 61%（122%） | 65%（123%） | 67%（124%） |
| 2018年4月10日 | 1%（100%） | 69%（129%） | 26%（110%） | 6%（102%） | 10%（103%） | 12%（104%） | 14%（105%） | 19%（108%） | 26%（121%） | 60%（122%） | 65%（123%） | 67%（124%） |
| 2018年4月11日 | 1%（100%） | 69%（129%） | 26%（111%） | 7%（102%） | 9%（103%） | 12%（105%） | 13%（106%） | 19%（110%） | 25%（121%） | 60%（122%） | 65%（123%） | 67%（125%） |
| 2018年4月12日 | 1%（100%） | 69%（129%） | 28%（111%） | 6%（102%） | 10%（103%） | 12%（104%） | 15%（106%） | 20%（109%） | 54%（121%） | 63%（122%） | 66%（122%） | 67%（123%） |
| 2018年4月13日 | 1%（100%） | 69%（130%） | 27%（110%） | 7%（102%） | 10%（103%） | 12%（104%） | 15%（106%） | 18%（109%） | 53%（121%） | 62%（122%） | 66%（123%） | 67%（124%） |
| 2018年4月16日 | 1%（100%） | 68%（129%） | 27%（112%） | 7%（102%） | 9%（103%） | 10%（104%） | 13%（108%） | 15%（119%） | 55%（121%） | 61%（122%） | 66%（124%） | 67%（125%） |

第六章 融资保证金比例的优化设置和动态调整

续表

| 日期 | 最小值 | 最大值 | 均值 | 20%分位点 | 30%分位点 | 40%分位点 | 50%分位点 | 60%分位点 | 70%分位点 | 80%分位点 | 90%分位点 | 95%分位点 |
|---|---|---|---|---|---|---|---|---|---|---|---|---|
| | | | | | 状态空间数据数为95 | | | | | | | |
| 2018年4月17日 | 1%(100%) | 68%(130%) | 28%(112%) | 7%(103%) | 8%(104%) | 11%(106%) | 14%(108%) | 20%(119%) | 57%(122%) | 62%(122%) | 65%(123%) | 67%(125%) |
| 2018年4月18日 | 2%(100%) | 69%(130%) | 26%(111%) | 7%(102%) | 8%(103%) | 9%(105%) | 12%(106%) | 16%(111%) | 55%(121%) | 61%(122%) | 65%(123%) | 67%(124%) |
| 2018年4月19日 | 2%(100%) | 68%(126%) | 25%(111%) | 6%(102%) | 9%(103%) | 10%(104%) | 12%(106%) | 16%(109%) | 29%(121%) | 60%(122%) | 65%(123%) | 67%(124%) |
| 2018年4月20日 | 1%(100%) | 68%(127%) | 28%(112%) | 6%(102%) | 9%(104%) | 10%(105%) | 15%(107%) | 22%(121%) | 56%(122%) | 61%(122%) | 65%(123%) | 67%(125%) |
| 2018年4月23日 | 3%(100%) | 69%(131%) | 29%(113%) | 7%(102%) | 8%(104%) | 11%(106%) | 16%(109%) | 25%(121%) | 57%(122%) | 62%(122%) | 65%(124%) | 68%(126%) |
| 2018年4月24日 | 3%(100%) | 69%(131%) | 26%(110%) | 6%(102%) | 9%(103%) | 10%(104%) | 12%(106%) | 19%(108%) | 36%(121%) | 60%(122%) | 65%(123%) | 67%(124%) |
| 2018年4月25日 | 2%(100%) | 68%(131%) | 27%(111%) | 6%(102%) | 8%(103%) | 10%(105%) | 12%(106%) | 19%(109%) | 56%(121%) | 61%(122%) | 65%(123%) | 68%(123%) |
| 2018年4月26日 | 1%(100%) | 68%(132%) | 28%(112%) | 6%(103%) | 8%(103%) | 10%(104%) | 5%(107%) | 22%(118%) | 56%(122%) | 61%(122%) | 65%(123%) | 66%(126%) |
| 2018年4月27日 | 1%(100%) | 68%(131%) | 28%(111%) | 6%(102%) | 9%(103%) | 11%(104%) | 14%(107%) | 19%(113%) | 56%(122%) | 61%(122%) | 65%(123%) | 67%(123%) |
| 2018年5月2日 | 2%(100%) | 68%(131%) | 29%(112%) | 6%(102%) | 9%(104%) | 11%(105%) | 15%(108%) | 25%(121%) | 57%(122%) | 62%(122%) | 65%(123%) | 67%(123%) |

171

续表

状态空间数据为 105

| 日期 | 最小值 | 最大值 | 均值 | 20%分位点 | 30%分位点 | 40%分位点 | 50%分位点 | 60%分位点 | 70%分位点 | 80%分位点 | 90%分位点 | 95%分位点 |
|---|---|---|---|---|---|---|---|---|---|---|---|---|
| 2018年3月16日 | 1%(100%) | 72%(135%) | 23%(111%) | 5%(102%) | 8%(103%) | 11%(104%) | 14%(106%) | 17%(111%) | 25%(121%) | 59%(122%) | 64%(124%) | 67%(129%) |
| 2018年3月19日 | 2%(100%) | 69%(131%) | 23%(110%) | 5%(101%) | 8%(103%) | 11%(103%) | 14%(106%) | 18%(107%) | 25%(116%) | 57%(122%) | 62%(122%) | 65%(125%) |
| 2018年3月20日 | 1%(100%) | 71%(131%) | 24%(110%) | 6%(102%) | 9%(103%) | 11%(104%) | 14%(106%) | 19%(108%) | 29%(121%) | 58%(122%) | 64%(123%) | 67%(126%) |
| 2018年3月21日 | 1%(100%) | 71%(131%) | 24%(110%) | 5%(102%) | 8%(103%) | 11%(104%) | 14%(106%) | 19%(110%) | 28%(121%) | 59%(122%) | 64%(123%) | 67%(126%) |
| 2018年3月22日 | 1%(100%) | 71%(132%) | 24%(110%) | 6%(102%) | 9%(103%) | 10%(104%) | 13%(107%) | 19%(108%) | 29%(121%) | 58%(122%) | 65%(123%) | 68%(127%) |
| 2018年3月23日 | 1%(100%) | 71%(135%) | 28%(113%) | 8%(102%) | 10%(103%) | 12%(106%) | 15%(109%) | 27%(121%) | 54%(121%) | 60%(122%) | 65%(124%) | 68%(127%) |
| 2018年3月26日 | 1%(100%) | 68%(132%) | 27%(112%) | 6%(102%) | 8%(103%) | 12%(104%) | 16%(109%) | 25%(121%) | 54%(122%) | 60%(122%) | 64%(124%) | 67%(126%) |
| 2018年3月27日 | 2%(100%) | 70%(136%) | 25%(112%) | 6%(102%) | 8%(103%) | 10%(104%) | 13%(107%) | 21%(113%) | 27%(121%) | 59%(122%) | 65%(125%) | 68%(127%) |
| 2018年3月28日 | 1%(100%) | 69%(132%) | 29%(112%) | 7%(103%) | 9%(103%) | 12%(105%) | 18%(110%) | 24%(121%) | 57%(121%) | 61%(122%) | 65%(123%) | 68%(125%) |
| 2018年3月29日 | 1%(100%) | 70%(134%) | 26%(112%) | 6%(103%) | 8%(103%) | 10%(105%) | 15%(108%) | 21%(114%) | 30%(121%) | 59%(122%) | 65%(124%) | 68%(127%) |

第六章 融资保证金比例的优化设置和动态调整

续表

| 日期 | 最小值 | 最大值 | 均值 | 20%分位点 | 30%分位点 | 40%分位点 | 50%分位点 | 60%分位点 | 70%分位点 | 80%分位点 | 90%分位点 | 95%分位点 |
|---|---|---|---|---|---|---|---|---|---|---|---|---|
| | | | | | 状态空间数据数为105 | | | | | | | |
| 2018年3月30日 | 1%(100%) | 69%(131%) | 26%(111%) | 7%(103%) | 9%(103%) | 11%(104%) | 16%(107%) | 23%(112%) | 30%(121%) | 59%(122%) | 66%(124%) | 68%(126%) |
| 2018年4月2日 | 2%(100%) | 70%(130%) | 23%(110%) | 5%(102%) | 7%(103%) | 9%(103%) | 12%(106%) | 18%(110%) | 26%(121%) | 57%(122%) | 62%(124%) | 66%(126%) |
| 2018年4月3日 | 1%(100%) | 68%(140%) | 25%(112%) | 6%(102%) | 7%(103%) | 9%(104%) | 14%(106%) | 20%(112%) | 27%(121%) | 58%(122%) | 64%(123%) | 67%(130%) |
| 2018年4月4日 | 1%(100%) | 71%(142%) | 27%(112%) | 6%(102%) | 8%(103%) | 10%(105%) | 16%(108%) | 22%(121%) | 54%(122%) | 59%(122%) | 65%(123%) | 68%(127%) |
| 2018年4月9日 | 1%(100%) | 70%(140%) | 28%(112%) | 7%(103%) | 8%(103%) | 13%(106%) | 19%(108%) | 24%(119%) | 57%(121%) | 61%(122%) | 66%(123%) | 67%(127%) |
| 2018年4月10日 | 1%(100%) | 69%(131%) | 24%(110%) | 6%(102%) | 8%(103%) | 10%(104%) | 15%(106%) | 20%(109%) | 26%(121%) | 57%(122%) | 64%(123%) | 66%(125%) |
| 2018年4月11日 | 1%(100%) | 69%(138%) | 24%(111%) | 6%(102%) | 8%(103%) | 10%(104%) | 15%(106%) | 19%(110%) | 25%(121%) | 58%(122%) | 63%(124%) | 66%(131%) |
| 2018年4月12日 | 2%(100%) | 69%(131%) | 25%(111%) | 5%(102%) | 8%(103%) | 9%(104%) | 15%(108%) | 19%(109%) | 29%(121%) | 59%(122%) | 66%(124%) | 67%(126%) |
| 2018年4月13日 | 1%(100%) | 69%(132%) | 26%(112%) | 7%(102%) | 8%(103%) | 9%(104%) | 15%(107%) | 20%(119%) | 29%(121%) | 60%(122%) | 66%(125%) | 67%(128%) |
| 2018年4月16日 | 1%(101%) | 69%(140%) | 30%(114%) | 7%(102%) | 8%(104%) | 13%(107%) | 18%(113%) | 26%(121%) | 57%(122%) | 63%(122%) | 66%(125%) | 68%(128%) |

173

续表

| 日期 | 最小值 | 最大值 | 均值 | 20%分位点 | 30%分位点 | 40%分位点 | 50%分位点 | 60%分位点 | 70%分位点 | 80%分位点 | 90%分位点 | 95%分位点 |
|---|---|---|---|---|---|---|---|---|---|---|---|---|
| 2018年4月17日 | 1%（100%） | 70%（140%） | 32%（115%） | 7%（103%） | 10%（105%） | 15%（110%） | 21%（121%） | 29%（121%） | 58%（122%） | 65%（123%） | 66%（125%） | 68%（128%） |
| 2018年4月18日 | 1%（100%） | 70%（132%） | 30%（115%） | 6%（103%） | 9%（104%） | 13%（110%） | 18%（121%） | 27%（122%） | 57%（122%） | 64%（124%） | 66%（126%） | 68%（127%） |
| 2018年4月19日 | 1%（100%） | 68%（131%） | 28%（113%） | 6%（102%） | 7%（103%） | 12%（105%） | 16%（110%） | 22%（121%） | 51%（122%） | 61%（123%） | 66%（125%） | 67%（128%） |
| 2018年4月20日 | 1%（100%） | 69%（133%） | 32%（114%） | 6%（103%） | 9%（104%） | 14%（108%） | 21%（120%） | 43%（122%） | 59%（122%） | 64%（122%） | 66%（125%） | 66%（128%） |
| 2018年4月23日 | 1%（100%） | 68%（131%） | 32%（113%） | 6%（103%） | 12%（104%） | 15%（105%） | 22%（110%） | 46%（121%） | 57%（122%） | 63%（122%） | 65%（123%） | 67%（125%） |
| 2018年4月24日 | 1%（100%） | 69%（131%） | 31%（113%） | 7%（102%） | 8%（104%） | 15%（106%） | 20%（110%） | 27%（121%） | 57%（122%） | 63%（122%） | 66%（124%） | 68%（126%） |
| 2018年4月25日 | 1%（100%） | 68%（131%） | 29%（112%） | 6%（102%） | 8%（103%） | 13%（105%） | 20%（109%） | 24%（121%） | 57%（122%） | 62%（122%） | 65%（125%） | 67%（1275） |
| 2018年4月26日 | 2%（100%） | 69%（131%） | 33%（114%） | 8%（103%） | 12%（104%） | 18%（107%） | 24%（121%） | 43%（121%） | 59%（122%） | 63%（122%） | 66%（125%） | 66%（127%） |
| 2018年4月27日 | 2%（100%） | 69%（131%） | 31%（114%） | 7%（102%） | 10%（104%） | 15%（107%） | 20%（119%） | 31%（121%） | 57%（122%） | 63%（122%） | 66%（125%） | 66%（129%） |
| 2018年5月2日 | 1%（100%） | 69%（131%） | 32%（113%） | 6%（103%） | 12%（104%） | 18%（106%） | 20%（116%） | 31%（121%） | 59%（122%） | 63%（122%） | 66%（123%） | 67%（128%） |

状态空间数据数为105

注：括号外为初始保证金比例，括号内为维持保证金比例。

第六章 融资保证金比例的优化设置和动态调整

表6-4 记忆深度为800时80只股票30个交易日保证金组合比例的分位点分析（2018年3月16日~2018年5月2日）

| 最小值 | 最大值 | 均值 | 20%分位点 | 30%分位点 | 40%分位点 | 50%分位点 | 60%分位点 | 70%分位点 | 80%分位点 | 90%分位点 | 95%分位点 |
|---|---|---|---|---|---|---|---|---|---|---|---|
| 状态空间数据数为5 ||||||||||||
| 1%(100%) | 78%(125%) | 33%(100%) | 12%(100%) | 21%(100%) | 26%(100%) | 31%(100%) | 39%(100%) | 43%(100%) | 52%(100%) | 58%(100%) | 76%(110%) |
| 状态空间数据数为15 ||||||||||||
| 1%(100%) | 72%(126%) | 21%(102%) | 4%(100%) | 6%(100%) | 9%(100%) | 14%(100%) | 21%(100%) | 32%(100%) | 40%(100%) | 61%(101%) | 68%(121%) |
| 状态空间数据数为25 ||||||||||||
| 1%(100%) | 69%(128%) | 11%(103%) | 2%(100%) | 3%(100%) | 4%(100%) | 5%(100%) | 6%(100%) | 8%(101%) | 15%(102%) | 61%(122%) | 66%(125%) |
| 状态空间数据数为35 ||||||||||||
| 1%(100%) | 69%(129%) | 12%(104%) | 2%(100%) | 3%(100%) | 4%(100%) | 5%(101%) | 6%(101%) | 9%(102%) | 12%(104%) | 64%(122%) | 66%(123%) |
| 状态空间数据数为45 ||||||||||||
| 1%(100%) | 70%(134%) | 14%(105%) | 2%(100%) | 4%(100%) | 5%(100%) | 6%(101%) | 7%(103%) | 10%(103%) | 19%(113%) | 65%(122%) | 67%(126%) |
| 状态空间数据数为55 ||||||||||||
| 1%(100%) | 69%(135%) | 16%(106%) | 3%(100%) | 4%(100%) | 5%(101%) | 7%(102%) | 9%(103%) | 13%(104%) | 24%(121%) | 64%(122%) | 67%(123%) |
| 状态空间数据数为65 ||||||||||||
| 1%(100%) | 70%(135%) | 20%(107%) | 4%(100%) | 5%(101%) | 7%(102%) | 9%(103%) | 11%(104%) | 17%(109%) | 50%(122%) | 64%(122%) | 68%(125%) |

## 中国融资业务保证金系统研究

续表

| | 最小值 | 最大值 | 均值 | 20%分位点 | 30%分位点 | 40%分位点 | 50%分位点 | 60%分位点 | 70%分位点 | 80%分位点 | 90%分位点 | 95%分位点 |
|---|---|---|---|---|---|---|---|---|---|---|---|---|
| 状态空间数据数为 75 | 1%(100%) | 70%(130%) | 21%(109%) | 4%(100%) | 6%(101%) | 8%(102%) | 10%(104%) | 14%(106%) | 20%(120%) | 58%(122%) | 65%(123%) | 68%(128%) |
| 状态空间数据数为 85 | 1%(100%) | 72%(134%) | 23%(110%) | 5%(101%) | 6%(102%) | 7%(104%) | 10%(105%) | 16%(108%) | 27%(121%) | 58%(122%) | 65%(123%) | 67%(128%) |
| 状态空间数据数为 95 | 1%(100%) | 69%(133%) | 26%(111%) | 6%(102%) | 8%(103%) | 10%(104%) | 14%(106%) | 19%(111%) | 55%(121%) | 61%(122%) | 66%(124%) | 68%(126%) |
| 状态空间数据数为 105 | 1%(100%) | 72%(142%) | 27%(112%) | 6%(102%) | 8%(103%) | 11%(104%) | 16%(108%) | 24%(121%) | 57%(122%) | 63%(122%) | 66%(125%) | 68%(130%) |

注：括号外为初始保证金比例，括号内为维持保证金比例。

表 6-5 记忆深度为 800 时 80 只股票 30 个交易日不同状态空间数据数下保证金的计算情况（2018 年 3 月 16 日 ~ 2018 年 5 月 2 日）

| 状态空间数据数 | 5 | 15 | 25 | 35 | 45 | 55 | 65 | 75 | 85 | 95 | 105 |
|---|---|---|---|---|---|---|---|---|---|---|---|
| 无法计算的保证金总数 | 2846 | 1200 | 1350 | 960 | 718 | 515 | 309 | 272 | 330 | 328 | 431 |

## 第六章 融资保证金比例的优化设置和动态调整

相较之下，维持保证金比例的均值则从100%（状态空间数据数为5）稳步上升至112%（状态空间数据数为105）。其次，状态空间数据数越多，保证金比例之间的配比越均衡。如表6-3所示，当状态空间数据数为5时，80只股票每一交易日初始（维持）保证金比例的均值在[29%，37%]（[100%，101%]）内波动，而当状态空间数据数为105时，上述保证金比例则在[23%，33%]（[110%，115%]）内震荡。换言之，前者是以牺牲维持保证金比例换取高位的初始保证金比例，而后者在二者之间的配比上显得更为合理。再次，保证金水平并非固定不变，而是随个股特征及市场情况的变化而变化。如状态空间数据数为105时，2018年3月16日80只股票初始（维持）保证金比例的最小值为1%（100%），最大值为72%（135%），均值为23%（111%）。2018年3月19日这些数值则分别变为2%（100%）、69%（131%）、23%（110%）。最后，在通常情况下研究期内保证金比例低于现有法定保证金比例。如表6-4所示，在所有的状态空间中，80只股票30个交易日初始（维持）保证金比例的均值皆低于目前的法定保证金比例100%（130%），与现存文献结论相同（王周伟，2012；Huang et al.，2012）。Cotter（2001）指出过高的保证金比例有助于降低违约风险，但同时也会降低投资者的参与度，影响市场流动性。本书得出的保证金比例有助于降低系统性风险和投资者机会成本，对市场的健康发展有利（详见本章第二节）。

由于预先设定的CPNR值、记忆深度以及状态空间数据数并不足以保证计算出每一只股票每一交易日的保证金组合比例，且以往文献也未提供关于选取最优记忆深度和状态空间数据数的依据，因此我们只能先选择保证金计算结果最多的状态空间数据数（无法计算保证金数最少的情况）来做进一步研究。[①] 表6-5、图6-1列示了每种状态空间下80只股票30个交易日无法计算保证金的总数。从表6-5中可以看出随状态空间

---

① 保证金无法计算意味着CPNR值设定过高，股票价格波动大。

数据数的增加，无法计算的保证金总数呈现波动状态。当其值达到 75 时，无法计算的保证金总数达到最低——272，约占所有需要计算保证金数的 5.7%［272/(2400×2)］。

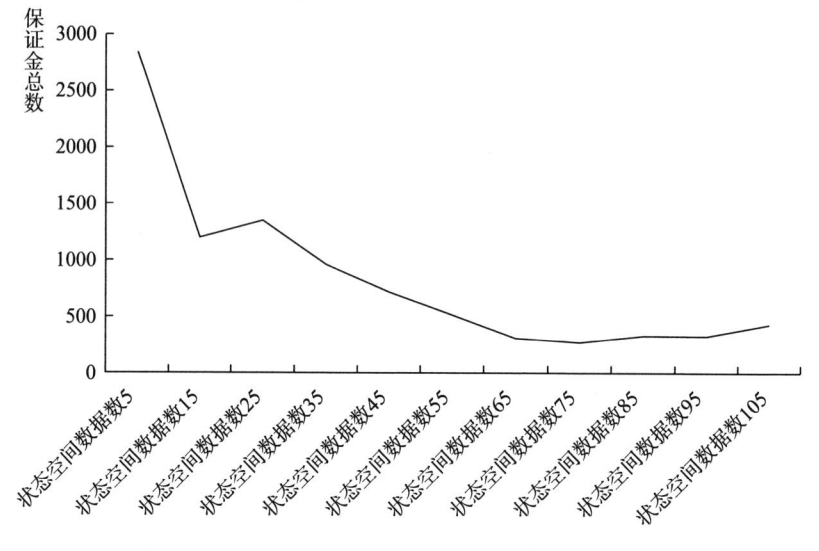

**图 6-1　记忆深度为 800 时 80 只股票 30 个交易日不同状态空间数据数下无法计算的保证金总数（2018 年 3 月 16 日~2018 年 5 月 2 日）**

接下来我们对状态空间数据数为 75、记忆深度为［800，1700］（步长为 300）的不同情况进行研究，其具体的统计分析结果见表 6-6 和表 6-7。[①]

观察表 6-6、表 6-7，我们得出以下结论。首先，以均值为例，随记忆深度值的增大，保证金比例呈下降趋势且趋势减缓。如表 6-7 所示，当记忆深度由 800 上升至 1100 时，80 只股票 30 个交易日初始（维持）保证金比例的均值由 21%（109%）下降至 13%（105%）。而当记忆深度由 1100 上升至 1400 时，相应的初始（维持）保证金比例的均值由 13%（105%）下降 11%（104%）。其次，与之前的结果相同，保证

---

① 2010 年 3 月 31 日至 2018 年 5 月 2 日间，80 只股票中最少的为 1740。为方便计算，我们把记忆深度的上限定为 1700。

表6-6 状态空间数据数为75时80只股票每一交易日保证金组合比例的分位点分析（2018年3月16日～2018年5月2日）

| 日期 | 最小值 | 最大值 | 均值 | 20%分位点 | 30%分位点 | 40%分位点 | 50%分位点 | 60%分位点 | 70%分位点 | 80%分位点 | 90%分位点 | 95%分位点 |
|---|---|---|---|---|---|---|---|---|---|---|---|---|
| | | | | | | 记忆深度为800 | | | | | | |
| 2018年3月16日 | 1%(100%) | 69%(127%) | 21%(107%) | 6%(100%) | 7%(101%) | 8%(102%) | 11%(103%) | 16%(104%) | 20%(107%) | 25%(122%) | 64%(122%) | 66%(124%) |
| 2018年3月19日 | 2%(100%) | 69%(130%) | 21%(107%) | 6%(100%) | 7%(101%) | 8%(102%) | 13%(103%) | 16%(104%) | 19%(107%) | 31%(121%) | 64%(122%) | 65%(124%) |
| 2018年3月20日 | 2%(100%) | 69%(130%) | 21%(107%) | 6%(101%) | 7%(101%) | 10%(102%) | 13%(104%) | 15%(104%) | 19%(107%) | 26%(121%) | 63%(122%) | 66%(123%) |
| 2018年3月21日 | 1%(100%) | 69%(124%) | 20%(107%) | 5%(101%) | 7%(101%) | 8%(102%) | 11%(103%) | 16%(104%) | 19%(107%) | 39%(121%) | 61%(122%) | 65%(123%) |
| 2018年3月22日 | 1%(100%) | 69%(124%) | 21%(107%) | 6%(101%) | 7%(101%) | 9%(102%) | 13%(103%) | 15%(104%) | 17%(107%) | 39%(121%) | 62%(122%) | 65%(123%) |
| 2018年3月23日 | 1%(100%) | 69%(123%) | 23%(108%) | 6%(100%) | 7%(102%) | 9%(103%) | 12%(104%) | 15%(106%) | 18%(112%) | 57%(122%) | 65%(122%) | 67%(123%) |
| 2018年3月26日 | 1%(100%) | 69%(130%) | 23%(108%) | 6%(101%) | 7%(101%) | 9%(102%) | 11%(104%) | 14%(106%) | 20%(115%) | 58%(122%) | 64%(122%) | 66%(123%) |
| 2018年3月27日 | 1%(100%) | 69%(127%) | 20%(108%) | 5%(100%) | 6%(101%) | 8%(102%) | 9%(104%) | 11%(104%) | 16%(108%) | 57%(122%) | 62%(122%) | 65%(123%) |
| 2018年3月28日 | 1%(100%) | 69%(125%) | 22%(108%) | 4%(101%) | 6%(102%) | 7%(103%) | 10%(104%) | 12%(105%) | 20%(109%) | 58%(122%) | 63%(122%) | 65%(123%) |
| 2018年3月29日 | 1%(100%) | 70%(125%) | 20%(109%) | 3%(100%) | 5%(102%) | 7%(103%) | 8%(104%) | 11%(105%) | 18%(116%) | 57%(122%) | 61%(122%) | 65%(123%) |

179

续表

记忆深度为800

| 日期 | 最小值 | 最大值 | 均值 | 20%分位点 | 30%分位点 | 40%分位点 | 50%分位点 | 60%分位点 | 70%分位点 | 80%分位点 | 90%分位点 | 95%分位点 |
|---|---|---|---|---|---|---|---|---|---|---|---|---|
| 2018年3月30日 | 1%(100%) | 70%(125%) | 21%(108%) | 5%(100%) | 6%(101%) | 8%(102%) | 10%(103%) | 12%(105%) | 20%(109%) | 58%(122%) | 62%(122%) | 65%(123%) |
| 2018年4月2日 | 1%(100%) | 70%(127%) | 19%(108%) | 4%(101%) | 5%(102%) | 6%(102%) | 8%(104%) | 10%(105%) | 14%(111%) | 57%(122%) | 62%(122%) | 65%(124%) |
| 2018年4月3日 | 1%(100%) | 70%(127%) | 20%(109%) | 5%(101%) | 6%(102%) | 6%(103%) | 9%(104%) | 11%(106%) | 15%(120%) | 58%(122%) | 63%(123%) | 65%(124%) |
| 2018年4月4日 | 2%(100%) | 69%(127%) | 21%(110%) | 5%(101%) | 6%(102%) | 8%(103%) | 10%(105%) | 11%(107%) | 16%(121%) | 58%(122%) | 63%(123%) | 65%(124%) |
| 2018年4月9日 | 1%(100%) | 69%(127%) | 21%(109%) | 6%(102%) | 6%(102%) | 8%(103%) | 10%(104%) | 11%(106%) | 17%(118%) | 58%(122%) | 63%(123%) | 66%(125%) |
| 2018年4月10日 | 1%(100%) | 70%(127%) | 18%(108%) | 4%(101%) | 5%(101%) | 8%(103%) | 9%(104%) | 10%(105%) | 14%(108%) | 25%(122%) | 63%(123%) | 64%(125%) |
| 2018年4月11日 | 1%(100%) | 70%(128%) | 18%(108%) | 4%(100%) | 6%(102%) | 7%(102%) | 8%(103%) | 10%(105%) | 14%(108%) | 23%(122%) | 61%(123%) | 64%(126%) |
| 2018年4月12日 | 1%(100%) | 69%(128%) | 18%(109%) | 4%(100%) | 5%(102%) | 7%(103%) | 8%(104%) | 11%(105%) | 14%(109%) | 24%(122%) | 63%(124%) | 65%(127%) |
| 2018年4月13日 | 1%(100%) | 69%(128%) | 18%(108%) | 5%(101%) | 6%(102%) | 7%(102%) | 9%(103%) | 11%(105%) | 13%(108%) | 24%(122%) | 63%(123%) | 65%(127%) |
| 2018年4月16日 | 1%(100%) | 70%(129%) | 22%(109%) | 4%(101%) | 5%(102%) | 7%(103%) | 9%(104%) | 12%(107%) | 17%(121%) | 58%(122%) | 65%(123%) | 67%(124%) |

第六章 融资保证金比例的优化设置和动态调整

续表

| 日期 | 最小值 | 最大值 | 均值 | 20%分位点 | 30%分位点 | 40%分位点 | 50%分位点 | 60%分位点 | 70%分位点 | 80%分位点 | 90%分位点 | 95%分位点 |
|---|---|---|---|---|---|---|---|---|---|---|---|---|
| | | | | | 记忆深度为800 | | | | | | | |
| 2018年4月17日 | 1%(100%) | 69%(128%) | 23%(110%) | 4%(101%) | 7%(102%) | 7%(103%) | 9%(105%) | 12%(107%) | 22%(121%) | 60%(122%) | 64%(123%) | 68%(126%) |
| 2018年4月18日 | 1%(100%) | 69%(128%) | 21%(109%) | 5%(101%) | 6%(102%) | 8%(103%) | 10%(104%) | 12%(106%) | 18%(109%) | 58%(122%) | 64%(122%) | 68%(126%) |
| 2018年4月19日 | 1%(100%) | 69%(129%) | 19%(109%) | 5%(101%) | 6%(101%) | 7%(102%) | 10%(104%) | 12%(106%) | 16%(109%) | 27%(122%) | 63%(123%) | 67%(127%) |
| 2018年4月20日 | 1%(100%) | 68%(130%) | 22%(109%) | 5%(101%) | 6%(102%) | 8%(103%) | 10%(104%) | 15%(106%) | 20%(120%) | 58%(122%) | 64%(123%) | 67%(126%) |
| 2018年4月23日 | 1%(100%) | 68%(130%) | 22%(110%) | 5%(101%) | 6%(102%) | 8%(103%) | 10%(104%) | 14%(106%) | 21%(121%) | 58%(122%) | 64%(124%) | 67%(128%) |
| 2018年4月24日 | 1%(100%) | 68%(129%) | 20%(108%) | 4%(101%) | 6%(102%) | 8%(102%) | 9%(103%) | 14%(105%) | 19%(109%) | 36%(122%) | 62%(123%) | 65%(126%) |
| 2018年4月25日 | 1%(100%) | 69%(129%) | 22%(109%) | 4%(101%) | 6%(102%) | 8%(103%) | 9%(104%) | 15%(106%) | 21%(121%) | 59%(122%) | 66%(122%) | 68%(126%) |
| 2018年4月26日 | 1%(100%) | 69%(130%) | 23%(110%) | 3%(101%) | 6%(102%) | 9%(103%) | 10%(105%) | 16%(107%) | 23%(121%) | 60%(122%) | 66%(123%) | 67%(126%) |
| 2018年4月27日 | 1%(100%) | 69%(129%) | 23%(110%) | 5%(101%) | 7%(102%) | 8%(103%) | 11%(105%) | 15%(108%) | 23%(121%) | 59%(122%) | 65%(123%) | 67%(126%) |
| 2018年5月2日 | 1%(100%) | 69%(129%) | 23%(110%) | 5%(101%) | 6%(102%) | 7%(103%) | 10%(106%) | 12%(108%) | 26%(121%) | 61%(122%) | 65%(123%) | 67%(126%) |

续表

记忆深度为1100

| 日期 | 最小值 | 最大值 | 均值 | 20%分位点 | 30%分位点 | 40%分位点 | 50%分位点 | 60%分位点 | 70%分位点 | 80%分位点 | 90%分位点 | 95%分位点 |
|---|---|---|---|---|---|---|---|---|---|---|---|---|
| 2018年3月16日 | 1%(100%) | 68%(126%) | 13%(105%) | 5%(101%) | 6%(101%) | 7%(102%) | 9%(103%) | 12%(103%) | 14%(104%) | 17%(106%) | 24%(114%) | 36%(119%) |
| 2018年3月19日 | 1%(100%) | 68%(122%) | 12%(104%) | 5%(100%) | 7%(101%) | 8%(102%) | 9%(102%) | 11%(103%) | 14%(104%) | 17%(105%) | 22%(111%) | 27%(117%) |
| 2018年3月20日 | 1%(100%) | 65%(130%) | 12%(105%) | 5%(100%) | 7%(101%) | 8%(101%) | 9%(103%) | 12%(104%) | 14%(104%) | 17%(106%) | 21%(116%) | 28%(122%) |
| 2018年3月21日 | 1%(100%) | 67%(131%) | 14%(104%) | 5%(100%) | 7%(101%) | 8%(102%) | 10%(103%) | 12%(103%) | 16%(104%) | 18%(106%) | 24%(111%) | 48%(121%) |
| 2018年3月22日 | 2%(100%) | 67%(130%) | 14%(105%) | 5%(100%) | 7%(101%) | 8%(102%) | 9%(103%) | 11%(103%) | 15%(104%) | 17%(106%) | 25%(115%) | 48%(121%) |
| 2018年3月23日 | 2%(100%) | 66%(127%) | 14%(105%) | 5%(101%) | 6%(101%) | 8%(102%) | 9%(103%) | 11%(104%) | 15%(105%) | 17%(107%) | 23%(118%) | 62%(122%) |
| 2018年3月26日 | 1%(100%) | 67%(131%) | 13%(106%) | 4%(101%) | 6%(101%) | 7%(102%) | 8%(103%) | 11%(104%) | 12%(105%) | 15%(108%) | 26%(122%) | 62%(122%) |
| 2018年3月27日 | 1%(100%) | 67%(127%) | 13%(105%) | 4%(100%) | 5%(101%) | 7%(102%) | 8%(103%) | 9%(103%) | 12%(104%) | 16%(106%) | 23%(117%) | 48%(122%) |
| 2018年3月28日 | 1%(100%) | 66%(130%) | 14%(106%) | 5%(101%) | 6%(102%) | 7%(103%) | 8%(103%) | 11%(104%) | 14%(105%) | 19%(107%) | 27%(120%) | 62%(122%) |
| 2018年3月29日 | 1%(100%) | 67%(125%) | 13%(105%) | 5%(101%) | 6%(101%) | 7%(102%) | 8%(103%) | 12%(104%) | 13%(105%) | 18%(107%) | 25%(117%) | 50%(122%) |

第六章 融资保证金比例的优化设置和动态调整

续表

| 日期 | 最小值 | 最大值 | 均值 | 20%分位点 | 30%分位点 | 40%分位点 | 50%分位点 | 60%分位点 | 70%分位点 | 80%分位点 | 90%分位点 | 95%分位点 |
|---|---|---|---|---|---|---|---|---|---|---|---|---|
| | | | | | 记忆深度为1100 | | | | | | | |
| 2018年3月30日 | 1%（100%） | 67%（127%） | 15%（105%） | 5%（101%） | 6%（101%） | 7%（102%） | 9%（103%） | 11%（104%） | 13%（105%） | 17%（106%） | 29%（115%） | 64%（122%） |
| 2018年4月2日 | 1%（100%） | 67%（131%） | 13%（105%） | 4%（100%） | 5%（101%） | 6%（103%） | 8%（103%） | 9%（104%） | 12%（105%） | 15%（107%） | 28%（118%） | 63%（122%） |
| 2018年4月3日 | 1%（100%） | 66%（126%） | 13%（106%） | 3%（101%） | 5%（102%） | 6%（103%） | 8%（103%） | 10%（104%） | 14%（105%） | 17%（108%） | 27%（121%） | 63%（122%） |
| 2018年4月4日 | 1%（100%） | 66%（132%） | 14%（106%） | 4%（100%） | 6%（101%） | 7%（102%） | 9%（103%） | 11%（104%） | 11%（105%） | 18%（107%） | 25%（122%） | 63%（123%） |
| 2018年4月9日 | 1%（100%） | 68%（132%） | 14%（107%） | 4%（100%） | 6%（102%） | 7%（103%） | 8%（103%） | 10%（104%） | 12%（106%） | 18%（111%） | 33%（122%） | 65%（125%） |
| 2018年4月10日 | 1%（100%） | 66%（131%） | 13%（106%） | 4%（101%） | 4%（101%） | 6%（102%） | 7%（103%） | 9%（104%） | 12%（106%） | 15%（109%） | 24%（122%） | 65%（124%） |
| 2018年4月11日 | 1%（100%） | 66%（126%） | 12%（105%） | 3%（101%） | 5%（101%） | 7%（102%） | 8%（103%） | 10%（103%） | 13%（105%） | 16%（108%） | 23%（115%） | 47%（122%） |
| 2018年4月12日 | 1%（100%） | 65%（131%） | 12%（105%） | 3%（100%） | 4%（101%） | 6%（102%） | 7%（103%） | 8%（103%） | 11%（105%） | 14%（106%） | 24%（113%） | 48%（122%） |
| 2018年4月13日 | 1%（100%） | 66%（131%） | 13%（105%） | 3%（101%） | 5%（101%） | 7%（102%） | 8%（103%） | 11%（103%） | 13%（105%） | 16%（106%） | 23%（111%） | 62%（122%） |
| 2018年4月16日 | 1%（100%） | 66%（123%） | 13%（106%） | 4%（100%） | 6%（101%） | 7%（102%） | 8%（103%） | 9%（104%） | 12%（105%） | 15%（108%） | 23%（119%） | 62%（122%） |

续表

| 日期 | 最小值 | 最大值 | 均值 | 20%分位点 | 30%分位点 | 40%分位点 | 50%分位点 | 60%分位点 | 70%分位点 | 80%分位点 | 90%分位点 | 95%分位点 |
|---|---|---|---|---|---|---|---|---|---|---|---|---|
| | | | | | 记忆深度为1100 | | | | | | | |
| 2018年4月17日 | 1%(100%) | 67%(130%) | 14%(106%) | 5%(101%) | 6%(101%) | 7%(103%) | 8%(103%) | 9%(104%) | 13%(105%) | 15%(108%) | 37%(121%) | 64%(122%) |
| 2018年4月18日 | 1%(100%) | 67%(132%) | 14%(106%) | 5%(100%) | 6%(101%) | 7%(102%) | 8%(103%) | 9%(104%) | 13%(106%) | 15%(108%) | 30%(122%) | 64%(122%) |
| 2018年4月19日 | 1%(100%) | 67%(131%) | 13%(105%) | 4%(101%) | 5%(101%) | 6%(102%) | 8%(103%) | 9%(104%) | 12%(105%) | 15%(108%) | 23%(116%) | 62%(122%) |
| 2018年4月20日 | 1%(100%) | 67%(123%) | 13%(105%) | 4%(100%) | 5%(101%) | 6%(102%) | 7%(103%) | 9%(104%) | 12%(106%) | 15%(108%) | 28%(117%) | 62%(122%) |
| 2018年4月23日 | 1%(100%) | 66%(122%) | 14%(106%) | 5%(100%) | 5%(102%) | 7%(103%) | 8%(103%) | 10%(104%) | 13%(106%) | 16%(108%) | 32%(118%) | 63%(122%) |
| 2018年4月24日 | 1%(100%) | 65%(132%) | 13%(106%) | 4%(101%) | 5%(101%) | 6%(102%) | 8%(103%) | 9%(104%) | 12%(106%) | 16%(108%) | 25%(122%) | 62%(122%) |
| 2018年4月25日 | 1%(100%) | 67%(124%) | 13%(106%) | 4%(101%) | 5%(101%) | 7%(102%) | 8%(103%) | 9%(104%) | 12%(106%) | 15%(108%) | 26%(121%) | 63%(122%) |
| 2018年4月26日 | 1%(100%) | 66%(133%) | 14%(106%) | 5%(101%) | 6%(101%) | 7%(102%) | 8%(103%) | 9%(104%) | 13%(106%) | 19%(108%) | 31%(122%) | 62%(122%) |
| 2018年4月27日 | 1%(100%) | 64%(132%) | 13%(106%) | 4%(100%) | 6%(101%) | 6%(102%) | 7%(103%) | 9%(104%) | 11%(105%) | 14%(108%) | 25%(122%) | 62%(122%) |
| 2018年5月2日 | 1%(100%) | 68%(132%) | 15%(106%) | 5%(101%) | 6%(101%) | 7%(103%) | 8%(103%) | 10%(104%) | 13%(106%) | 19%(108%) | 39%(122%) | 62%(122%) |

第六章 融资保证金比例的优化设置和动态调整

续表

| 日期 | 最小值 | 最大值 | 均值 | 20%分位点 | 30%分位点 | 40%分位点 | 50%分位点 | 60%分位点 | 70%分位点 | 80%分位点 | 90%分位点 | 95%分位点 |
|---|---|---|---|---|---|---|---|---|---|---|---|---|
| | | | | | | 记忆深度为1400 | | | | | | |
| 2018年3月16日 | 2%(100%) | 65%(125%) | 11%(104%) | 5%(100%) | 5%(101%) | 7%(101%) | 8%(102%) | 10%(103%) | 12%(104%) | 16%(105%) | 19%(112%) | 27%(122%) |
| 2018年3月19日 | 1%(100%) | 68%(132%) | 12%(105%) | 4%(100%) | 5%(102%) | 6%(101%) | 8%(102%) | 9%(103%) | 12%(104%) | 16%(106%) | 21%(117%) | 29%(122%) |
| 2018年3月20日 | 1%(100%) | 65%(123%) | 11%(104%) | 4%(100%) | 6%(101%) | 6%(101%) | 8%(102%) | 9%(103%) | 11%(104%) | 15%(105%) | 21%(109%) | 26%(115%) |
| 2018年3月21日 | 2%(100%) | 67%(124%) | 11%(104%) | 4%(101%) | 6%(101%) | 7%(101%) | 8%(102%) | 9%(103%) | 11%(104%) | 14%(105%) | 20%(111%) | 29%(121%) |
| 2018年3月22日 | 1%(100%) | 67%(126%) | 11%(105%) | 4%(100%) | 5%(101%) | 6%(101%) | 7%(102%) | 9%(104%) | 10%(105%) | 13%(106%) | 20%(120%) | 28%(123%) |
| 2018年3月23日 | 1%(100%) | 66%(132%) | 12%(105%) | 4%(100%) | 5%(100%) | 6%(102%) | 8%(103%) | 9%(104%) | 11%(105%) | 16%(107%) | 20%(119%) | 38%(122%) |
| 2018年3月26日 | 1%(100%) | 67%(125%) | 12%(105%) | 3%(100%) | 5%(101%) | 6%(102%) | 7%(103%) | 8%(103%) | 10%(105%) | 14%(106%) | 22%(117%) | 42%(121%) |
| 2018年3月27日 | 1%(100%) | 67%(125%) | 11%(104%) | 4%(100%) | 4%(101%) | 5%(101%) | 6%(102%) | 8%(104%) | 10%(105%) | 14%(106%) | 22%(109%) | 27%(119%) |
| 2018年3月28日 | 1%(100%) | 66%(127%) | 11%(105%) | 4%(100%) | 5%(101%) | 6%(102%) | 7%(103%) | 9%(104%) | 9%(105%) | 14%(107%) | 19%(121%) | 26%(122%) |
| 2018年3月29日 | 1%(100%) | 67%(127%) | 11%(105%) | 3%(100%) | 4%(101%) | 6%(102%) | 7%(102%) | 8%(103%) | 10%(105%) | 15%(106%) | 23%(115%) | 27%(122%) |

续表

| 日期 | 最小值 | 最大值 | 均值 | 20%分位点 | 30%分位点 | 40%分位点 | 50%分位点 | 60%分位点 | 70%分位点 | 80%分位点 | 90%分位点 | 95%分位点 |
|---|---|---|---|---|---|---|---|---|---|---|---|---|
| | | | | | | 记忆深度为1400 | | | | | | |
| 2018年3月30日 | 1%(100%) | 67%(130%) | 11%(105%) | 3%(101%) | 4%(101%) | 6%(102%) | 7%(102%) | 8%(104%) | 11%(105%) | 13%(106%) | 22%(114%) | 26%(122%) |
| 2018年4月2日 | 1%(100%) | 67%(130%) | 10%(104%) | 3%(100%) | 4%(101%) | 5%(102%) | 6%(102%) | 7%(103%) | 10%(104%) | 12%(106%) | 19%(111%) | 26%(121%) |
| 2018年4月3日 | 1%(100%) | 66%(125%) | 10%(104%) | 3%(100%) | 4%(101%) | 5%(102%) | 7%(103%) | 8%(103%) | 9%(105%) | 13%(106%) | 19%(111%) | 25%(121%) |
| 2018年4月4日 | 1%(100%) | 65%(122%) | 10%(104%) | 3%(100%) | 4%(101%) | 5%(101%) | 7%(103%) | 8%(103%) | 11%(104%) | 13%(106%) | 20%(111%) | 25%(117%) |
| 2018年4月9日 | 1%(100%) | 65%(127%) | 12%(104%) | 3%(100%) | 5%(101%) | 6%(102%) | 7%(103%) | 9%(103%) | 11%(104%) | 13%(106%) | 24%(111%) | 43%(122%) |
| 2018年4月10日 | 1%(100%) | 66%(122%) | 12%(104%) | 4%(100%) | 5%(101%) | 7%(101%) | 8%(102%) | 9%(103%) | 12%(104%) | 14%(105%) | 21%(109%) | 38%(118%) |
| 2018年4月11日 | 1%(100%) | 66%(124%) | 11%(104%) | 4%(100%) | 5%(101%) | 6%(102%) | 8%(102%) | 9%(103%) | 11%(104%) | 13%(105%) | 21%(113%) | 28%(121%) |
| 2018年4月12日 | 1%(100%) | 65%(122%) | 10%(103%) | 3%(100%) | 4%(101%) | 6%(102%) | 7%(102%) | 9%(103%) | 11%(103%) | 13%(105%) | 19%(107%) | 24%(112%) |
| 2018年4月13日 | 1%(100%) | 65%(122%) | 10%(103%) | 3%(100%) | 4%(100%) | 6%(101%) | 8%(102%) | 9%(103%) | 11%(103%) | 12%(105%) | 18%(107%) | 23%(110%) |
| 2018年4月16日 | 1%(100%) | 65%(122%) | 11%(104%) | 4%(100%) | 5%(100%) | 6%(101%) | 7%(102%) | 8%(103%) | 10%(104%) | 12%(107%) | 19%(112%) | 29%(121%) |

第六章 融资保证金比例的优化设置和动态调整

续表

| 日期 | 最小值 | 最大值 | 均值 | 20%分位点 | 30%分位点 | 40%分位点 | 50%分位点 | 60%分位点 | 70%分位点 | 80%分位点 | 90%分位点 | 95%分位点 |
|---|---|---|---|---|---|---|---|---|---|---|---|---|
| | | | | | | 记忆深度为1400 | | | | | | |
| 2018年4月17日 | 1%（100%） | 67%（122%） | 12%（104%） | 4%（100%） | 6%（101%） | 7%（101%） | 7%（102%） | 9%（103%） | 11%（104%） | 14%（107%） | 20%（111%） | 43%（119%） |
| 2018年4月18日 | 1%（100%） | 65%（122%） | 11%（104%） | 3%（100%） | 5%（101%） | 6%（102%） | 7%（102%） | 8%（103%） | 11%（104%） | 13%（106%） | 19%（110%） | 29%（119%） |
| 2018年4月19日 | 1%（100%） | 65%（128%） | 10%（105%） | 3%（100%） | 4%（101%） | 6%（102%） | 7%（102%） | 8%（103%） | 10%（105%） | 14%（107%） | 19%（114%） | 27%（123%） |
| 2018年4月20日 | 1%（100%） | 65%（127%） | 10%（100%） | 3%（100%） | 5%（101%） | 6%（101%） | 7%（102%） | 8%（103%） | 10%（105%） | 13%（106%） | 18%（111%） | 27%（122%） |
| 2018年4月23日 | 1%（100%） | 64%（128%） | 10%（105%） | 4%（101%） | 5%（101%） | 6%（101%） | 8%（102%） | 8%（103%） | 9%（105%） | 13%（107%） | 15%（114%） | 25%（123%） |
| 2018年4月24日 | 1%（100%） | 65%（128%） | 10%（105%） | 3%（101%） | 5%（101%） | 6%（102%） | 7%（102%） | 9%（103%） | 10%（104%） | 12%（106%） | 17%（114%） | 23%（122%） |
| 2018年4月25日 | 1%（100%） | 65%（128%） | 10%（105%） | 3%（100%） | 5%（101%） | 7%（102%） | 7%（102%） | 9%（103%） | 10%（104%） | 13%（106%） | 16%（114%） | 30%（122%） |
| 2018年4月26日 | 1%（100%） | 68%（125%） | 12%（105%） | 5%（100%） | 6%（101%） | 7%（101%） | 8%（102%） | 8%（103%） | 10%（105%） | 14%（107%） | 20%（120%） | 43%（122%） |
| 2018年4月27日 | 1%（100%） | 68%（125%） | 12%（104%） | 5%（100%） | 6%（101%） | 7%（101%） | 8%（102%） | 9%（103%） | 10%（104%） | 14%（106%） | 18%（114%） | 45%（122%） |
| 2018年5月2日 | 1%（100%） | 67%（122%） | 10%（103%） | 4%（100%） | 5%（101%） | 6%（101%） | 7%（102%） | 8%（103%） | 9%（103%） | 11%（105%） | 18%（108%） | 35%（113%） |

续表

| 日期 | 最小值 | 最大值 | 均值 | 20%分位点 | 30%分位点 | 40%分位点 | 50%分位点 | 60%分位点 | 70%分位点 | 80%分位点 | 90%分位点 | 95%分位点 |
|---|---|---|---|---|---|---|---|---|---|---|---|---|
| | | | | | | 记忆深度为1700 | | | | | | |
| 2018年3月16日 | 1%(100%) | 65%(124%) | 11%(103%) | 5%(100%) | 5%(100%) | 6%(101%) | 7%(102%) | 9%(102%) | 12%(103%) | 18%(104%) | 23%(108%) | 26%(121%) |
| 2018年3月19日 | 1%(100%) | 68%(123%) | 12%(103%) | 5%(100%) | 6%(100%) | 7%(101%) | 8%(102%) | 9%(103%) | 11%(103%) | 18%(104%) | 23%(108%) | 27%(121%) |
| 2018年3月20日 | 1%(100%) | 65%(127%) | 11%(103%) | 4%(100%) | 5%(100%) | 6%(101%) | 7%(102%) | 9%(102%) | 10%(103%) | 16%(104%) | 22%(109%) | 25%(119%) |
| 2018年3月21日 | 1%(100%) | 67%(127%) | 11%(104%) | 4%(100%) | 5%(100%) | 6%(101%) | 8%(102%) | 9%(102%) | 11%(104%) | 15%(106%) | 22%(111%) | 38%(121%) |
| 2018年3月22日 | 1%(100%) | 67%(127%) | 11%(104%) | 3%(100%) | 5%(101%) | 6%(101%) | 7%(102%) | 8%(103%) | 10%(104%) | 17%(106%) | 22%(112%) | 38%(122%) |
| 2018年3月23日 | 1%(100%) | 66%(125%) | 12%(104%) | 4%(100%) | 5%(101%) | 6%(101%) | 8%(102%) | 9%(103%) | 12%(104%) | 16%(106%) | 26%(113%) | 63%(122%) |
| 2018年3月26日 | 2%(100%) | 67%(125%) | 12%(104%) | 4%(100%) | 5%(101%) | 6%(101%) | 7%(102%) | 10%(103%) | 12%(104%) | 15%(105%) | 25%(112%) | 61%(122%) |
| 2018年3月27日 | 1%(100%) | 67%(122%) | 11%(103%) | 3%(100%) | 5%(101%) | 6%(101%) | 7%(102%) | 9%(103%) | 12%(103%) | 15%(105%) | 20%(108%) | 40%(116%) |
| 2018年3月28日 | 1%(100%) | 66%(126%) | 10%(104%) | 3%(100%) | 5%(101%) | 6%(101%) | 6%(102%) | 8%(103%) | 11%(104%) | 14%(106%) | 18%(119%) | 42%(122%) |
| 2018年3月29日 | 1%(100%) | 67%(125%) | 10%(104%) | 3%(100%) | 4%(100%) | 5%(101%) | 6%(102%) | 8%(102%) | 11%(103%) | 15%(105%) | 20%(111%) | 38%(122%) |

第六章 融资保证金比例的优化设置和动态调整

续表

| 日期 | 最小值 | 最大值 | 均值 | 20%分位点 | 30%分位点 | 40%分位点 | 50%分位点 | 60%分位点 | 70%分位点 | 80%分位点 | 90%分位点 | 95%分位点 |
|---|---|---|---|---|---|---|---|---|---|---|---|---|
| | | | | | | 记忆深度为1700 | | | | | | |
| 2018年3月30日 | 1%(100%) | 67%(125%) | 11%(104%) | 3%(100%) | 5%(100%) | 6%(101%) | 7%(102%) | 8%(103%) | 11%(103%) | 15%(105%) | 20%(111%) | 37%(122%) |
| 2018年4月2日 | 1%(100%) | 67%(125%) | 10%(104%) | 3%(100%) | 4%(100%) | 5%(101%) | 6%(102%) | 8%(102%) | 9%(103%) | 13%(105%) | 20%(115%) | 33%(122%) |
| 2018年4月3日 | 1%(100%) | 66%(126%) | 11%(104%) | 3%(100%) | 4%(100%) | 6%(101%) | 7%(102%) | 7%(102%) | 9%(103%) | 12%(105%) | 22%(111%) | 63%(122%) |
| 2018年4月4日 | 1%(100%) | 66%(125%) | 11%(104%) | 3%(100%) | 5%(100%) | 6%(101%) | 6%(102%) | 8%(103%) | 9%(103%) | 13%(104%) | 21%(115%) | 62%(122%) |
| 2018年4月9日 | 1%(100%) | 66%(123%) | 12%(105%) | 4%(100%) | 5%(101%) | 6%(101%) | 7%(102%) | 8%(103%) | 10%(104%) | 12%(107%) | 24%(120%) | 64%(122%) |
| 2018年4月10日 | 1%(100%) | 66%(124%) | 11%(104%) | 4%(100%) | 5%(100%) | 6%(101%) | 7%(102%) | 9%(102%) | 10%(103%) | 13%(105%) | 21%(109%) | 63%(122%) |
| 2018年4月11日 | 1%(100%) | 66%(124%) | 11%(103%) | 3%(100%) | 5%(100%) | 6%(101%) | 7%(102%) | 8%(103%) | 10%(103%) | 14%(105%) | 23%(108%) | 40%(121%) |
| 2018年4月12日 | 1%(100%) | 65%(124%) | 10%(104%) | 3%(100%) | 4%(101%) | 6%(101%) | 6%(102%) | 8%(103%) | 9%(103%) | 13%(105%) | 21%(110%) | 41%(122%) |
| 2018年4月13日 | 1%(100%) | 66%(126%) | 10%(104%) | 3%(100%) | 4%(100%) | 5%(10v1%) | 6%(101%) | 7%(103%) | 9%(103%) | 12%(105%) | 19%(113%) | 37%(122%) |
| 2018年4月16日 | 1%(100%) | 65%(125%) | 10%(103%) | 4%(100%) | 4%(100%) | 6%(101%) | 7%(101%) | 7%(102%) | 9%(103%) | 12%(104%) | 15%(109%) | 36%(122%) |

续表

记忆深度为1700

| 日期 | 最小值 | 最大值 | 均值 | 20%分位点 | 30%分位点 | 40%分位点 | 50%分位点 | 60%分位点 | 70%分位点 | 80%分位点 | 90%分位点 | 95%分位点 |
|---|---|---|---|---|---|---|---|---|---|---|---|---|
| 2018年4月17日 | 1%(100%) | 67%(122%) | 11%(104%) | 4%(100%) | 5%(101%) | 6%(101%) | 6%(102%) | 7%(103%) | 9%(103%) | 13%(106%) | 20%(110%) | 62%(122%) |
| 2018年4月18日 | 1%(100%) | 65%(128%) | 10%(104%) | 3%(100%) | 4%(100%) | 5%(101%) | 6%(101%) | 7%(103%) | 9%(103%) | 11%(105%) | 20%(111%) | 41%(122%) |
| 2018年4月19日 | 1%(100%) | 65%(123%) | 10%(104%) | 3%(100%) | 4%(100%) | 5%(101%) | 6%(102%) | 7%(102%) | 9%(104%) | 12%(106%) | 17%(110%) | 41%(122%) |
| 2018年4月20日 | 1%(100%) | 65%(126%) | 9%(103%) | 3%(100%) | 4%(100%) | 5%(101%) | 6%(101%) | 7%(102%) | 9%(103%) | 11%(104%) | 16%(109%) | 26%(122%) |
| 2018年4月23日 | 1%(100%) | 64%(125%) | 10%(104%) | 3%(100%) | 4%(100%) | 6%(101%) | 7%(101%) | 8%(102%) | 10%(103%) | 14%(106%) | 18%(109%) | 26%(122%) |
| 2018年4月24日 | 1%(100%) | 65%(125%) | 10%(104%) | 3%(100%) | 4%(101%) | 5%(101%) | 7%(102%) | 9%(102%) | 10%(103%) | 12%(105%) | 20%(113%) | 44%(122%) |
| 2018年4月25日 | 1%(100%) | 65%(125%) | 11%(103%) | 4%(100%) | 4%(100%) | 6%(101%) | 7%(102%) | 9%(103%) | 10%(103%) | 13%(104%) | 21%(108%) | 32%(122%) |
| 2018年4月26日 | 1%(100%) | 64%(123%) | 11%(103%) | 4%(100%) | 6%(101%) | 7%(101%) | 8%(102%) | 9%(103%) | 10%(103%) | 14%(105%) | 21%(109%) | 34%(122%) |
| 2018年4月27日 | 1%(100%) | 64%(125%) | 11%(104%) | 4%(100%) | 5%(100%) | 6%(101%) | 7%(102%) | 9%(103%) | 10%(103%) | 13%(105%) | 18%(109%) | 41%(122%) |
| 2018年5月2日 | 1%(100%) | 65%(126%) | 10%(104%) | 4%(100%) | 5%(101%) | 6%(101%) | 7%(102%) | 9%(103%) | 11%(103%) | 12%(106%) | 19%(113%) | 35%(122%) |

注：括号外为初始保证金比例，括号内为维持保证金比例。

## 表6-7 状态空间数据数为75时80只股票30个交易日保证金组合比例的分位点分析（2018年3月16日~2018年5月2日）

| 最小值 | 均值 | 20%分位点 | 30%分位点 | 40%分位点 | 50%分位点 | 60%分位点 | 70%分位点 | 80%分位点 | 90%分位点 | 95%分位点 |
|---|---|---|---|---|---|---|---|---|---|---|
| 记忆深度为800 | | | | | | | | | | |
| 1%(100%) | 21%(109%) | 4%(100%) | 6%(101%) | 8%(102%) | 10%(104%) | 14%(106%) | 20%(120%) | 58%(122%) | 65%(123%) | 68%(128%) |
| 记忆深度为1100 | | | | | | | | | | |
| 1%(100%) | 13%(105%) | 4%(100%) | 5%(101%) | 7%(102%) | 8%(103%) | 10%(104%) | 13%(105%) | 18%(108%) | 32%(122%) | 65%(123%) |
| 记忆深度为1400 | | | | | | | | | | |
| 1%(100%) | 11%(104%) | 3%(100%) | 4%(101%) | 6%(101%) | 7%(102%) | 9%(103%) | 11%(105%) | 14%(107%) | 22%(119%) | 43%(122%) |
| 记忆深度为1700 | | | | | | | | | | |
| 1%(100%) | 11%(104%) | 3%(100%) | 4%(100%) | 6%(101%) | 7%(102%) | 9%(103%) | 11%(103%) | 15%(106%) | 24%(115%) | 26%(122%) |

注：括号外为初始保证金比例，括号内为维持保证金比例。

## 表6-8 状态空间数据数为75时80只股票30个交易日不同记忆深度下保证金的计算情况（2018年3月16日~2018年5月2日）

| 记忆深度 | 800 | 1100 | 1400 | 1700 |
|---|---|---|---|---|
| 无法计算的保证金总数 | 272 | 259 | 291 | 277 |

金比例是随个股特征和市场状况的变化而改变的。如记忆深度为1100时，2018年3月16日80只股票初始（维持）保证金比例的最小值为1%（100%），最大值为68%（126%），均值为13%（105%）。2018年3月19日这些数值则分别变为1%（100%）、68%（122%）、12%（104%）。最后，同样在通常情况下研究期内法定保证金比例高于本法得出的保证金比例。如表6-7所示，在所有的记忆深度中，80只股票30个交易日初始（维持）保证金比例的均值皆低于目前的法定保证金水平100%（130%）。

表6-8进一步列示了不同记忆深度下80只股票30个交易日无法计算的保证金总数。从表6-8中可以看出随记忆深度的增大，无法计算的保证金总数呈波动状态。当记忆深度到达1100时，上述值到达最低——259，约占保证金总数的5.4%［272/（2400×2）］。

综上所述，我们认为记忆深度与状态空间数据数的取值均会影响保证金比例的计算。其值过大或过小都会导致结论产生偏差。这与以往文献得出的马尔可夫模型参数的选择对研究结果有重要影响的结论一致（岳朝龙和王琳，1999）。另外我们认为当记忆深度（状态空间数据数）为1100（75）左右时，可能存在保证金组合使得绝大多数股票在所有交易日样本期内均能达到预先设定的CPNR值。选择合适的记忆深度及状态空间数据数的方法有待进一步研究。

为判断得出的保证金组合是否能通过样本外检验，根据本章第四节所述，我们采用移动窗口法选取融资交易日后的某一时间段进行观测。若券商强制平仓后出现损失的概率低于或等于事先设定的CPNR，则称该股票在该CPNR下可以通过样本外数据检验（详见本章第四节）。以记忆深度为1100、状态空间数据数为75的情况为例，我们对80只股票进行样本外测试，发现48只股票能通过上述检验（且不存在任一交易日保证金无法计算的情况）。表6-9、表6-10重新列示了保证金组合分位点的统计分析结果。从表6-10中我们发现，48只股票30个交易日初始（维持）保证金比例的最小值为1%（100%），最大值为68%（133%），均

第六章 融资保证金比例的优化设置和动态调整

表6-9 记忆深度为1100、状态空间数据数为75时48只股票每一交易日保证金组合比例的分位点分析
（2018年3月16日~2018年5月2日）

| 日期 | 最小值 | 最大值 | 均值 | 20%分位点 | 30%分位点 | 40%分位点 | 50%分位点 | 60%分位点 | 70%分位点 | 80%分位点 | 90%分位点 | 95%分位点 |
|---|---|---|---|---|---|---|---|---|---|---|---|---|
| 2018年3月16日 | 1%(100%) | 63%(126%) | 12%(104%) | 5%(101%) | 6%(101%) | 7%(102%) | 10%(103%) | 12%(103%) | 14%(104%) | 17%(106%) | 24%(115%) | 37%(120%) |
| 2018年3月19日 | 1%(100%) | 63%(122%) | 12%(104%) | 5%(100%) | 7%(101%) | 8%(102%) | 10%(102%) | 10%(103%) | 14%(104%) | 16%(105%) | 22%(108%) | 37%(116%) |
| 2018年3月20日 | 1%(100%) | 65%(130%) | 13%(105%) | 5%(101%) | 7%(101%) | 8%(102%) | 10%(103%) | 11%(103%) | 14%(104%) | 16%(107%) | 26%(117%) | 54%(123%) |
| 2018年3月21日 | 3%(100%) | 67%(131%) | 15%(105%) | 5%(101%) | 7%(101%) | 8%(102%) | 10%(103%) | 11%(103%) | 15%(104%) | 17%(106%) | 31%(117%) | 64%(122%) |
| 2018年3月22日 | 2%(100%) | 67%(130%) | 15%(105%) | 6%(100%) | 7%(101%) | 8%(102%) | 9%(103%) | 11%(104%) | 14%(104%) | 18%(105%) | 30%(121%) | 64%(124%) |
| 2018年3月23日 | 2%(100%) | 66%(127%) | 15%(106%) | 5%(101%) | 6%(102%) | 8%(103%) | 10%(103%) | 11%(104%) | 15%(105%) | 17%(109%) | 45%(122%) | 64%(123%) |
| 2018年3月26日 | 1%(100%) | 67%(127%) | 14%(106%) | 5%(101%) | 6%(102%) | 7%(102%) | 8%(103%) | 11%(104%) | 12%(105%) | 16%(110%) | 44%(122%) | 64%(122%) |
| 2018年3月27日 | 2%(100%) | 67%(127%) | 15%(106%) | 5%(101%) | 7%(102%) | 7%(103%) | 8%(103%) | 11%(104%) | 14%(106%) | 20%(107%) | 44%(121%) | 65%(122%) |
| 2018年3月28日 | 1%(100%) | 66%(125%) | 15%(106%) | 5%(100%) | 6%(102%) | 7%(103%) | 8%(103%) | 11%(104%) | 15%(106%) | 22%(108%) | 44%(122%) | 64%(122%) |
| 2018年3月29日 | 1%(100%) | 67%(125%) | 15%(106%) | 5%(101%) | 6%(102%) | 7%(103%) | 8%(103%) | 9%(104%) | 13%(105%) | 20%(108%) | 44%(121%) | 65%(124%) |
| 2018年3月30日 | 3%(100%) | 67%(127%) | 15%(105%) | 5%(100%) | 7%(101%) | 7%(102%) | 9%(103%) | 9%(104%) | 12%(105%) | 18%(107%) | 44%(121%) | 65%(122%) |

续表

| 日期 | 最小值 | 最大值 | 均值 | 20%分位点 | 30%分位点 | 40%分位点 | 50%分位点 | 60%分位点 | 70%分位点 | 80%分位点 | 90%分位点 | 95%分位点 |
|---|---|---|---|---|---|---|---|---|---|---|---|---|
| 2018年4月2日 | 2%(100%) | 67%(131%) | 15%(106%) | 5%(101%) | 6%(102%) | 7%(103%) | 8%(103%) | 10%(104%) | 13%(106%) | 23%(107%) | 45%(121%) | 65%(122%) |
| 2018年4月3日 | 1%(100%) | 66%(126%) | 15%(107%) | 4%(101%) | 6%(102%) | 7%(103%) | 9%(103%) | 10%(105%) | 15%(106%) | 22%(110%) | 44%(122%) | 65%(124%) |
| 2018年4月4日 | 3%(100%) | 65%(132%) | 15%(106%) | 5%(101%) | 7%(102%) | 8%(102%) | 9%(103%) | 10%(104%) | 12%(106%) | 20%(109%) | 44%(122%) | 65%(124%) |
| 2018年4月9日 | 1%(100%) | 68%(132%) | 16%(107%) | 5%(101%) | 6%(102%) | 8%(103%) | 8%(103%) | 9%(105%) | 12%(107%) | 20%(117%) | 61%(122%) | 65%(125%) |
| 2018年4月10日 | 1%(100%) | 66%(131%) | 14%(106%) | 4%(101%) | 6%(102%) | 7%(102%) | 8%(103%) | 9%(103%) | 12%(105%) | 16%(106%) | 31%(122%) | 66%(124%) |
| 2018年4月11日 | 1%(100%) | 66%(124%) | 15%(105%) | 5%(100%) | 7%(102%) | 8%(103%) | 9%(103%) | 10%(103%) | 13%(105%) | 20%(108%) | 45%(121%) | 66%(122%) |
| 2018年4月12日 | 1%(100%) | 65%(131%) | 14%(106%) | 5%(101%) | 6%(102%) | 7%(102%) | 8%(103%) | 9%(103%) | 12%(105%) | 19%(106%) | 45%(122%) | 65%(122%) |
| 2018年4月13日 | 1%(100%) | 66%(131%) | 15%(106%) | 5%(101%) | 6%(102%) | 7%(103%) | 8%(103%) | 10%(104%) | 13%(106%) | 19%(106%) | 45%(122%) | 65%(122%) |
| 2018年4月16日 | 1%(100%) | 65%(123%) | 14%(106%) | 5%(101%) | 6%(102%) | 7%(103%) | 7%(103%) | 8%(104%) | 12%(106%) | 17%(110%) | 44%(122%) | 65%(122%) |
| 2018年4月17日 | 1%(100%) | 67%(130%) | 15%(106%) | 5%(101%) | 6%(102%) | 7%(103%) | 8%(103%) | 9%(104%) | 13%(106%) | 17%(110%) | 61%(122%) | 65%(124%) |
| 2018年4月18日 | 2%(100%) | 66%(132%) | 16%(107%) | 5%(101%) | 7%(102%) | 7%(103%) | 9%(103%) | 9%(104%) | 13%(106%) | 18%(116%) | 61%(122%) | 65%(125%) |

第六章 融资保证金比例的优化设置和动态调整

续表

| 日期 | 最小值 | 最大值 | 均值 | 20%分位点 | 30%分位点 | 40%分位点 | 50%分位点 | 60%分位点 | 70%分位点 | 80%分位点 | 90%分位点 | 95%分位点 |
|---|---|---|---|---|---|---|---|---|---|---|---|---|
| 2018年4月19日 | 1%(100%) | 67%(131%) | 15%(106%) | 5%(101%) | 6%(102%) | 7%(103%) | 8%(103%) | 10%(104%) | 12%(105%) | 18%(110%) | 61%(122%) | 65%(123%) |
| 2018年4月20日 | 2%(100%) | 65%(123%) | 15%(106%) | 5%(101%) | 6%(102%) | 7%(102%) | 8%(103%) | 9%(104%) | 13%(106%) | 17%(110%) | 61%(122%) | 64%(122%) |
| 2018年4月23日 | 1%(100%) | 64%(122%) | 15%(106%) | 5%(101%) | 6%(102%) | 7%(103%) | 7%(103%) | 10%(104%) | 13%(106%) | 18%(109%) | 61%(122%) | 64%(122%) |
| 2018年4月24日 | 1%(100%) | 65%(132%) | 15%(106%) | 5%(101%) | 6%(102%) | 7%(102%) | 8%(103%) | 9%(104%) | 13%(106%) | 20%(110%) | 62%(122%) | 65%(122%) |
| 2018年4月25日 | 1%(100%) | 65%(124%) | 14%(106%) | 4%(101%) | 5%(102%) | 7%(102%) | 8%(103%) | 9%(104%) | 10%(106%) | 17%(109%) | 44%(122%) | 65%(122%) |
| 2018年4月26日 | 1%(100%) | 64%(133%) | 15%(106%) | 5%(101%) | 6%(102%) | 7%(102%) | 8%(103%) | 9%(104%) | 13%(106%) | 22%(109%) | 61%(122%) | 64%(122%) |
| 2018年4月27日 | 1%(100%) | 64%(132%) | 14%(107%) | 4%(101%) | 5%(102%) | 6%(103%) | 7%(104%) | 8%(104%) | 10%(106%) | 15%(119%) | 62%(122%) | 63%(126%) |
| 2018年5月2日 | 2%(100%) | 65%(132%) | 15%(107%) | 4%(101%) | 6%(102%) | 7%(103%) | 8%(104%) | 9%(105%) | 13%(107%) | 17%(116%) | 61%(122%) | 63%(123%) |

注：括号外为初始保证金比例，括号内为维持保证金比例。48 只股票包括浦发银行、华夏银行、民生银行、上港集团、宝钢股份、中国石化、南方航空、中信证券、招商银行、中国太保、中国建筑、保利地产、特变电工、贵州茅台、海通证券、长江电力、大秦铁路、西部矿业、中国铁建、交通银行、中国中铁、中国铝业、吉林敖东、上海电气、中煤能源、金钼股份、紫金矿业、中国银行、平安银行、深圳能源、中集集团、金融街、云南白药、泸州老窖、吉林敖东、格力电器、长江证券、华侨城A、潍柴动力、中联重科、一汽轿车、中国国安、中信能源、鞍钢股份、冀中能源、锡业股份、苏宁易购、宁波银行、金风科技。

## 表6-10 记忆深度为1100、状态空间数据数为75时48只股票每一交易日保证金组合比例的分位点分析（2018年3月16日~2018年5月2日）

| 最小值 | 均值 | 最大值 | 20%分位点 | 30%分位点 | 40%分位点 | 50%分位点 | 60%分位点 | 70%分位点 | 80%分位点 | 90%分位点 | 95%分位点 |
|---|---|---|---|---|---|---|---|---|---|---|---|
| 1%（100%） | 15%（106%） | 68%（133%） | 5%（101%） | 6%（102%） | 7%（102%） | 8%（103%） | 10%（104%） | 14%（106%） | 20%（110%） | 61%（122%） | 66%（125%） |

注：括号外为初始保证金比例，括号内为维持保证金比例。48只股票包括浦发银行、民生银行、上港集团、宝钢股份、中国石化、南方航空、中信证券、招商银行、保利地产、贵州茅台、海通证券、长江电力、大秦铁路、西部矿业、深圳能源、交通银行、中国中铁、中国铝业、中国太保、中国建筑、上海电气、中煤能源、金钼股份、中国银行、平安银行、中集集团、金融街、中国铁建、药、泸州老窖、吉林敖东、格力电器、紫金矿业、潍柴动力、中联重科、一汽轿车、中信国安、云南铜业、鞍钢股份、冀中能源、锡业股份、苏宁易购、宁波银行、长江证券、华侨城Ａ、金风科技。

## 表6-11 不同保证金系统下追缴保证金通知次数的分位点分析（2018年3月16日~2018年5月2日）

单位：次

| | 最小值 | 均值 | 最大值 | 20%分位点 | 30%分位点 | 40%分位点 | 50%分位点 | 60%分位点 | 70%分位点 | 80%分位点 | 90%分位点 | 95%分位点 |
|---|---|---|---|---|---|---|---|---|---|---|---|---|
| 导出保证金系统 | 0 | 1.010 | 5.341 | 0.612 | 0.733 | 0.866 | 0.977 | 1.288 | 1.477 | 2.135 | 4.012 | 4.441 |
| 法定保证金系统 | 0 | 3.545 | 9.022 | 2.944 | 3.017 | 3.135 | 3.321 | 3.543 | 3.779 | 4.441 | 6.779 | 7.021 |

## 表6-12 不同保证金系统下融资合约成本的分位点分析（2018年3月16日~2018年5月2日）

单位：元

| | 最小值 | 均值 | 最大值 | 20%分位点 | 30%分位点 | 40%分位点 | 50%分位点 | 60%分位点 | 70%分位点 | 80%分位点 | 90%分位点 | 95%分位点 |
|---|---|---|---|---|---|---|---|---|---|---|---|---|
| 导出保证金系统 | 1.312 | 88.897 | 205.241 | 56.101 | 64.177 | 73.560 | 80.321 | 93.021 | 108.89 | 120.533 | 144.002 | 155.261 |
| 法定保证金系统 | 1.832 | 65.561 | 160.135 | 39.233 | 45.933 | 51.024 | 59.033 | 68.076 | 74.022 | 89.578 | 98.311 | 126.342 |

注：假设仅购买一份股票。融资合约成本是指投资者开始缴纳的初始保证金和合约期内追缴的保证金总数。

值为15%（106%），80%分位点为20%（110%），95%分位点为66%（125%）。综合信息表明上述股票中无任何股票的初始保证金比例大于法定比例（100%），而仅有不到5%的股票维持保证金比例大于法定比例（130%）。

为更好地与当前的法定保证金比例进行对比，我们继续采用追缴保证金通知发出次数（券商的运营成本）及融资合约成本（投资者的融资成本）两项标准进行进一步检测。对于每一只股票我们都有30个观测值，在任一保证金系统下都可计算追缴保证金通知的发出次数，然后再对48只股票进行相应的分位点统计分析。与前相同，我们依然研究观测值的最小值，最大值，均值，20%、30%、40%、50%、60%、70%、80%、90%和95%分位点，具体结果见表6-11、表6-12。值得注意的是此处的融资合约成本，即融资交易方签订一定期限的融资合约后，在该合约终止日需支付的总成本，包括合约开始时缴纳的初始保证金和合约期内追缴的保证金，主要受初始保证金比例、合约的市值、维持担保比例、合约期内股价的变动以及风险利率的影响。

假设我们仅购买一份股票，同样以均值为例，在本书的计算方法下导出的保证金系统将导致88.897元的合约成本，高出法定保证金系统合约成本约36%（导出的保证金比例均低于法定保证金比例，投资者起初只需缴纳较少的保证金金额。但由于市场状况变化，维持保证金低于规定水平的概率较高，导致合约期内需追缴更多的保证金弥补损失，因此前者总的合约成本更高）。而以合约期内发出催缴保证金的通知次数为评判标准，前者将低于后者约72%（假设1次追缴通知需耗费1元成本，前者可比后者节约72%的成本）。换言之，通过对两种保证金系统下追缴保证金通知发出次数及融资合约成本的统计分析，我们可以得出导出保证金系统比法定保证金系统多耗费约36%的融资成本，但能使营运成本降低约72%，即综合来说导出保证金系统比法定保证金系统更具备成本优势。

上述讨论皆表明本书的设计思路、方法有助于更好地解决我国融资保证金比例的设置及调整问题。具体而言，本书采用券商平仓后出现损失的条件概率作为风险控制的量化政策目标，简单明了，可操作性强，便于交易所和券商长期贯彻执行。与实业界采用的 SPAN、TIMS 系统类似，本书得出的保证金比例具有动态性，可以根据利率、市场状况、证券价格波动、市场竞争因素的变化而不断调整，但这与以往文献关于保证金不宜频繁变更的结论不同（如第五章第三节所述）。原因可归咎于二者处理问题的立足点不同：后者是从设置保证金的初衷，即控制市场波动的风险出发的，而前者主要是基于防范违约风险的角度。

本章重点研究了融资保证金比例的优化设置及动态调整问题。本章从风险控制目标的选择及理论研究中存在的实际问题出发，对设置合理的保证金比例进行了详细探讨。在此基础上通过借鉴 Figlewski（1984）及 Huang 等（2012）的研究，提出将券商通过强行平仓获得负收益的条件概率作为风险度量指标来设置保证金体系的方法。通过实证数据，我们发现在使用马尔可夫链描述标的资产价格变化过程时，记忆深度和空间状态数据数均会对保证金比例产生影响。更重要的是通过上述方法导出的保证金系统要优于目前的法定保证金系统，因此更适合操作使用：①鉴于风险控制目标的选择，前者有助于实现市场流动性和系统风险间的平衡；②与后者相比，前者综合成本更低。下一章将继续研究如何根据保证金比例确立合理的融资规模。

# 第七章
# 融资保证金比例调整的市场效应

设置融资保证金的初衷之一在于防止不具备股市投资经验的投资者过度使用杠杆头寸进行投机。从理论上来说，保证金的增加（减少）会提高（降低）投资者的购买成本，增加（减少）其投机性的购买行为，进而导致总融资交易量（额）的减少（增加）。对于该关系是否能得到实证数据的支持，目前学术界观点不一。研究融资保证金比例的调整与融资交易量（额）的关系对于新兴市场，特别是中国而言意义尤为重大：通过该研究，我们可对融资业务的合理规模进行量化，明确政府实际可允许的杠杆交易额度，便于更好地防范金融风险。在我国金融市场还未完善的情况下，建立融资业务的"天花板"制度是非常有必要的。因此本章将探讨融资保证金比例的调整对融资交易量（额）的影响，以便为确立合理的融资业务规模提供依据。

## 第一节 实证模型的理论基础

融资交易量（额）通常被认为与保证金比例的外生变化呈负相关关

系。但现有文献多数关注的是保证金的内源变化。Telser（1981）明确指出融资交易量的外生增长将导致衍生品合约数量的减少。但市场条件变化引发的保证金的内源变化不会对交易量产生任何影响。Fishe 和 Goldberg（1986）及 Hartzmark（1986）把保证金的内源变化看成外生变化，因而未发现保证金比例的调整与融资交易量变化的相关关系。

理论及实证研究皆表明保证金的内源变化不应该会影响融资交易量。Cornell（1981）进一步指出如果没有不确定性，衍生品交易就没有存在的必要。不确定性为衍生品交易提供了两类动机：不同的风险偏好和对标的资产未来价值的不同判断促使交易双方通过签订合约转移风险，增加效用。不确定性的增加会导致对冲风险的交易量增加。Rutledge（1979）发现交易量随价格波动的增加（减少）而增加（减少），与之前的假设一致。同时如果保证金委员会能准确预测波动率何时上升，他们将会审慎地提高保证金水平（Chatrath et al.，2001）。而如果保证金的增加对交易者而言是一种成本，则我们预期其会减少交易量。由于两种力量反向作用于融资交易量，最后导致保证金增加的效应不明确。

以期货市场为例，客户账户保证金用尽的概率可表示为（Gay et al.，1986）：

$$Z = 2\left[1 - \Phi\left(\frac{M}{\sigma\sqrt{T}}\right)\right] \quad (7-1)$$

其中 $\Phi(\cdot)$ 为累积分布函数，$\sigma$ 是期货合约价格的标准差，$M$ 为保证金比例，$T$ 为结算频率。鉴于期货市场有"逐日盯市"的惯例，公式（7-1）可简化为：

$$Z = 2\left[1 - \Phi\left(\frac{M}{\sigma}\right)\right] \quad (7-2)$$

公式（7-2）将 $\frac{保证金水平}{价格波动}$ 与违约概率联系在一起。理论及实证研究均表明对于同一份合约，$Z$ 值是稳定的（Gay et al.，1986）。

$\frac{M}{\sigma}$ 表示对期货合约违约的选择权。如公式（7-2）所示，客户账户保证金用尽的概率 $Z$ 随 $\frac{M}{\sigma}$ 的变化反向变化。换言之，客户违约选择权的价值与 $Z$ 同向变化，而与 $\frac{M}{\sigma}$ 反向变化。Fishe 和 Goldberg（1986）认为客户违约选择权对于合同的购买方而言极具价值，选择权价值的提高（降低）会导致交易量的增加（减少）。因此进一步而言，$\frac{M}{\sigma}$ 应与交易量呈负相关关系。

此处使用 $\frac{M}{\sigma}$ 而非 $M$ 的原因如前所述，前者的变化可反映保证金的外生变化，而后者的变化只能反映内源变化。如果波动率提高（降低），保证金水平不变，由于相对于进行期货交易的潜在利益（$\sigma$），合约成本（$M$）更低（更高），我们预期交易量将增加（降低）。而波动率提高（降低），保证金委员会相应增加（减少）保证金比例，由于进行期货交易的潜在利益（$\sigma$）与合约成本（$M$）间的比例保持不变，我们预期交易量将不会发生变化。上述理论同样也适用于融资业务。

## 第二节 融资保证金比例调整效应的初步测试

在建立正式模型前，我们先简单地观察融资交易量（额）在保证金调整前后的变化。从融资试点启动至今，我国的保证金比例共调整过一次。因此我们将研究期细分为两个阶段。①阶段Ⅰ（2010年3月31日至2015年11月22日）：初始保证金为50%，维持担保比例为130%。②阶段Ⅱ（2015年11月23日至2018年5月2日）：初始保证金为100%，维持担保比例为130%。图7-1描绘了不同阶段所有股票融资交易量（额）的时序变化。

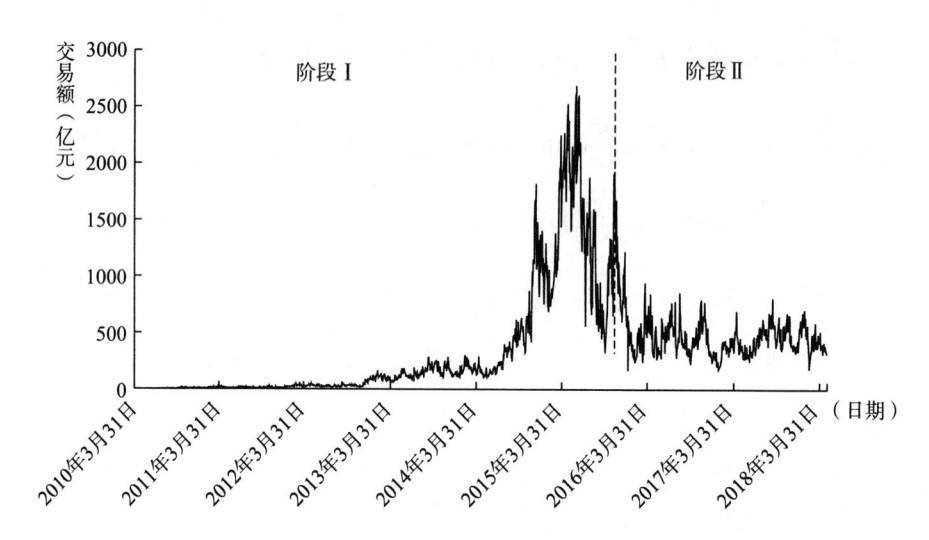

图 7-1  沪深两市融资交易总量（额）概况（2010 年 3 月 31 日～2018 年 5 月 2 日）
资料来源：WIND。

从图 7-1 中可以发现，在阶段Ⅰ中由于股市表现低迷，融资交易在业务开展初期缺乏活力，一直在低位徘徊。从 2014 年开始呈上升趋势，至 2015 年达到最高点。当初始保证金比例提高至 100% 后，在阶段Ⅱ中融资交易量（额）及其波动率呈显著下降趋势。表 7-1 进一步列示了不同阶段沪深两市融资交易总量（额）及 82 只时间可追溯至融资试点启动且迄今依然为标的股的股票统计结果。

从表 7-1 中我们可以发现以下现象，首先，仅有浦发银行、上港集团、中联重科三只股票融资交易量（额）的中位数和波动率在两阶段中存在显著区别，且阶段Ⅰ中的相关数值明显高于阶段Ⅱ，印证了保证金比例与融资交易量（额）存在负相关关系这一理论。其次，剩余的绝大多数股票（包括沪深两市所有股票）融资交易量（额）的中位数和波动率虽在两阶段中存在显著区别，但阶段Ⅰ的中位数明显低于阶段Ⅱ。这意味着保证金比例提高，融资交易量（额）不降反而升，因此与上述理论相悖。造成该现象的原因可能是：①变量选择误差；②样本选择偏差（Sample Selection Bias）。

表 7-1 不同阶段融资交易量（额）统计结果（2010 年 3 月 31 日 ~ 2015 年 11 月 20 日同 2015 年 11 月 23 日 ~ 2018 年 5 月 2 日两阶段对比）

| 股票名称 | 时间段 | 中位数① | 标准差 |
|---|---|---|---|
| | 单位：亿元 | | |
| 沪深两市所有标的股 | 阶段Ⅰ | 78.126 | 541.668 |
| | 阶段Ⅱ | 441.066 | 154.520 |
| | Wilkoxon 秩和检验统计值 | -21.026*** | |
| | Levene 方差齐性检验统计值② | 279.303*** | |
| | 上海证券交易所（单位：万元） | | |
| 浦发银行（600000） | 阶段Ⅰ | 8802.787 | 43140.196 |
| | 阶段Ⅱ | 4470.287 | 11837.993 |
| | **Wilkoxon 秩和检验统计值** | **5.007***  | |
| | **Levene 方差齐性检验统计值** | **250.930*** | |
| 华夏银行（600015） | 阶段Ⅰ | 2433.077 | 14517.613 |
| | 阶段Ⅱ | 5107.363 | 5022.473 |
| | Wilkoxon 秩和检验统计值 | -12.303*** | |
| | Levene 方差齐性检验统计值 | 143.087*** | |
| 民生银行（600016） | 阶段Ⅰ | 6327.157 | 34564.206 |
| | 阶段Ⅱ | 9964.677 | 15678.504 |
| | Wilkoxon 秩和检验统计值 | -6.526*** | |
| | Levene 方差齐性检验统计值 | 110.603*** | |
| **上港集团（600018）** | 阶段Ⅰ | 5241.336 | 11899.691 |
| | 阶段Ⅱ | 1746.937 | 4777.324 |
| | **Wilkoxon 秩和检验统计值** | **12.272*** | |
| | **Levene 方差齐性检验统计值** | **249.578*** | |
| 宝钢股份（600019） | 阶段Ⅰ | 924.941 | 11018.824 |
| | 阶段Ⅱ | 6097.896 | 8385.991 |
| | Wilkoxon 秩和检验统计值 | -21.474*** | |
| | Levene 方差齐性检验统计值 | 3.0411* | |
| 中国石化（600028） | 阶段Ⅰ | 1347.272 | 34446.567 |
| | 阶段Ⅱ | 7564.349 | 9570.399 |
| | Wilkoxon 秩和检验统计值 | -17.977*** | |
| | Levene 方差齐性检验统计值 | 182.530*** | |

续表

| 股票名称 | 时间段 | 中位数 | 标准差 |
|---|---|---|---|
| 上海证券交易所（单位：万元） | | | |
| 南方航空<br>(600029) | 阶段Ⅰ | 1077.831 | 19546.238 |
| | 阶段Ⅱ | 7909.543 | 8066.334 |
| | Wilkoxon 秩和检验统计值 | -18.616*** | |
| | Levene 方差齐性检验统计值 | 121.327*** | |
| 中信证券<br>(600030) | 阶段Ⅰ | 11121.891 | 130509.824 |
| | 阶段Ⅱ | 31240.058 | 38366.479 |
| | Wilkoxon 秩和检验统计值 | -14.590*** | |
| | Levene 方差齐性检验统计值 | 161.306*** | |
| 招商银行<br>(600036) | 阶段Ⅰ | 4614.297 | 27924.318 |
| | 阶段Ⅱ | 7021.361 | 10507.738 |
| | Wilkoxon 秩和检验统计值 | -5.950*** | |
| | Levene 方差齐性检验统计值 | 96.148*** | |
| 保利地产<br>(600048) | 阶段Ⅰ | 3671.759 | 24983.384 |
| | 阶段Ⅱ | 10903.863 | 14150.092 |
| | Wilkoxon 秩和检验统计值 | -14.927*** | |
| | Levene 方差齐性检验统计值 | 38.273*** | |
| 中国联通<br>(600050) | 阶段Ⅰ | 3202.235 | 30793.613 |
| | 阶段Ⅱ | 14071.746 | 25178.491 |
| | Wilkoxon 秩和检验统计值 | -16.830*** | |
| | Levene 方差齐性检验统计值 | 0.773 | |
| 特变电工<br>(600089) | 阶段Ⅰ | 3256.300 | 15632.170 |
| | 阶段Ⅱ | 4894.919 | 5252.199 |
| | Wilkoxon 秩和检验统计值 | -7.884*** | |
| | Levene 方差齐性检验统计值 | 128.226*** | |
| 上汽集团<br>(600104) | 阶段Ⅰ | 1975.416 | 10941.975 |
| | 阶段Ⅱ | 4703.298 | 5941.248 |
| | Wilkoxon 秩和检验统计值 | -12.633*** | |
| | Levene 方差齐性检验统计值 | 44.288*** | |

续表

| 股票名称 | 时间段 | 中位数 | 标准差 |
|---|---|---|---|
| 上海证券交易所（单位：万元） | | | |
| 振华重工<br>(600320) | 阶段 I | 567.099 | 7035.511 |
| | 阶段 II | 1033.326 | 1477.390 |
| | Wilkoxon 秩和检验统计值 | -3.309*** | |
| | Levene 方差齐性检验统计值 | 365.985*** | |
| 江西铜业<br>(600362) | 阶段 I | 2201.113 | 8885.748 |
| | 阶段 II | 11762.304 | 11810.653 |
| | Wilkoxon 秩和检验统计值 | -22.100*** | |
| | Levene 方差齐性检验统计值 | -39.503*** | |
| 金地集团<br>(600383) | 阶段 I | 1650.908 | 6970.750 |
| | 阶段 II | 3861.132 | 10661.748 |
| | Wilkoxon 秩和检验统计值 | -13.323*** | |
| | Levene 方差齐性检验统计值 | -47.189*** | |
| 中金黄金<br>(600489) | 阶段 I | 1436.795 | 8740.639 |
| | 阶段 II | 8259.964 | 12158.565 |
| | Wilkoxon 秩和检验统计值 | -22.319*** | |
| | Levene 方差齐性检验统计值 | -42.428*** | |
| 贵州茅台<br>(600519) | 阶段 I | 4117.977 | 8827.730 |
| | 阶段 II | 12911.716 | 24307.437 |
| | Wilkoxon 秩和检验统计值 | -21.279*** | |
| | Levene 方差齐性检验统计值 | -425.035*** | |
| 山东黄金<br>(600547) | 阶段 I | 2216.860 | 9073.123 |
| | 阶段 II | 13994.573 | 14508.816 |
| | Wilkoxon 秩和检验统计值 | -24.432*** | |
| | Levene 方差齐性检验统计值 | -122.683*** | |
| 北大荒<br>(600598) | 阶段 I | 1130.094 | 4577.165 |
| | 阶段 II | 3948.529 | 5761.711 |
| | Wilkoxon 秩和检验统计值 | -13.037*** | |
| | Levene 方差齐性检验统计值 | -7.323*** | |

续表

| 股票名称 | 时间段 | 中位数 | 标准差 |
|---|---|---|---|
| 上海证券交易所（单位：万元） | | | |
| 辽宁成大<br>(600739) | 阶段Ⅰ | 3961.854 | 16687.282 |
| | 阶段Ⅱ | 4720.800 | 10748.010 |
| | Wilkoxon 秩和检验统计值 | -2.761*** | |
| | Levene 方差齐性检验统计值 | 28.984*** | |
| 国电电力<br>(600795) | 阶段Ⅰ | 946.878 | 29180.349 |
| | 阶段Ⅱ | 3732.887 | 4705.762 |
| | Wilkoxon 秩和检验统计值 | -15.653*** | |
| | Levene 方差齐性检验统计值 | 162.958*** | |
| 海通证券<br>(600837) | 阶段Ⅰ | 7054.617 | 65646.058 |
| | 阶段Ⅱ | 5826.149 | 10417.655 |
| | Wilkoxon 秩和检验统计值 | 0.564 | |
| | Levene 方差齐性检验统计值 | 244.179*** | |
| 长江电力<br>(600900) | 阶段Ⅰ | 920.031 | 8772.771 |
| | 阶段Ⅱ | 2607.905 | 3163.406 |
| | Wilkoxon 秩和检验统计值 | -14.820*** | |
| | Levene 方差齐性检验统计值 | 61.581*** | |
| 大秦铁路<br>(601006) | 阶段Ⅰ | 1589.986 | 15530.882 |
| | 阶段Ⅱ | 4076.710 | 4014.402 |
| | Wilkoxon 秩和检验统计值 | -15.221*** | |
| | Levene 方差齐性检验统计值 | 130.749*** | |
| 中国神华<br>(601088) | 阶段Ⅰ | 2117.231 | 17543.124 |
| | 阶段Ⅱ | 4813.517 | 6727.927 |
| | Wilkoxon 秩和检验统计值 | -13.032*** | |
| | Levene 方差齐性检验统计值 | 77.026*** | |
| 中国国航<br>(601111) | 阶段Ⅰ | 654.107 | 10086.437 |
| | 阶段Ⅱ | 4178.068 | 3931.299 |
| | Wilkoxon 秩和检验统计值 | -21.652*** | |
| | Levene 方差齐性检验统计值 | 57.220*** | |

续表

| 股票名称 | 时间段 | 中位数 | 标准差 |
|---|---|---|---|
| 上海证券交易所（单位：万元） | | | |
| 兴业银行<br>(601166) | 阶段Ⅰ | 9660.611 | 52712.461 |
| | 阶段Ⅱ | 16942.394 | 28203.916 |
| | Wilkoxon 秩和检验统计值 | -8.897*** | |
| | Levene 方差齐性检验统计值 | 100.748*** | |
| 西部矿业<br>(601168) | 阶段Ⅰ | 1578.542 | 7127.916 |
| | 阶段Ⅱ | 4898.748 | 7342.355 |
| | Wilkoxon 秩和检验统计值 | -15.174*** | |
| | Levene 方差齐性检验统计值 | -1.046 | |
| 北京银行<br>(601169) | 阶段Ⅰ | 1837.812 | 21633.405 |
| | 阶段Ⅱ | 2821.884 | 6293.967 |
| | Wilkoxon 秩和检验统计值 | -7.280*** | |
| | Levene 方差齐性检验统计值 | 137.352*** | |
| 中国铁建<br>(601186) | 阶段Ⅰ | 1150.402 | 30306.538 |
| | 阶段Ⅱ | 6453.485 | 10181.318 |
| | Wilkoxon 秩和检验统计值 | -18.455*** | |
| | Levene 方差齐性检验统计值 | 103.425*** | |
| 中国平安<br>(601318) | 阶段Ⅰ | 10666.284 | 116364.698 |
| | 阶段Ⅱ | 32423.236 | 55225.482 |
| | Wilkoxon 秩和检验统计值 | -14.760*** | |
| | Levene 方差齐性检验统计值 | 81.743*** | |
| 交通银行<br>(601328) | 阶段Ⅰ | 2213.298 | 28098.205 |
| | 阶段Ⅱ | 6322.918 | 9098.891 |
| | Wilkoxon 秩和检验统计值 | -14.624*** | |
| | Levene 方差齐性检验统计值 | 138.227*** | |
| 中国中铁<br>(601390) | 阶段Ⅰ | 854.343 | 39101.868 |
| | 阶段Ⅱ | 4220.262 | 8180.353 |
| | Wilkoxon 秩和检验统计值 | -18.125*** | |
| | Levene 方差齐性检验统计值 | 143.990*** | |

续表

| 股票名称 | 时间段 | 中位数 | 标准差 |
|---|---|---|---|
| 上海证券交易所（单位：万元） | | | |
| 工商银行（601398） | 阶段Ⅰ | 522.888 | 22359.159 |
| | 阶段Ⅱ | 5306.098 | 8411.556 |
| | Wilkoxon 秩和检验统计值 | -19.772*** | |
| | Levene 方差齐性检验统计值 | 92.220*** | |
| 中国铝业（601600） | 阶段Ⅰ | 841.247 | 16472.096 |
| | 阶段Ⅱ | 7194.425 | 15436.364 |
| | Wilkoxon 秩和检验统计值 | -20.075*** | |
| | Levene 方差齐性检验统计值 | 0.020 | |
| 中国太保（601601） | 阶段Ⅰ | 1760.576 | 23879.878 |
| | 阶段Ⅱ | 3873.069 | 4915.740 |
| | Wilkoxon 秩和检验统计值 | -8.978*** | |
| | Levene 方差齐性检验统计值 | 185.402*** | |
| 中国人寿（601628） | 阶段Ⅰ | 1547.392 | 28958.145 |
| | 阶段Ⅱ | 4234.485 | 5254.435 |
| | Wilkoxon 秩和检验统计值 | -15.003*** | |
| | Levene 方差齐性检验统计值 | 174.732*** | |
| 中国建筑（601668） | 阶段Ⅰ | 2230.705 | 51492.252 |
| | 阶段Ⅱ | 22671.470 | 44200.282 |
| | Wilkoxon 秩和检验统计值 | -22.587*** | |
| | Levene 方差齐性检验统计值 | 0.243 | |
| 上海电气（601727） | 阶段Ⅰ | 258.974 | 34061.866 |
| | 阶段Ⅱ | 2322.695 | 3991.798 |
| | Wilkoxon 秩和检验统计值 | -5.762*** | |
| | Levene 方差齐性检验统计值 | 221.690*** | |
| 中国中车（601766） | 阶段Ⅰ | 1647.285 | 42837.112 |
| | 阶段Ⅱ | 8976.749 | 16327.645 |
| | Wilkoxon 秩和检验统计值 | -22.608*** | |
| | Levene 方差齐性检验统计值 | 79.409*** | |

续表

| 股票名称 | 时间段 | 中位数 | 标准差 |
|---|---|---|---|
| 上海证券交易所（单位：万元） | | | |
| 中国石油<br>(601857) | 阶段Ⅰ | 1026.925 | 21871.619 |
| | 阶段Ⅱ | 3954.203 | 3628.616 |
| | Wilkoxon 秩和检验统计值 | -17.362*** | |
| | Levene 方差齐性检验统计值 | 214.730*** | |
| 中煤能源<br>(601898) | 阶段Ⅰ | 714.519 | 8619.394 |
| | 阶段Ⅱ | 1507.398 | 2135.867 |
| | Wilkoxon 秩和检验统计值 | -11.606*** | |
| | Levene 方差齐性检验统计值 | 124.358*** | |
| 紫金矿业<br>(601899) | 阶段Ⅰ | 1307.800 | 11697.486 |
| | 阶段Ⅱ | 6786.102 | 12018.975 |
| | Wilkoxon 秩和检验统计值 | -21.426*** | |
| | Levene 方差齐性检验统计值 | -8.465*** | |
| 中远海控<br>(601919) | 阶段Ⅰ | 506.102 | 16312.086 |
| | 阶段Ⅱ | 3128.987 | 4007.759 |
| | Wilkoxon 秩和检验统计值 | -17.869*** | |
| | Levene 方差齐性检验统计值 | 112.484*** | |
| 建设银行<br>(601939) | 阶段Ⅰ | 534.554 | 16683.983 |
| | 阶段Ⅱ | 4589.316 | 6461.595 |
| | Wilkoxon 秩和检验统计值 | -21.784*** | |
| | Levene 方差齐性检验统计值 | 89.524*** | |
| 金钼股份<br>(601958) | 阶段Ⅰ | 1152.354 | 5094.019 |
| | 阶段Ⅱ | 1804.462 | 3267.710 |
| | Wilkoxon 秩和检验统计值 | -7.999*** | |
| | Levene 方差齐性检验统计值 | 18.513*** | |
| 中国银行<br>(601988) | 阶段Ⅰ | 384.875 | 48898.135 |
| | 阶段Ⅱ | 7704.488 | 8295.120 |
| | Wilkoxon 秩和检验统计值 | -22.616*** | |
| | Levene 方差齐性检验统计值 | 214.411*** | |

续表

| 股票名称 | 时间段 | 中位数 | 标准差 |
|---|---|---|---|
| 深圳证券交易所（单位：万元） | | | |
| 平安银行<br>(000001) | 阶段Ⅰ | 6063.469 | 21261.081 |
| | 阶段Ⅱ | 10184.507 | 14114.259 |
| | Wilkoxon 秩和检验统计值 | −10.097*** | |
| | Levene 方差齐性检验统计值 | 29.274*** | |
| 万科 A<br>(000002) | 阶段Ⅰ | 3582.590 | 28106.616 |
| | 阶段Ⅱ | 15859.157 | 31332.113 |
| | Wilkoxon 秩和检验统计值 | −18.604*** | |
| | Levene 方差齐性检验统计值 | −14.710*** | |
| 深圳能源<br>(000027) | 阶段Ⅰ | 881.976 | 6852.849 |
| | 阶段Ⅱ | 1064.920 | 1769.331 |
| | Wilkoxon 秩和检验统计值 | −1.363 | |
| | Levene 方差齐性检验统计值 | 287.002*** | |
| 中集集团<br>(000039) | 阶段Ⅰ | 1934.371 | 10097.913 |
| | 阶段Ⅱ | 3681.307 | 4249.201 |
| | Wilkoxon 秩和检验统计值 | −11.558*** | |
| | Levene 方差齐性检验统计值 | 62.851*** | |
| 中金岭南<br>(000060) | 阶段Ⅰ | 792.608 | 10511.460 |
| | 阶段Ⅱ | 8434.775 | 8978.585 |
| | Wilkoxon 秩和检验统计值 | −24.103*** | |
| | Levene 方差齐性检验统计值 | 0.153 | |
| 中兴通讯<br>(000063) | 阶段Ⅰ | 3008.477 | 21974.133 |
| | 阶段Ⅱ | 13820.158 | 21626.156 |
| | Wilkoxon 秩和检验统计值 | −17.963*** | |
| | Levene 方差齐性检验统计值 | 1.572 | |
| 华侨城 A<br>(000069) | 阶段Ⅰ | 1411.667 | 13337.261 |
| | 阶段Ⅱ | 3682.051 | 5391.408 |
| | Wilkoxon 秩和检验统计值 | −15.245*** | |
| | Levene 方差齐性检验统计值 | 81.908*** | |

续表

| 股票名称 | 时间段 | 中位数 | 标准差 |
|---|---|---|---|
| 深圳证券交易所（单位：万元） | | | |
| 中联重科<br>(000157) | 阶段Ⅰ | 2561.003 | 13216.622 |
| | 阶段Ⅱ | 2413.186 | 2444.894 |
| | Wilkoxon 秩和检验统计值 | 2.036** | |
| | Levene 方差齐性检验统计值 | 176.493*** | |
| 潍柴动力<br>(000338) | 阶段Ⅰ | 1870.586 | 10503.469 |
| | 阶段Ⅱ | 4266.246 | 4669.331 |
| | Wilkoxon 秩和检验统计值 | -13.925*** | |
| | Levene 方差齐性检验统计值 | 71.138*** | |
| 金融街<br>(000402) | 阶段Ⅰ | 1484.573 | 9392.875 |
| | 阶段Ⅱ | 4234.273 | 9350.166 |
| | Wilkoxon 秩和检验统计值 | -15.716*** | |
| | Levene 方差齐性检验统计值 | 0.314 | |
| 云南白药<br>(000538) | 阶段Ⅰ | 818.848 | 7263.425 |
| | 阶段Ⅱ | 2741.826 | 3076.380 |
| | Wilkoxon 秩和检验统计值 | -15.413*** | |
| | Levene 方差齐性检验统计值 | 88.030*** | |
| 泸州老窖<br>(000568) | 阶段Ⅰ | 1924.887 | 6843.395 |
| | 阶段Ⅱ | 4089.259 | 3379.915 |
| | Wilkoxon 秩和检验统计值 | -13.728*** | |
| | Levene 方差齐性检验统计值 | 42.875*** | |
| 吉林敖东<br>(000623) | 阶段Ⅰ | 2411.703 | 13734.544 |
| | 阶段Ⅱ | 7003.011 | 9308.385 |
| | Wilkoxon 秩和检验统计值 | -16.324*** | |
| | Levene 方差齐性检验统计值 | 49.779*** | |
| 铜陵有色<br>(000630) | 阶段Ⅰ | 1611.017 | 6202.283 |
| | 阶段Ⅱ | 3716.714 | 6985.291 |
| | Wilkoxon 秩和检验统计值 | -18.320*** | |
| | Levene 方差齐性检验统计值 | -49.542*** | |

续表

| 股票名称 | 时间段 | 中位数 | 标准差 |
|---|---|---|---|
| 深圳证券交易所（单位：万元） | | | |
| 格力电器<br>(000651) | 阶段Ⅰ | 2374.813 | 21551.397 |
| | 阶段Ⅱ | 30672.795 | 28955.357 |
| | Wilkoxon秩和检验统计值 | -24.519*** | |
| | Levene方差齐性检验统计值 | -29.120*** | |
| 河钢股份<br>(000709) | 阶段Ⅰ | 1086.468 | 11649.276 |
| | 阶段Ⅱ | 6733.849 | 21431.772 |
| | Wilkoxon秩和检验统计值 | -23.162*** | |
| | Levene方差齐性检验统计值 | -59.514*** | |
| 燕京啤酒<br>(000729) | 阶段Ⅰ | 635.084 | 3331.525 |
| | 阶段Ⅱ | 970.764 | 1310.046 |
| | Wilkoxon秩和检验统计值 | -7.199*** | |
| | Levene方差齐性检验统计值 | 99.211*** | |
| 中航飞机<br>(000768) | 阶段Ⅰ | 1078.980 | 17418.398 |
| | 阶段Ⅱ | 7467.284 | 7796.945 |
| | Wilkoxon秩和检验统计值 | -18.201*** | |
| | Levene方差齐性检验统计值 | 132.094*** | |
| 长江证券<br>(000783) | 阶段Ⅰ | 2488.332 | 26096.859 |
| | 阶段Ⅱ | 4525.399 | 8584.224 |
| | Wilkoxon秩和检验统计值 | -7.996*** | |
| | Levene方差齐性检验统计值 | 148.547*** | |
| 盐湖股份<br>(000792) | 阶段Ⅰ | 1715.972 | 6344.990 |
| | 阶段Ⅱ | 6981.027 | 14782.807 |
| | Wilkoxon秩和检验统计值 | -23.152*** | |
| | Levene方差齐性检验统计值 | -162.143*** | |
| 一汽轿车<br>(000800) | 阶段Ⅰ | 976.566 | 7633.143 |
| | 阶段Ⅱ | 3208.600 | 3371.114 |
| | Wilkoxon秩和检验统计值 | -12.829*** | |
| | Levene方差齐性检验统计值 | 121.299*** | |

续表

| 股票名称 | 时间段 | 中位数 | 标准差 |
| --- | --- | --- | --- |
| 深圳证券交易所（单位：万元） | | | |
| 太钢不锈<br>（000825） | 阶段Ⅰ | 424.525 | 7142.712 |
| | 阶段Ⅱ | 3273.650 | 7433.377 |
| | Wilkoxon 秩和检验统计值 | -19.742*** | |
| | Levene 方差齐性检验统计值 | -2.378 | |
| 中信国安<br>（000839） | 阶段Ⅰ | 1193.370 | 9757.007 |
| | 阶段Ⅱ | 20719.130 | 27442.720 |
| | Wilkoxon 秩和检验统计值 | -28.555*** | |
| | Levene 方差齐性检验统计值 | -678.772*** | |
| 五粮液<br>（000858） | 阶段Ⅰ | 4002.409 | 11951.992 |
| | 阶段Ⅱ | 12062.157 | 9834.186 |
| | Wilkoxon 秩和检验统计值 | -16.144*** | |
| | Levene 方差齐性检验统计值 | 0.033 | |
| 云南铜业<br>（000878） | 阶段Ⅰ | 607.659 | 5939.923 |
| | 阶段Ⅱ | 7382.978 | 8190.630 |
| | Wilkoxon 秩和检验统计值 | -28.580*** | |
| | Levene 方差齐性检验统计值 | -141.052*** | |
| 鞍钢股份<br>（000898） | 阶段Ⅰ | 443.990 | 5329.827 |
| | 阶段Ⅱ | 2360.901 | 3377.900 |
| | Wilkoxon 秩和检验统计值 | -15.951*** | |
| | Levene 方差齐性检验统计值 | 43.254*** | |
| 华菱钢铁<br>（000932） | 阶段Ⅰ | 0.000 | 103.612 |
| | 阶段Ⅱ | 3932.865 | 1591.220 |
| | Wilkoxon 秩和检验统计值 | -5.238*** | |
| | Levene 方差齐性检验统计值 | -38.554*** | |
| 冀中能源<br>（000937） | 阶段Ⅰ | 1731.252 | 3489.738 |
| | 阶段Ⅱ | 2953.374 | 4602.290 |
| | Wilkoxon 秩和检验统计值 | -11.928*** | |
| | Levene 方差齐性检验统计值 | -37.209*** | |

续表

| 股票名称 | 时间段 | 中位数 | 标准差 |
|---|---|---|---|
| 深圳证券交易所（单位：万元） | | | |
| 锡业股份<br>（000960） | 阶段 I | 1393.140 | 6657.193 |
| | 阶段 II | 7621.381 | 8638.040 |
| | Wilkoxon 秩和检验统计值 | -24.008*** | |
| | Levene 方差齐性检验统计值 | -57.809*** | |
| 西山煤电<br>（000983） | 阶段 I | 1619.398 | 4942.329 |
| | 阶段 II | 6253.455 | 6388.937 |
| | Wilkoxon 秩和检验统计值 | -22.807*** | |
| | Levene 方差齐性检验统计值 | -50.774*** | |
| 华兰生物<br>（002007） | 阶段 I | 1566.525 | 4739.104 |
| | 阶段 II | 3853.653 | 3687.847 |
| | Wilkoxon 秩和检验统计值 | -15.214*** | |
| | Levene 方差齐性检验统计值 | 14.519*** | |
| 苏宁易购<br>（002024） | 阶段 I | 4177.916 | 49247.061 |
| | 阶段 II | 11892.640 | 11513.200 |
| | Wilkoxon 秩和检验统计值 | -9.908*** | |
| | Levene 方差齐性检验统计值 | 199.748*** | |
| 宁波银行<br>（002142） | 阶段 I | 1158.260 | 12367.800 |
| | 阶段 II | 3522.911 | 5040.219 |
| | Wilkoxon 秩和检验统计值 | -16.926*** | |
| | Levene 方差齐性检验统计值 | 112.570*** | |
| 金风科技<br>（002202） | 阶段 I | 1589.516 | 9612.577 |
| | 阶段 II | 4262.419 | 8866.586 |
| | Wilkoxon 秩和检验统计值 | -14.234*** | |
| | Levene 方差齐性检验统计值 | 4.927** | |

注：①为保险起见，此处我们选择中位数而非均值。②对于倾斜角度极大的分布和重尾分布，Levene 方差齐性检验通常比其他方差齐性检验方法更可靠。河钢股份、中航飞机、盐湖股份、苏宁易购后分别更名为河北钢铁、西飞国际、盐湖钾肥、苏宁电器。Wilkoxon 秩和检验用于检验不同样本是否具有相同的中心位置。Levene 方差齐性检验用于检测不同样本的方差齐性，可用于正态分布、非正态分布及分布不明的样本数据。粗体部分表示阶段 I 交易量（额）平均水平及波动率显著高于阶段 II 的标的股。括号内为股票代码。***、** 和 * 分别表示在 1%、5% 和 10% 的置信水平上显著。

关于变量选择误差，在进行具体检测时，我们仅简单考虑了保证金水平变化的因素，而忽视了股价变动因素。是否如本章第一节所述，保证金的外生（而非内源）变化才应是真正的研究对象呢？众所周知，2015年中国股市发生了暴跌，如图7-1所示，股价在阶段Ⅰ的波动率明显高于阶段Ⅱ，即阶段Ⅰ中的保证金比例（股价波动率）低于（高于）阶段Ⅱ，融资交易量（额）应该下跌，实际上情况却相反。因此变量选择误差并不能简单解释前述现象的发生。

关于样本选择误差，通过观测图7-1，我们发现实际上在业务开展初期，沪深两市的融资交易量一直在低位徘徊（甚至接近于零），至2014年情况才开始好转。Prodan（2008）指出数据的异质性可能导致测试结果不一致。因此我们剔除2014年前的数据，将2014年1月1日至2015年11月22日和2015年11月23日至2018年5月2日分别划分为阶段Ⅰ和阶段Ⅱ，重新测试保证金比例调整对融资交易量（额）的影响（详情见附录7）。结果表明对于大多数股票（除29只股票外，华菱钢铁由于数据缺失原因无法计算相应统计量），融资交易额都与保证金比例的调整显著负相关。[1]

综上所述，保证金比例的调整可能对融资交易量（额）产生重要的负面影响。根据本章第一节阐述的理论，接下来我们将正式建立数理模型检验保证金的外生变化与融资交易量（额）的关系。[2]

---

[1] 29只股票包括宝钢股份、南方航空、江西铜业、金地集团、中金黄金、贵州茅台、山东黄金、北大荒、中国国航、中国铝业、中国建筑、中国中车、紫金矿业、建设银行、中国银行、万科A、中金岭南、铜陵有色、格力电器、河钢股份、盐湖股份、太钢不锈、中信国安、五粮液、云南铜业、华菱钢铁、冀中能源、锡业股份、西山煤电。

[2] 虽然融资保证金比例调整效应的初步测试并未显示出变量选择误差对保证金与融资交易量（额）关系的重要影响，但为保险起见在接下来的分析中我们选择保证金的外生变化作为研究基础。

## 第三节 数据与方法论

基于以往期货市场的相关研究（Fishe and Goldberg，1986；Chatrath et al.，2001），针对融资交易量（额）和保证金比例我们可以建立以下回归模型：①

$$\ln(V_t) = \alpha + \beta\ln\left(\frac{M_t}{\sigma_t}\right) + \delta\ln R_t + \chi\ln T + \varepsilon \tag{7-3}$$

其中 $V_t$ 为第 $t$ 天的融资交易量（额），$M_t$ 为第 $t$ 天的初始保证金比例，$\sigma_t$ 为第 $t$ 天融资合约标的资产价格日波动率（针对期货，一般常用第 $t$ 天前 3~5 日、15 日或 20 日的合约结算价格计算。由于融资交易不同于期货交易，其本身没有价格，因此在此我们可以选择使用合约标的资产第 $t$ 天前 3~5 日、15 日或 20 日的复权收盘价进行计算）。考虑到保证金比例调整的滞后性，此处我们选择 20 日作为计算基础；② $R_t$ 为第 $t$ 天的市场利率，用上海银行间拆放利率（Shanghai Interbank Offered Rate，SHIBOR）－隔夜（overnight－O/N）利率表示；$T$ 为时间趋势变量。数据源于 WIND、新浪财经、网易财经和上海银行间同业拆放利率官网。式（7-3）中加入 $R$ 的原因是短期同业拆借市场利率代表短期存储和管理成本的变化，因此会对融资交易量（额）产生影响。时间趋势变量 $T$ 用于控制合约利息的长期变化。表 7-2 对 2014 年 1 月 1 日至 2018 年 5 月 2 日 53（82-29）只最后选定的标的股的不同回归变量的统计特征进行了描述。

---

① 常用的描述期货交易量与保证金比例关系的模型为 $\ln(V_t) = \alpha + \beta\left(\frac{M_t}{\sigma_t}\right) + \delta\ln R_t + \eta\ln X + \chi\ln T + \varepsilon$。其中 $X$ 为合约剩余天数，$\sigma$ 为期货合约价格的波动率。然而融资合约与期货合约不同，前者不能用于交易，因此其交易量与合约剩余天数无关。此外融资合约也无价格，不存在合约价格的波动率，因此我们用标的资产价格的波动率替代。

② Hartzmark（1986）通过检测发现，不同波动期的波动率对研究结论影响不大。

表7-2 回归变量的统计特征（2014年1月1日~2018年5月2日）

| 股票名称 | 变量 | 均值 | 标准差 | 最小值 | 最大值 | 偏度 | 峰度 | ADF统计值 |
|---|---|---|---|---|---|---|---|---|
| 上海证券交易所 | | | | | | | | |
| 浦发银行(600000) | $\ln(V_t)$ | 9.447 | 1.389 | 5.198 | 12.545 | 0.183 | -0.883 | -3.205* |
| | $\ln\frac{M_t}{\sigma_t}$ | 4.850 | 0.835 | 3.263 | 6.047 | -0.133 | -1.147 | — |
| | $\ln R_t$ | 0.850 | 0.242 | 0.027 | 1.579 | -0.882 | 1.609 | — |
| | $\ln T$ | 5.934 | 0.986 | 0.000 | 6.930 | -1.858 | 4.563 | — |
| 华夏银行(600015) | $\ln(V_t)$ | 8.853 | 0.998 | 6.328 | 11.385 | 0.484 | -0.267 | -3.531** |
| | $\ln\frac{M_t}{\sigma_t}$ | 4.784 | 0.837 | 3.094 | 6.399 | -0.234 | -1.146 | — |
| | $\ln R_t$ | 0.840 | 0.248 | 0.027 | 1.579 | -0.884 | 1.525 | — |
| | $\ln T$ | 5.965 | 0.986 | 0.000 | 6.961 | -1.861 | 4.584 | — |
| 民生银行(600016) | $\ln(V_t)$ | 9.537 | 1.102 | 5.762 | 12.752 | 0.234 | 0.142 | -5.106*** |
| | $\ln\frac{M_t}{\sigma_t}$ | 4.902 | 0.861 | 3.116 | 6.585 | -0.153 | -0.942 | — |
| | $\ln R_t$ | 0.840 | 0.248 | 0.027 | 1.579 | -0.884 | 1.525 | — |
| | $\ln T$ | 5.965 | 0.986 | 0.000 | 6.961 | -1.861 | 4.584 | — |
| 上港集团(600018) | $\ln(V_t)$ | 8.030 | 1.236 | 5.002 | 11.133 | 0.287 | -0.626 | -4.184*** |
| | $\ln\frac{M_t}{\sigma_t}$ | 4.551 | 0.798 | 2.478 | 6.107 | -0.250 | -0.912 | — |
| | $\ln R_t$ | 0.835 | 0.252 | 0.027 | 1.579 | -0.822 | 1.353 | — |
| | $\ln T$ | 5.919 | 0.986 | 0.000 | 6.915 | -1.857 | 4.554 | — |
| 中国石化(600028) | $\ln(V_t)$ | 9.283 | 1.209 | 6.369 | 12.400 | 0.514 | -0.334 | -3.215* |
| | $\ln\frac{M_t}{\sigma_t}$ | 4.797 | 0.777 | 3.130 | 6.333 | -0.322 | -0.696 | — |
| | $\ln R_t$ | 0.840 | 0.248 | 0.027 | 1.579 | -0.884 | 1.525 | — |
| | $\ln T$ | 5.965 | 0.986 | 0.000 | 6.961 | -1.861 | 4.584 | — |
| 中信证券(600030) | $\ln(V_t)$ | 10.766 | 1.117 | 8.182 | 13.721 | 0.553 | -0.407 | -3.023 |
| | $\ln\frac{M_t}{\sigma_t}$ | 4.511 | 0.829 | 2.930 | 6.174 | 0.075 | -0.924 | — |
| | $\ln R_t$ | 0.840 | 0.248 | 0.027 | 1.579 | -0.884 | 1.525 | — |
| | $\ln T$ | 5.965 | 0.986 | 0.000 | 6.961 | -1.861 | 4.584 | — |

续表

| 股票名称 | 变量 | 均值 | 标准差 | 最小值 | 最大值 | 偏度 | 峰度 | ADF统计值 |
|---|---|---|---|---|---|---|---|---|
| | | | 上海证券交易所 | | | | | |
| 招商银行<br>(600036) | $\ln(V_t)$ | 9.320 | 1.181 | 6.220 | 12.274 | 0.094 | -0.429 | -2.486 |
| | $\ln\frac{M_t}{\sigma_t}$ | 4.757 | 0.666 | 3.240 | 5.965 | -0.518 | -0.430 | — |
| | $\ln R_t$ | 0.839 | 0.248 | 0.027 | 1.579 | -0.877 | 1.509 | — |
| | $\ln T$ | 5.961 | 0.986 | 0.000 | 6.957 | -1.860 | 4.581 | — |
| 保利地产<br>(600048) | $\ln(V_t)$ | 9.568 | 0.967 | 7.292 | 12.135 | 0.315 | -0.550 | -3.495** |
| | $\ln\frac{M_t}{\sigma_t}$ | 4.358 | 0.734 | 2.912 | 6.219 | 0.142 | -0.675 | — |
| | $\ln R_t$ | 0.841 | 0.248 | 0.027 | 1.579 | -0.893 | 1.527 | — |
| | $\ln T$ | 5.959 | 0.986 | 0.000 | 6.955 | -1.860 | 4.580 | — |
| 中国联通<br>(600050) | $\ln(V_t)$ | 9.624 | 1.223 | 6.607 | 12.613 | -0.017 | -0.861 | -2.960 |
| | $\ln\frac{M_t}{\sigma_t}$ | 4.321 | 0.644 | 2.859 | 5.968 | -0.403 | -0.278 | — |
| | $\ln R_t$ | 0.824 | 0.254 | 0.027 | 1.579 | -0.744 | 1.267 | — |
| | $\ln T$ | 5.870 | 0.985 | 0.000 | 6.886 | -1.853 | 4.521 | — |
| 特变电工<br>(600089) | $\ln(V_t)$ | 8.955 | 0.955 | 6.633 | 11.842 | 0.516 | -0.138 | -4.938*** |
| | $\ln\frac{M_t}{\sigma_t}$ | 4.544 | 0.715 | 2.866 | 5.906 | -0.319 | -0.809 | — |
| | $\ln R_t$ | 0.839 | 0.244 | 0.027 | 1.579 | -0.894 | 1.61 | — |
| | $\ln T$ | 5.947 | 0.986 | 0.000 | 6.943 | -1.859 | 4.572 | — |
| 上汽集团<br>(600104) | $\ln(V_t)$ | 8.649 | 0.966 | 6.338 | 11.321 | 0.393 | -0.285 | -3.842** |
| | $\ln\frac{M_t}{\sigma_t}$ | 4.573 | 0.650 | 3.097 | 5.776 | -0.347 | -0.729 | — |
| | $\ln R_t$ | 0.844 | 0.248 | 0.027 | 1.579 | -0.934 | 1.632 | — |
| | $\ln T$ | 5.946 | 0.986 | 0.000 | 6.942 | -1.859 | 4.572 | — |
| 振华重工<br>(600320) | $\ln(V_t)$ | 7.536 | 1.195 | 4.752 | 10.602 | 0.347 | -0.462 | -4.772*** |
| | $\ln\frac{M_t}{\sigma_t}$ | 4.393 | 0.779 | 2.706 | 5.956 | -0.450 | -0.935 | — |
| | $\ln R_t$ | 0.807 | 0.243 | 0.027 | 1.309 | -1.046 | 1.410 | — |
| | $\ln T$ | 5.783 | 0.984 | 0.000 | 6.778 | -1.846 | 4.462 | — |

续表

| 股票名称 | 变量 | 均值 | 标准差 | 最小值 | 最大值 | 偏度 | 峰度 | ADF 统计值 |
|---|---|---|---|---|---|---|---|---|
| | | | | 上海证券交易所 | | | | |
| 辽宁成大<br>(600739) | $\ln(V_t)$ | 8.900 | 1.163 | 5.813 | 11.946 | 0.119 | -0.384 | -4.742*** |
| | $\ln\dfrac{M_t}{\sigma_t}$ | 4.598 | 0.744 | 2.755 | 5.934 | -0.150 | -1.037 | — |
| | $\ln R_t$ | 0.875 | 0.235 | 0.027 | 1.579 | -1.216 | 3.115 | — |
| | $\ln T$ | 5.808 | 0.984 | 0.000 | 6.804 | -1.848 | 4.480 | — |
| 国电电力<br>(600795) | $\ln(V_t)$ | 8.762 | 1.310 | 4.596 | 12.396 | 0.687 | -0.043 | -3.172* |
| | $\ln\dfrac{M_t}{\sigma_t}$ | 4.768 | 0.880 | 2.676 | 6.253 | -1.856 | 4.543 | — |
| | $\ln R_t$ | 0.829 | 0.251 | 0.027 | 1.579 | -0.791 | 1.378 | — |
| | $\ln T$ | 5.903 | 0.985 | 0.000 | 6.889 | -1.856 | 4.543 | — |
| 海通证券<br>(600837) | $\ln(V_t)$ | 9.553 | 1.373 | 6.138 | 13.223 | 0.628 | -0.352 | -2.882 |
| | $\ln\dfrac{M_t}{\sigma_t}$ | 4.631 | 0.884 | 2.890 | 6.377 | -0.125 | -0.982 | — |
| | $\ln R_t$ | 0.840 | 0.248 | 0.027 | 1.579 | -0.885 | 1.528 | — |
| | $\ln T$ | 5.964 | 0.986 | 0.000 | 6.959 | -1.861 | 4.583 | — |
| 长江电力<br>(600900) | $\ln(V_t)$ | 8.102 | 1.102 | 4.825 | 11.686 | 0.290 | -0.038 | -4.144*** |
| | $\ln\dfrac{M_t}{\sigma_t}$ | 5.103 | 0.730 | 3.362 | 6.303 | -0.529 | -0.612 | — |
| | $\ln R_t$ | 0.881 | 0.220 | 0.027 | 1.579 | -1.054 | 3.246 | — |
| | $\ln T$ | 5.858 | 0.985 | 0.000 | 6.853 | -1.852 | 4.513 | — |
| 大秦铁路<br>(601006) | $\ln(V_t)$ | 8.613 | 1.082 | 5.511 | 11.728 | 0.569 | 0.043 | -3.124 |
| | $\ln\dfrac{M_t}{\sigma_t}$ | 4.745 | 0.794 | 2.809 | 6.236 | -0.516 | -0.603 | — |
| | $\ln R_t$ | 0.840 | 0.248 | 0.027 | 1.579 | -0.884 | 1.525 | — |
| | $\ln T$ | 5.965 | 0.986 | 0.000 | 6.691 | -1.861 | 4.584 | — |
| 中国神华<br>(601088) | $\ln(V_t)$ | 8.802 | 1.149 | 6.047 | 12.218 | 0.414 | -0.493 | -4.116*** |
| | $\ln\dfrac{M_t}{\sigma_t}$ | 4.554 | 0.699 | 2.906 | 6.072 | -0.369 | -0.345 | — |
| | $\ln R_t$ | 0.828 | 0.251 | 0.027 | 1.579 | -0.788 | 1.373 | — |
| | $\ln T$ | 5.901 | 0.985 | 0.000 | 6.897 | -1.856 | 4.542 | — |

续表

| 股票名称 | 变量 | 均值 | 标准差 | 最小值 | 最大值 | 偏度 | 峰度 | ADF 统计值 |
|---|---|---|---|---|---|---|---|---|
| | | | | 上海证券交易所 | | | | |
| 兴业银行<br>(601166) | $\ln(V_t)$ | 10.143 | 1.053 | 7.456 | 12.905 | 0.334 | -0.318 | -3.668** |
| | $\ln\dfrac{M_t}{\sigma_t}$ | 4.885 | 0.869 | 3.148 | 6.349 | -0.307 | -1.126 | — |
| | $\ln R_t$ | 0.841 | 0.248 | 0.027 | 1.579 | -0.890 | 1.524 | — |
| | $\ln T$ | 5.961 | 0.986 | 0.000 | 6.957 | -1.860 | 4.581 | — |
| 西部矿业<br>(601168) | $\ln(V_t)$ | 8.620 | 1.010 | 5.364 | 11.078 | -0.181 | -0.376 | -4.364*** |
| | $\ln\dfrac{M_t}{\sigma_t}$ | 4.175 | 0.559 | 2.653 | 5.372 | -0.550 | -0.143 | — |
| | $\ln R_t$ | 0.858 | 0.267 | 0.027 | 1.579 | -1.043 | 1.337 | — |
| | $\ln T$ | 5.761 | 0.984 | 0.000 | 6.756 | -1.844 | 4.447 | — |
| 北京银行<br>601169 | $\ln(V_t)$ | 8.559 | 1.312 | 5.347 | 12.070 | 0.565 | -0.293 | -3.254* |
| | $\ln\dfrac{M_t}{\sigma_t}$ | 4.886 | 0.867 | 3.123 | 6.381 | -0.333 | -1.080 | — |
| | $\ln R_t$ | 0.846 | 1.312 | 5.347 | 12.070 | 0.565 | -0.293 | — |
| | $\ln T$ | 5.927 | 0.986 | 0.000 | 6.923 | -1.858 | 4.559 | — |
| 中国铁建<br>(601186) | $\ln(V_t)$ | 9.017 | 1.336 | 5.670 | 12.453 | 0.234 | -0.577 | -2.610 |
| | $\ln\dfrac{M_t}{\sigma_t}$ | 4.428 | 0.785 | 2.730 | 5.957 | -0.585 | -0.763 | — |
| | $\ln R_t$ | 0.838 | 0.248 | 0.027 | 1.579 | -0.876 | 1.506 | — |
| | $\ln T$ | 5.956 | 0.986 | 0.000 | 6.952 | -1.860 | 4.578 | — |
| 中国平安<br>(601318) | $\ln(V_t)$ | 10.745 | 1.188 | 7.962 | 13.617 | 0.307 | -0.804 | -2.521 |
| | $\ln\dfrac{M_t}{\sigma_t}$ | 4.683 | 0.765 | 3.128 | 6.201 | -0.105 | -0.762 | — |
| | $\ln R_t$ | 0.840 | 0.248 | 0.027 | 1.579 | -0.882 | 1.520 | — |
| | $\ln T$ | 5.965 | 0.986 | 0.000 | 6.960 | -1.861 | 4.583 | — |
| 交通银行<br>(601328) | $\ln(V_t)$ | 9.160 | 1.130 | 6.684 | 12.332 | 0.626 | -0.301 | -3.566** |
| | $\ln\dfrac{M_t}{\sigma_t}$ | 4.920 | 0.865 | 3.012 | 6.324 | -0.595 | -0.753 | — |
| | $\ln R_t$ | 0.840 | 0.248 | 0.027 | 1.579 | -0.884 | 1.525 | — |
| | $\ln T$ | 5.965 | 0.986 | 0.000 | 6.961 | -1.861 | 4.584 | — |

续表

| 股票名称 | 变量 | 均值 | 标准差 | 最小值 | 最大值 | 偏度 | 峰度 | ADF 统计值 |
|---|---|---|---|---|---|---|---|---|
| 上海证券交易所 | | | | | | | | |
| 中国中铁<br>(601390) | $\ln(V_t)$ | 8.827 | 1.499 | 5.221 | 12.781 | 0.400 | -0.519 | -3.595** |
| | $\ln\dfrac{M_t}{\sigma_t}$ | 4.544 | 0.878 | 2.663 | 6.102 | -0.424 | -0.841 | — |
| | $\ln R_t$ | 0.840 | 0.248 | 0.027 | 1.579 | -0.886 | 1.535 | — |
| | $\ln T$ | 5.954 | 0.986 | 0.000 | 6.950 | -1.860 | 4.577 | — |
| 工商银行<br>(601398) | $\ln(V_t)$ | 8.776 | 1.349 | 4.467 | 12.151 | 0.101 | -0.346 | -3.729** |
| | $\ln\dfrac{M_t}{\sigma_t}$ | 5.024 | 0.781 | 3.216 | 6.380 | -0.464 | -0.438 | — |
| | $\ln R_t$ | 0.840 | 0.248 | 0.027 | 1.579 | -0.884 | 1.528 | — |
| | $\ln T$ | 5.965 | 0.986 | 0.000 | 6.961 | -1.861 | 4.584 | — |
| 中国太保<br>(601601) | $\ln(V_t)$ | 8.680 | 1.338 | 5.285 | 12.370 | 0.415 | -0.301 | -2.817 |
| | $\ln\dfrac{M_t}{\sigma_t}$ | 4.554 | 0.709 | 3.090 | 6.299 | -0.155 | -0.561 | — |
| | $\ln R_t$ | 0.840 | 0.248 | 0.027 | 1.579 | -0.884 | 1.525 | — |
| | $\ln T$ | 5.965 | 0.986 | 0.000 | 6.961 | -1.861 | 4.584 | — |
| 中国人寿<br>(601628) | $\ln(V_t)$ | 8.777 | 1.293 | 6.160 | 12.538 | 0.718 | -0.162 | -2.579 |
| | $\ln\dfrac{M_t}{\sigma_t}$ | 4.520 | 0.680 | 2.972 | 5.796 | -0.464 | -0.505 | — |
| | $\ln R_t$ | 0.840 | 0.248 | 0.027 | 1.579 | -0.884 | 1.525 | — |
| | $\ln T$ | 5.965 | 0.986 | 0.000 | 6.961 | -1.861 | 4.584 | — |
| 上海电气<br>(601727) | $\ln(V_t)$ | 8.624 | 1.533 | 4.209 | 12.476 | 0.283 | -0.636 | -3.502** |
| | $\ln\dfrac{M_t}{\sigma_t}$ | 4.211 | 0.856 | 2.686 | 5.687 | -0.149 | -1.314 | — |
| | $\ln R_t$ | 0.811 | 0.271 | 0.027 | 1.309 | -1.039 | 0.827 | — |
| | $\ln T$ | 5.497 | 0.980 | 0.000 | 6.491 | -1.820 | 4.268 | — |
| 中国石油<br>(601857) | $\ln(V_t)$ | 8.644 | 1.262 | 5.588 | 11.971 | 0.591 | -0.255 | -2.627 |
| | $\ln\dfrac{M_t}{\sigma_t}$ | 5.005 | 0.850 | 3.023 | 6.371 | -0.683 | -0.502 | — |
| | $\ln R_t$ | 0.840 | 0.248 | 0.027 | 1.579 | -0.884 | 1.525 | — |
| | $\ln T$ | 5.965 | 0.986 | 0.000 | 6.961 | -1.861 | 4.584 | — |

续表

| 股票名称 | 变量 | 均值 | 标准差 | 最小值 | 最大值 | 偏度 | 峰度 | ADF 统计值 |
|---|---|---|---|---|---|---|---|---|
| 上海证券交易所 ||||||||||
| 中煤能源 (601898) | $\ln(V_t)$ | 7.759 | 1.251 | 4.561 | 11.408 | 0.369 | -0.205 | -4.359*** |
| | $\ln\dfrac{M_t}{\sigma_t}$ | 4.446 | 0.730 | 2.612 | 5.576 | -0.743 | -0.335 | — |
| | $\ln R_t$ | 0.840 | 0.248 | 0.027 | 1.579 | -0.884 | 1.525 | — |
| | $\ln T$ | 5.965 | 0.986 | 0.000 | 6.961 | -1.861 | 4.584 | — |
| 中远海控 (601919) | $\ln(V_t)$ | 8.548 | 1.073 | 6.359 | 11.739 | 0.780 | 0.097 | -4.449*** |
| | $\ln\dfrac{M_t}{\sigma_t}$ | 4.298 | 0.705 | 2.591 | 5.415 | -0.530 | -0.822 | — |
| | $\ln R_t$ | 0.821 | 0.248 | 0.027 | 1.309 | -1.255 | 1.892 | — |
| | $\ln T$ | 5.604 | 0.982 | 0.000 | 6.599 | -1.830 | 4.336 | — |
| 金钼股份 (601958) | $\ln(V_t)$ | 7.828 | 1.090 | 4.671 | 11.323 | -0.001 | -0.425 | -4.094*** |
| | $\ln\dfrac{M_t}{\sigma_t}$ | 4.269 | 0.659 | 2.697 | 6.037 | -0.266 | -0.479 | — |
| | $\ln R_t$ | 0.840 | 0.248 | 0.027 | 1.579 | -0.884 | 1.525 | — |
| | $\ln T$ | 5.965 | 0.986 | 0.000 | 6.961 | -1.861 | 4.584 | — |
| 深圳证券交易所 ||||||||||
| 平安银行 (000001) | $\ln(V_t)$ | 9.533 | 0.912 | 7.442 | 11.856 | 0.360 | -0.609 | -3.405* |
| | $\ln\dfrac{M_t}{\sigma_t}$ | 4.733 | 0.822 | 3.318 | 6.786 | 0.142 | -0.744 | — |
| | $\ln R_t$ | 0.840 | 0.248 | 0.027 | 1.579 | -0.884 | 1.528 | — |
| | $\ln T$ | 5.965 | 0.986 | 0.000 | 6.960 | -1.861 | 4.583 | — |
| 深圳能源 (000027) | $\ln(V_t)$ | 7.604 | 1.250 | 4.384 | 10.762 | 0.426 | -0.614 | -3.502** |
| | $\ln\dfrac{M_t}{\sigma_t}$ | 4.619 | 0.888 | 2.607 | 6.154 | -0.402 | -0.627 | — |
| | $\ln R_t$ | 0.840 | 0.248 | 0.027 | 1.579 | -0.884 | 1.525 | — |
| | $\ln T$ | 5.965 | 0.986 | 0.000 | 6.961 | -1.861 | 4.584 | — |
| 中集集团 (000039) | $\ln(V_t)$ | 8.502 | 0.971 | 5.785 | 12.039 | 0.310 | -0.176 | -3.461** |
| | $\ln\dfrac{M_t}{\sigma_t}$ | 4.308 | 0.638 | 2.639 | 5.673 | -0.366 | -0.425 | — |
| | $\ln R_t$ | 0.840 | 0.248 | 0.027 | 1.579 | -0.884 | 1.528 | — |
| | $\ln T$ | 5.965 | 0.986 | 0.000 | 6.960 | -1.861 | 4.583 | — |

续表

| 股票名称 | 变量 | 均值 | 标准差 | 最小值 | 最大值 | 偏度 | 峰度 | ADF 统计值 |
|---|---|---|---|---|---|---|---|---|
| 深圳证券交易所 | | | | | | | | |
| 中兴通讯<br>(000063) | $\ln(V_t)$ | 9.766 | 0.932 | 7.337 | 11.889 | 0.101 | -0.850 | -3.639** |
| | $\ln\dfrac{M_t}{\sigma_t}$ | 4.317 | 0.608 | 2.780 | 5.701 | -0.301 | -0.308 | — |
| | $\ln R_t$ | 0.844 | 0.248 | 0.027 | 1.579 | -0.893 | 1.563 | — |
| | $\ln T$ | 5.922 | 0.986 | 0.000 | 6.918 | -1.857 | 4.556 | — |
| 华侨城 A<br>(000069) | $\ln(V_t)$ | 8.599 | 1.035 | 5.829 | 11.639 | 0.589 | -0.102 | -4.450*** |
| | $\ln\dfrac{M_t}{\sigma_t}$ | 4.468 | 0.704 | 2.800 | 5.947 | -0.295 | -0.418 | — |
| | $\ln R_t$ | 0.834 | 0.240 | 0.027 | 1.579 | -0.890 | 1.772 | — |
| | $\ln T$ | 5.923 | 0.986 | 0.000 | 6.919 | -1.857 | 4.556 | — |
| 中联重科<br>(000157) | $\ln(V_t)$ | 8.327 | 1.161 | 4.003 | 11.984 | 0.538 | -0.111 | -4.574*** |
| | $\ln\dfrac{M_t}{\sigma_t}$ | 4.711 | 0.773 | 2.750 | 6.273 | -0.604 | -0.265 | — |
| | $\ln R_t$ | 0.841 | 0.247 | 0.031 | 1.579 | -0.871 | 1.511 | — |
| | $\ln T$ | 5.964 | 0.986 | 0.000 | 6.959 | -1.861 | 4.583 | — |
| 潍柴动力<br>(000338) | $\ln(V_t)$ | 8.616 | 0.994 | 6.276 | 11.563 | 0.284 | -0.394 | -3.979*** |
| | $\ln\dfrac{M_t}{\sigma_t}$ | 4.451 | 0.589 | 2.758 | 5.481 | -0.865 | 0.077 | — |
| | $\ln R_t$ | 0.840 | 0.248 | 0.027 | 1.579 | -0.885 | 1.521 | — |
| | $\ln T$ | 5.963 | 0.986 | 0.000 | 6.958 | -1.860 | 4.582 | — |
| 金融街<br>(000402) | $\ln(V_t)$ | 8.858 | 1.041 | 5.760 | 11.210 | 0.227 | -0.374 | -4.803*** |
| | $\ln\dfrac{M_t}{\sigma_t}$ | 4.303 | 0.663 | 2.676 | 5.548 | -0.265 | -0.798 | — |
| | $\ln R_t$ | 0.840 | 0.248 | 0.027 | 1.579 | -0.881 | 1.512 | — |
| | $\ln T$ | 5.963 | 0.986 | 0.000 | 6.958 | -1.860 | 4.582 | — |
| 云南白药<br>(000538) | $\ln(V_t)$ | 8.292 | 0.993 | 5.231 | 10.879 | 0.310 | -0.362 | -4.312*** |
| | $\ln\dfrac{M_t}{\sigma_t}$ | 4.513 | 0.563 | 2.930 | 5.559 | -0.464 | -0.254 | — |
| | $\ln R_t$ | 0.848 | 0.260 | 0.027 | 1.579 | -0.937 | 1.258 | — |
| | $\ln T$ | 5.852 | 0.985 | 0.000 | 6.847 | -1.852 | 4.509 | — |

续表

| 股票名称 | 变量 | 均值 | 标准差 | 最小值 | 最大值 | 偏度 | 峰度 | ADF统计值 |
|---|---|---|---|---|---|---|---|---|
| 深圳证券交易所 | | | | | | | | |
| 泸州老窖<br>(000568) | $\ln(V_t)$ | 8.493 | 0.806 | 5.914 | 11.392 | 0.288 | -0.077 | -4.881*** |
| | $\ln\dfrac{M_t}{\sigma_t}$ | 4.357 | 0.535 | 2.703 | 5.224 | -0.859 | 0.241 | — |
| | $\ln R_t$ | 0.843 | 0.249 | 0.027 | 1.579 | -0.910 | 1.531 | — |
| | $\ln T$ | 5.948 | 0.986 | 0.000 | 6.944 | -1.859 | 4.573 | — |
| 吉林敖东<br>(000623) | $\ln(V_t)$ | 9.066 | 0.970 | 6.336 | 11.586 | 0.194 | -0.639 | -3.194* |
| | $\ln\dfrac{M_t}{\sigma_t}$ | 4.521 | 0.760 | 2.757 | 5.852 | -0.384 | -0.861 | — |
| | $\ln R_t$ | 0.840 | 0.248 | 0.027 | 1.579 | -0.884 | 1.528 | — |
| | $\ln T$ | 5.965 | 0.986 | 0.000 | 6.960 | -1.861 | 4.583 | — |
| 燕京啤酒<br>(000729) | $\ln(V_t)$ | 7.273 | 1.018 | 4.650 | 10.150 | 0.518 | -0.069 | -4.074*** |
| | $\ln\dfrac{M_t}{\sigma_t}$ | 4.671 | 0.716 | 2.713 | 6.225 | -0.436 | -0.204 | — |
| | $\ln R_t$ | 0.840 | 0.248 | 0.027 | 1.579 | -0.884 | 1.525 | — |
| | $\ln T$ | 5.965 | 0.986 | 0.000 | 6.961 | -1.861 | 4.584 | — |
| 中航飞机<br>(000768) | $\ln(V_t)$ | 7.273 | 1.018 | 4.650 | 10.150 | 0.518 | -0.069 | -3.685** |
| | $\ln\dfrac{M_t}{\sigma_t}$ | 4.671 | 0.716 | 2.713 | 6.225 | -0.436 | -0.204 | — |
| | $\ln R_t$ | 0.840 | 0.248 | 0.027 | 1.579 | -0.884 | 1.525 | — |
| | $\ln T$ | 5.965 | 0.986 | 0.000 | 6.961 | -1.861 | 4.584 | — |
| 长江证券<br>(000783) | $\ln(V_t)$ | 9.071 | 1.229 | 5.411 | 12.496 | 0.304 | -0.550 | -3.618** |
| | $\ln\dfrac{M_t}{\sigma_t}$ | 4.398 | 0.783 | 2.787 | 5.737 | -0.210 | -1.020 | — |
| | $\ln R_t$ | 0.845 | 0.245 | 0.027 | 1.579 | -0.917 | 1.711 | — |
| | $\ln T$ | 5.951 | 0.986 | 0.000 | 6.947 | -1.860 | 4.575 | — |
| 一汽轿车<br>(000800) | $\ln(V_t)$ | 8.382 | 0.929 | 5.483 | 11.268 | 0.299 | -0.297 | -3.909** |
| | $\ln\dfrac{M_t}{\sigma_t}$ | 4.287 | 0.687 | 2.568 | 5.749 | -0.610 | -0.388 | — |
| | $\ln R_t$ | 0.841 | 0.247 | 0.027 | 1.579 | -0.894 | 1.580 | — |
| | $\ln T$ | 5.963 | 0.986 | 0.000 | 6.958 | -1.860 | 4.582 | — |

续表

| 股票名称 | 变量 | 均值 | 标准差 | 最小值 | 最大值 | 偏度 | 峰度 | ADF 统计值 |
|---|---|---|---|---|---|---|---|---|
| 深圳证券交易所 | | | | | | | | |
| 鞍钢股份<br>（000898） | $\ln(V_t)$ | 8.114 | 1.000 | 4.551 | 10.587 | -0.091 | -0.456 | -3.241* |
| | $\ln\dfrac{M_t}{\sigma_t}$ | 4.316 | 0.680 | 2.760 | 5.408 | -0.563 | -0.814 | — |
| | $\ln R_t$ | 0.807 | 0.244 | 0.027 | 1.308 | -1.046 | 1.406 | — |
| | $\ln T$ | 5.781 | 0.984 | 0.000 | 6.777 | -1.846 | 4.461 | — |
| 华兰生物<br>（002007） | $\ln(V_t)$ | 8.422 | 0.760 | 5.435 | 10.766 | 0.003 | -0.200 | -5.033*** |
| | $\ln\dfrac{M_t}{\sigma_t}$ | 4.502 | 0.696 | 2.796 | 5.878 | -0.327 | -0.724 | — |
| | $\ln R_t$ | 0.843 | 0.245 | 0.027 | 1.579 | -0.876 | 1.597 | — |
| | $\ln T$ | 5.962 | 0.986 | 0.000 | 6.957 | -1.860 | 4.581 | — |
| 苏宁易购<br>（002024） | $\ln(V_t)$ | 9.894 | 1.062 | 7.373 | 13.057 | 0.404 | -0.211 | -3.737** |
| | $\ln\dfrac{M_t}{\sigma_t}$ | 4.311 | 0.752 | 2.728 | 5.962 | -0.080 | -0.784 | — |
| | $\ln R_t$ | 0.844 | 0.245 | 0.027 | 1.579 | -0.905 | 1.716 | — |
| | $\ln T$ | 5.951 | 0.986 | 0.000 | 6.947 | -1.860 | 4.575 | — |
| 宁波银行<br>（002142） | $\ln(V_t)$ | 8.406 | 1.136 | 5.343 | 11.711 | 0.337 | -0.122 | -3.456** |
| | $\ln\dfrac{M_t}{\sigma_t}$ | 4.518 | 0.644 | 3.308 | 5.551 | -0.613 | -0.681 | — |
| | $\ln R_t$ | 0.840 | 0.248 | 0.027 | 1.579 | -0.884 | 1.521 | — |
| | $\ln T$ | 5.964 | 0.986 | 0.000 | 6.959 | -1.861 | 4.583 | — |
| 金风科技<br>（002202） | $\ln(V_t)$ | 8.643 | 1.033 | 5.971 | 11.218 | 0.147 | -0.436 | -4.325*** |
| | $\ln\dfrac{M_t}{\sigma_t}$ | 4.309 | 0.664 | 2.766 | 5.679 | -0.137 | -0.823 | — |
| | $\ln R_t$ | 0.839 | 0.248 | 0.027 | 1.579 | -0.877 | 1.519 | — |
| | $\ln T$ | 5.961 | 0.986 | 0.000 | 6.957 | -1.860 | 4.581 | — |

注：中航飞机、苏宁易购后分别更名为西飞国际、苏宁电器。我们采用 Augmented Dickey-Fuller（ADF）方法对变量进行平稳性检测，其中滞后性（lags）由 Bayesian Information Criteria 决定。括号内为股票代码。***、** 和 * 分别表示在 1%、5% 和 10% 的置信水平上显著。

从表 7-2 中我们发现，保证金的外生变化随市场状况的不同而不同。首先，在保证金比例调整时间和幅度相同的情况下，不同股票的波动率不同，保证金的外生变化也不同。以宁波银行和金风科技为例，研究期内前者（后者）保证金波动率的均值为 4.518（4.309）。其次，每只股票每日保证金的外生变化随保证金比例（波动率）的变化而变化（相关数据未在表 7-2 中具体列示）。ADF 测试结果进一步表明除少数股票（中信证券、招商银行、中国联通、海通证券、大秦铁路、中国铁建、中国平安、中国太保、中国人寿和中国石油）外，剩余 43 只股票的融资交易量（额）均为平稳性序列（ADF 统计量在传统统计水平上显著）。为确保计算结果的可信性及模型参数的可解释性，我们选择上述 43 只股票进行回归分析，建立融资交易量（额）与保证金比例的模型。① 表 7-3 列示了模型 [参照公式（7-3）] 参数的估计结果，包括参数估计、t 的统计值和调整后的 $R^2$。其中参数估计的标准误差运用 Newey 和 West（1987）方法（考虑异方差和序列相关的影响）调整。

表 7-3 回归模型参数估计（2014 年 1 月 1 日~2018 年 5 月 2 日）

| 模型 | 参数 | 参数估计 | t 统计值 | 调整后的 $R^2$ |
|---|---|---|---|---|
| 上海证券交易所 | | | | |
| 浦发银行<br>(600000) | α | 3.456 | 7.629*** | 0.589 |
| | β | -1.274 | -15.167*** | |
| | δ | 0.482 | 1.656* | |
| | χ | -0.038 | -0.633 | |
| 华夏银行<br>(600015) | α | 1.985 | 5.038*** | 0.317 |
| | β | -0.785 | -7.929*** | |
| | δ | 0.097 | 0.380 | |
| | χ | 0.355 | 5.547*** | |

---

① 对于上述 10 只融资交易量（额）取对数后仍为非平稳时间序列的股票，我们可以采取一阶差分回归模型进行检测。结果表明经过一阶差分处理后模型的解释力较未经处理前明显下降，但变量间相关系数的符号如预期判断。由于使用变形模型的后果是难以解释保证金外生变化对融资交易量（额）的影响，因此此处我们不选择报告一阶差分回归模型的参数估计结果。

续表

| 模型 | 参数 | 参数估计 | t统计值 | 调整后的$R^2$ |
|---|---|---|---|---|
| 上海证券交易所 | | | | |
| 民生银行<br>(600016) | $\alpha$ | 2.865 | 5.883*** | 0.320 |
| | $\beta$ | -0.899 | -0.898 | |
| | $\delta$ | 0.545 | 1.775* | |
| | $\chi$ | 0.344 | 4.986*** | |
| 上港集团<br>(600018) | $\alpha$ | 8.513 | 19.217*** | 0.432 |
| | $\beta$ | -1.274 | -13.699*** | |
| | $\delta$ | 0.545 | 1.854* | |
| | $\chi$ | 0.436 | 7.148*** | |
| 中国石化<br>(600028) | $\alpha$ | 2.721 | 5.852*** | 0.548 |
| | $\beta$ | -1.324 | -7.480*** | |
| | $\delta$ | 0.259 | 0.974 | |
| | $\chi$ | 0.659 | 10.629*** | |
| 保利地产<br>(600048) | $\alpha$ | 1.504 | 3.968*** | 0.420 |
| | $\beta$ | -0.987 | -10.613*** | |
| | $\delta$ | 0.015 | 0.070 | |
| | $\chi$ | 0.410 | 7.885*** | |
| 特变电工<br>(600089) | $\alpha$ | 1.020 | 2.372** | 0.376 |
| | $\beta$ | -1.000 | -9.615*** | |
| | $\delta$ | 0.308 | 1.058 | |
| | $\chi$ | 0.287 | 4.864*** | |
| 上汽集团<br>(600104) | $\alpha$ | 5.622 | 10.392*** | 0.262 |
| | $\beta$ | -0.899 | -8.324*** | |
| | $\delta$ | 0.145 | 0.437 | |
| | $\chi$ | 0.391 | 7.109*** | |
| 振华重工<br>(600320) | $\alpha$ | 4.078 | 8.374*** | 0.410 |
| | $\beta$ | -0.954 | -7.119*** | |
| | $\delta$ | -0.042 | -0.117 | |
| | $\chi$ | -0.036 | -0.346 | |

续表

| 模型 | 参数 | 参数估计 | t统计值 | 调整后的$R^2$ |
|---|---|---|---|---|
| 上海证券交易所 | | | | |
| 辽宁成大<br>(600739) | α | 9.476 | 22.140*** | 0.506 |
| | β | -1.192 | -12.957*** | |
| | δ | -0.304 | -1.299 | |
| | χ | 0.194 | 2.553** | |
| 国电电力<br>(600795) | α | 3.080 | 7.097*** | 0.551 |
| | β | -1.119 | -11.779*** | |
| | δ | -0.285 | -0.885 | |
| | χ | 0.415 | 8.300*** | |
| 长江电力<br>(600900) | α | 5.335 | 13.645*** | 0.392 |
| | β | -1.029 | -12.250*** | |
| | δ | -0.586 | -2.640*** | |
| | χ | 0.386 | 6.772*** | |
| 中国神华<br>(601088) | α | 7.484 | 14.015*** | 0.481 |
| | β | -1.157 | -13.000*** | |
| | δ | 0.262 | 0.897 | |
| | χ | 0.422 | 8.115*** | |
| 兴业银行<br>(601166) | α | 2.746 | 6.889*** | 0.550 |
| | β | -1.130 | -15.915*** | |
| | δ | 0.558 | 2.364** | |
| | χ | 0.559 | 9.164*** | |
| 西部矿业<br>(601168) | α | 1.076 | 2.065** | 0.382 |
| | β | -0.759 | -6.600*** | |
| | δ | -0.232 | -0.859 | |
| | χ | 0.473 | 8.600*** | |
| 北京银行<br>(601169) | α | 2.117 | 5.332*** | 0.604 |
| | β | -1.228 | -15.948*** | |
| | δ | -0.695 | -2.860*** | |
| | χ | 0.327 | 5.737*** | |

续表

| 模型 | 参数 | 参数估计 | t统计值 | 调整后的$R^2$ |
|---|---|---|---|---|
| 上海证券交易所 | | | | |
| 交通银行<br>(601328) | $\alpha$ | 1.082 | 2.213** | 0.533 |
| | $\beta$ | -1.052 | -10.845*** | |
| | $\delta$ | 0.127 | 0.415 | |
| | $\chi$ | 0.447 | 5.960*** | |
| 中国中铁<br>(601390) | $\alpha$ | 4.312 | 12.608*** | 0.625 |
| | $\beta$ | -1.483 | -19.260*** | |
| | $\delta$ | 0.423 | 1.567* | |
| | $\chi$ | 0.716 | 17.463*** | |
| 工商银行<br>(601398) | $\alpha$ | 3.664 | 6.614*** | 0.553 |
| | $\beta$ | -1.270 | -13.656*** | |
| | $\delta$ | 0.020 | 0.081 | |
| | $\chi$ | 0.635 | 8.699*** | |
| 上海电气<br>(601727) | $\alpha$ | 8.767 | 13.183*** | 0.520 |
| | $\beta$ | -1.170 | -7.358*** | |
| | $\delta$ | -0.433 | -1.009 | |
| | $\chi$ | -0.094 | -0.599 | |
| 中煤能源<br>(601898) | $\alpha$ | 1.404 | 3.03*** | 0.484 |
| | $\beta$ | -1.238 | -12.633*** | |
| | $\delta$ | -0.019 | -0.062 | |
| | $\chi$ | 0.446 | 6.758*** | |
| 中远海控<br>(601919) | $\alpha$ | 7.162 | 16.427*** | 0.491 |
| | $\beta$ | -1.032 | -1.030 | |
| | $\delta$ | -0.685 | -2.585** | |
| | $\chi$ | 0.101 | 1.906* | |
| 金钼股份<br>(601958) | $\alpha$ | 2.852 | 5.773*** | 0.378 |
| | $\beta$ | -1.013 | -9.126*** | |
| | $\delta$ | -0.324 | -1.227 | |
| | $\chi$ | 0.373 | 4.973*** | |

续表

| 模型 | 参数 | 参数估计 | t统计值 | 调整后的$R^2$ |
| --- | --- | --- | --- | --- |
| 深圳证券交易所 | | | | |
| 平安银行<br>(000001) | $\alpha$ | 2.552 | 6.364*** | 0.425 |
| | $\beta$ | -0.827 | -11.486*** | |
| | $\delta$ | 0.187 | 0.803 | |
| | $\chi$ | 0.397 | 8.447*** | |
| 深证能源<br>(000027) | $\alpha$ | 5.865 | 17.199*** | 0.595 |
| | $\beta$ | -1.053 | -14.625*** | |
| | $\delta$ | -0.571 | -2.123** | |
| | $\chi$ | 0.157 | 3.019*** | |
| 中集集团<br>(000039) | $\alpha$ | 3.420 | 7.081*** | 0.335 |
| | $\beta$ | -0.957 | -9.866*** | |
| | $\delta$ | -0.159 | -0.609 | |
| | $\chi$ | 0.338 | 4.568*** | |
| 中兴通讯<br>(000063) | $\alpha$ | 1.871 | 4.351*** | 0.438 |
| | $\beta$ | -1.077 | -12.379*** | |
| | $\delta$ | 0.555 | 2.352 | |
| | $\chi$ | 0.516 | 10.979*** | |
| 华侨城A<br>(000067) | $\alpha$ | 7.697 | 17.143*** | 0.410 |
| | $\beta$ | -0.986 | -10.271*** | |
| | $\delta$ | -0.423 | -1.522 | |
| | $\chi$ | 0.350 | 7.143*** | |
| 中联重科<br>(000157) | $\alpha$ | 2.754 | 6.053*** | 0.484 |
| | $\beta$ | -1.117 | -11.059*** | |
| | $\delta$ | 0.055 | 0.167 | |
| | $\chi$ | 0.185 | 3.033*** | |
| 潍柴动力<br>(000338) | $\alpha$ | 1.627 | 2.739*** | 0.318 |
| | $\beta$ | -1.035 | -7.901*** | |
| | $\delta$ | 0.576 | 1.524 | |
| | $\chi$ | 0.423 | 7.833*** | |

续表

| 模型 | 参数 | 参数估计 | t统计值 | 调整后的$R^2$ |
|---|---|---|---|---|
| 深圳证券交易所 | | | | |
| 金融街<br>(000402) | $\alpha$ | 8.645 | 20.781*** | 0.418 |
| | $\beta$ | -0.924 | -9.935*** | |
| | $\delta$ | -0.770 | -3.438*** | |
| | $\chi$ | 0.286 | 6.217*** | |
| 云南白药<br>(000538) | $\alpha$ | 1.526 | 2.543** | 0.176 |
| | $\beta$ | -0.855 | -5.120*** | |
| | $\delta$ | 0.027 | 0.077 | |
| | $\chi$ | 0.290 | 3.295*** | |
| 泸州老窖<br>(000568) | $\alpha$ | 9.954 | 23.928*** | 0.534 |
| | $\beta$ | -1.223 | -11.220*** | |
| | $\delta$ | -0.256 | -1.067 | |
| | $\chi$ | 0.492 | 10.696*** | |
| 吉林敖东<br>(000638) | $\alpha$ | 2.403 | 6.242*** | 0.449 |
| | $\beta$ | -0.877 | -10.198*** | |
| | $\delta$ | -0.217 | -0.960 | |
| | $\chi$ | 0.439 | 7.081*** | |
| 燕京啤酒<br>(000729) | $\alpha$ | 7.820 | 17.339*** | 0.314 |
| | $\beta$ | -0.814 | -8.848*** | |
| | $\delta$ | -0.367 | -1.136 | |
| | $\chi$ | 0.209 | 3.542*** | |
| 中航飞机<br>(000768) | $\alpha$ | 2.927 | 5.986*** | 0.387 |
| | $\beta$ | -0.938 | -9.571*** | |
| | $\delta$ | -0.336 | -1.196 | |
| | $\chi$ | 0.550 | 7.051*** | |
| 长江证券<br>(000783) | $\alpha$ | 8.423 | 18.676 | 0.531 |
| | $\beta$ | -1.253 | -12.406*** | |
| | $\delta$ | -0.017 | -0.060 | |
| | $\chi$ | 0.215 | 2.945*** | |

续表

| 模型 | 参数 | 参数估计 | t 统计值 | 调整后的 $R^2$ |
|---|---|---|---|---|
| 深圳证券交易所 | | | | |
| 一汽轿车<br>(000800) | α | 2.078 | 6.041*** | 0.397 |
| | β | -0.830 | -0.375 | |
| | δ | -0.479 | -2.314** | |
| | χ | 0.237 | 4.647*** | |
| 鞍钢股份<br>(000898) | α | 1.020 | 1.925* | 0.287 |
| | β | -0.907 | -7.374*** | |
| | δ | 1.040 | 2.997*** | |
| | χ | 0.062 | 0.899 | |
| 华兰生物<br>(02007) | α | 2.012 | 5.573*** | 0.254 |
| | β | -0.564 | -6.409*** | |
| | δ | -0.325 | -1.548 | |
| | χ | 0.181 | 2.919*** | |
| 苏宁易购<br>(002024) | α | 3.271 | 8.889*** | 0.568 |
| | β | -1.128 | -15.040*** | |
| | δ | -0.481 | -2.237** | |
| | χ | 0.235 | 3.615*** | |
| 宁波银行<br>(002142) | α | 9.954 | 20.273*** | 0.534 |
| | β | -1.223 | -11.118*** | |
| | δ | -0.256 | -0.895 | |
| | χ | 0.492 | 8.483*** | |
| 金风科技<br>(002202) | α | 8.995 | 22.265*** | 0.473 |
| | β | -0.999 | -9.336*** | |
| | δ | -0.910 | -3.730*** | |
| | χ | 0.306 | 4.935*** | |

注：中航飞机、苏宁易购后分别更名为西飞国际、苏宁电器。表中的结果均由 $\ln(V_t) = \alpha + \beta\ln\left(\dfrac{M_t}{\sigma_t}\right) + \delta\ln R_t + \chi\ln T + \varepsilon$ 计算得出。计算 t 统计值的标准误差经由 Newey 和 West（1987）的方法调整。粗体部分表示保证金比例变化与融资交易量（额）变化方向一致的标的股。括号内为股票代码。***、**和*分别表示在 1%、5% 和 10% 的置信水平上显著。

表 7-3 反映出以下重要信息。第一，保证金的外生变化、利率及时间趋势构成的回归模型可以较好地解释融资交易量（额）的变化。在 43 组模型中，调整后的 $R^2$ 最小值为 0.176（云南白药），最大值为 0.625（中国中铁），均值为 0.444。换言之，上述自变量平均能解释 44.4% 的因变量的变动，显著高于 Dutt 和 Wein（2003）使用的以道琼斯工业平均指数为标的的期货保证金回归模型的解释力（0.163）。第二，总体而言，利率与融资交易量（额）并无显著关系。理论上利率水平越高（低），投资者的成本越高（低），融资需求越低（高）。在所有模型中，仅有少数股票（长江电力、北京银行、中远海控、深圳能源、金融街、一汽轿车、苏宁易购、金风科技）的利率与融资交易量（额）呈显著负相关关系，而多数模型则显示利率与融资交易量（额）呈显著正相关关系。该现象产生的原因与中国特殊的国情有关。首先，中国的资本市场受政府控制，投资者的投资渠道非常狭窄（Dorn，2013）。股票投资是投资者多元化投资产品的少数方式之一（Yao and Dan，2009）。因此投资者热衷于从股价上涨中获利。其次，中国的投资者，尤其是个人投资者获取资金的能力有限，融资业务是少数资金来源之一。在上述两类因素的共同作用下，投资者是否进行融资交易对利率的变化变得不敏感。第三，时间趋势控制变量对融资交易量（额）有重要影响，随时间的增长，融资交易量（额）增加。以金风科技为例，时间趋势控制变量每增长 1%，融资交易量（额）将增加 0.306%。第四，最重要的是与预期一致，在绝大多数模型中（除民生银行、中远海控、一汽轿车外）保证金的外生变化与融资交易量（额）呈显著负相关关系。同样以金风科技为例，$\beta$ 系数为 -0.999，即保证金的外生变化每增加 1%，融资交易量（额）将降低 0.999%。考虑了异方差和序列相关影响后相关系数的 t 统计量为 -3.730，在 1% 的置信水平上显著。这一结论与基于期货市场的研究结论相同（Hartzmark，1986；Fishe and Goldberg，1986；Chatrath et al.，2001）。

模型建立后，接下来我们可量化融资业务的规模。假设第六章得出了符合中国国情的最优保证金（空间状态数据数为75，记忆深度为1100），相应的融资规模则可由本章建立的回归模型确定。以金风科技为例，表7-4对比分析了2018年3月16日至2018年5月2日共30个交易日的实际融资规模与计算得出的融资规模差异。

表7-4 金风科技实际与合理融资规模的对比（2018年3月16日~2018年5月2日）

| 日期 | $\ln \dfrac{M_t}{\sigma_t}$ | $\ln R_t$ | $\ln T$ | 预计合理融资规模（万元） | 实际融资规模（万元） | 差距（万元） |
| --- | --- | --- | --- | --- | --- | --- |
| 2018年3月16日 | 2.510 | 0.950 | 6.929 | 2305.088 | 7681.732 | -5376.644 |
| 2018年3月19日 | 2.740 | 0.940 | 6.930 | 1849.919 | 4125.553 | -2275.634 |
| 2018年3月20日 | 2.738 | 0.939 | 6.930 | 1854.605 | 4615.729 | -2761.124 |
| 2018年3月21日 | 2.857 | 0.940 | 6.931 | 1647.696 | 9651.045 | -8003.349 |
| 2018年3月22日 | 2.772 | 0.936 | 6.932 | 1800.599 | 5673.412 | -3872.813 |
| 2018年3月23日 | 2.787 | 0.934 | 6.933 | 1776.350 | 7219.014 | -5442.664 |
| 2018年3月26日 | 2.519 | 0.933 | 6.934 | 2323.326 | 8247.142 | -5923.816 |
| 2018年3月27日 | 2.313 | 0.953 | 6.935 | 2805.684 | 7312.482 | -4506.798 |
| 2018年3月28日 | 2.217 | 0.952 | 6.936 | 2090.474 | 6714.097 | -4623.623 |
| 2018年3月29日 | 2.361 | 0.948 | 6.937 | 2688.030 | 6777.908 | -4089.878 |
| 2018年3月30日 | 2.126 | 0.990 | 6.938 | 3275.028 | 2709.293 | 565.735 |
| 2018年4月2日 | 1.723 | 0.964 | 6.939 | 5011.902 | 16084.486 | -11072.584 |
| 2018年4月3日 | 1.698 | 0.945 | 6.940 | 5230.372 | 3574.361 | 1656.011 |
| 2018年4月4日 | 1.550 | 0.904 | 6.941 | 6296.969 | 2719.136 | 3577.833 |
| 2018年4月9日 | 1.879 | 0.927 | 6.942 | 4438.715 | 4268.612 | 170.103 |
| 2018年4月10日 | 1.886 | 0.936 | 6.943 | 4371.308 | 3014.013 | 1357.295 |
| 2018年4月11日 | 2.123 | 0.940 | 6.944 | 3438.437 | 3474.113 | -35.676 |
| 2018年4月12日 | 1.636 | 0.939 | 6.945 | 5607.543 | 4650.782 | 956.761 |
| 2018年4月13日 | 1.881 | 0.939 | 6.946 | 4388.203 | 6507.190 | -2118.987 |
| 2018年4月16日 | 1.850 | 0.949 | 6.947 | 4487.567 | 3964.278 | 523.289 |
| 2018年4月17日 | 1.890 | 0.980 | 6.948 | 4190.790 | 2590.846 | 1599.944 |
| 2018年4月18日 | 2.108 | 0.985 | 6.949 | 3355.254 | 2750.316 | 604.938 |
| 2018年4月19日 | 2.110 | 1.005 | 6.950 | 3290.977 | 3248.822 | 42.155 |

续表

| 日期 | $\ln \frac{M_t}{\sigma_t}$ | $\ln R_t$ | $\ln T$ | 预计合理融资规模（万元） | 实际融资规模（万元） | 差距（万元） |
| --- | --- | --- | --- | --- | --- | --- |
| 2018年4月20日 | 1.888 | 1.011 | 6.951 | 4089.941 | 2380.356 | 1790.585 |
| 2018年4月23日 | 1.799 | 1.002 | 6.952 | 4505.090 | 1851.428 | 2653.662 |
| 2018年4月24日 | 1.913 | 1.006 | 6.953 | 4004.371 | 2207.974 | 1796.397 |
| 2018年4月25日 | 1.881 | 1.004 | 6.954 | 4146.953 | 2871.157 | 1275.796 |
| 2018年4月26日 | 1.988 | 1.017 | 6.955 | 3684.302 | 4857.410 | -1173.108 |
| 2018年4月27日 | 2.204 | 1.072 | 6.956 | 2824.379 | 2102.748 | -2102.748 |
| 2018年5月2日 | 1.861 | 1.001 | 6.957 | 4247.126 | 2596.090 | 1651.036 |

注：合理融资规模建立在第六章得出的保证金［次优空间状态数据数（75）和记忆深度（1100）］基础之上。

我们发现以上述回归模型为基础计算得出的融资规模与实际融资规模有较大差距，且差距在2018年4月之后有所减小：2018年4月之前前者明显低于后者，但4月之后前者甚至赶超后者，二者间差距呈现缩小趋势。图7-2描绘了2018年3月16日至2018年5月2日金风科技的复权收盘价走势。从中可以看出，股价大约在2018年4月2日前后出现拐点，趋势由高位下降改为低位上升趋势。这恰恰说明计算得出的融资规

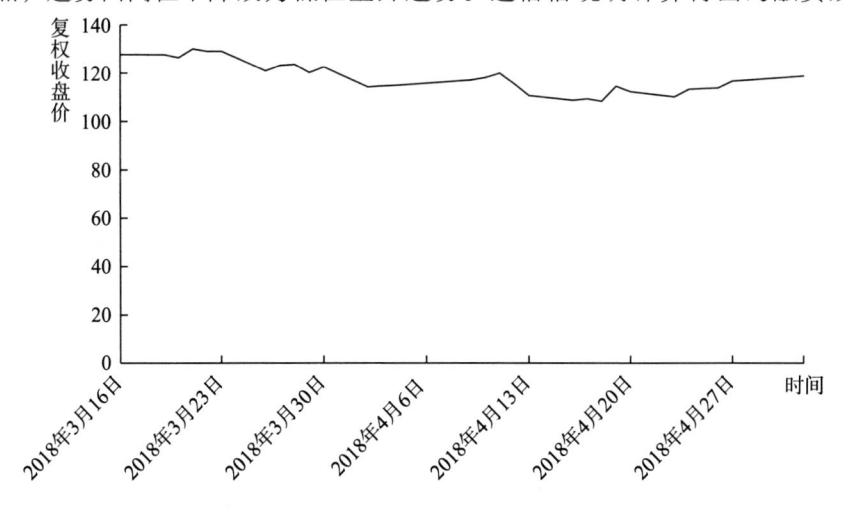

图7-2 金风科技股价走势（2018年3月16日~2018年5月2日）

模具备一定的合理性：股价高位下跌可能降低其对投资者的吸引力，导致融资规模不高，反之亦然（Easley et al.，1998）。如果我们把基于第六章得出的最优保证金计算得到的融资规模看成合理融资规模，那么我国实际融资规模与合理融资规模依然存在一定的差距。

  本章重点研究了保证金比例的调整对融资交易量（额）的影响，为确定合理融资规模奠定了基础。本章从理论出发，对保证金的变化与融资交易量（额）的关系进行了详细探讨。在正式模型建立前，本章观察并分析了融资交易量（额）在保证金比例调整前后不同时间段的具体表现。在此基础之上，根据期货市场的现有文献，该章建立了融资交易量（额）与保证金比例的回归模型，并应用至选择的融资标的股上。通过实证数据我们发现，与预期一致，保证金的外生变化（非内源变化）与融资交易量（额）呈显著负相关关系，即前者对后者有重要的负面影响。

# 第八章
# 结 论

## 第一节 导言

关于融资业务的风险控制,尤其是关于如何设置与调整融资业务保证金比例的研究甚少,绝大多数文献针对的是期货市场。鉴于融资业务的重要性,尤其是其对于中国这类新兴市场的深远影响(如其有助于活跃市场交易、提高市场定价效率、改善券商的生存环境,同时又能放大风险,增加市场的波动性),研究如何设置与调整融资保证金比例,对于防范系统性风险的同时兼顾市场效率具有非常重要的意义。

此外现存文献极少关注融资保证金比例的调整与融资交易量(额)之间的关联。相关研究的缺失使得我们无法合理判断保证金比例的变化对融资交易量(额)产生的影响,从而无法确定融资交易量(额)的最优规模、建立融资业务的"天花板"制度。在我国金融市场还未完善的情况下,这一问题显得尤为突出。需要特别强调的是,保证金的变化具有内源和外生双重属性。我们应该研究保证金的外生而非内源变化对融资交易量（额）的影响（Dutt 和 Wein，2003）。

> "…以往研究得出保证金变化与交易规模无关的原因是它们通常未考虑交易所保证金委员会调整保证金水平是因为市场风险的改变，即以往研究只关注保证金的内源变化…"①

本书以 82 只作为融资标的证券时间最长，即其历史可追溯至 2010 年 3 月 31 日融资试点正式启动且迄今依然为标的的股票作为研究对象。2010 年 3 月 31 日至 2018 年 5 月 2 日超过 8 年的日度数据允许我们对个股及市场的融资保证金比例进行更为广泛的独立比较研究。本书的创新点如下。

（1）尝试在极值理论的基础上，结合仿真与实证方法详细剖析法定保证金的充足性问题（保证金是否充足及对市场流动性的影响）。

（2）采用股票的复权价研究与融资保证金比例相关的问题。

（3）尝试研究中国特殊环境和背景下融资保证金比例的设置与调整问题。

（4）尝试探究马尔可夫模型参数对融资保证金比例设置与调整的影响。

（5）尝试探讨如何确立合理的融资规模、建立融资"天花板"制度。

## 第二节　研究结果概要

研究结果可分为若干层次。作为创新型的衍生金融工具，融资业务

---

① Dutt, H. R., and Wein, I. L., "Revisiting the Empirical Estimation of the Effect of Margin Changes on Futures Trading Volume", *The Journal of Futures Markets* 23, 2003, p.564.

## 第八章 结论

在我国尚属新生事物。如何深入研究该业务对于学者和从业者而言都具有重要意义。本书第二章对融资的起源、定义、与其他交易行为的区别及其基本要素、类型、内在价值、风险进行了详细描述。总的来说，该章表明融资业务尤其是我国的融资业务值得进一步关注。例如我国的融资交易制度与其他国家有何区别？其特殊性具体体现在哪些方面？

第三章详细探讨了上述与本书后续实证工作相关问题的答案。通过与美国、日本和中国台湾三个经济体在融资交易模式、监管方式、参与主体资格和保证金比例方面的对比分析，我们发现中国的融资交易制度有其自身特点。例如，我国的融资交易采取的是两阶段模式，即"无转融通—专业化授信"模式，目的是加强对信用交易的监管和控制。此外我国对于融资标的的要求远高于其他国家和地区，对证券的规模、流通市值、流动性等方面做了硬性规定。但即便如此，2015年中国股市的暴跌依然把杠杆交易，包括融资交易，推向了风口浪尖。此次事件实则暴露了政府杠杆交易监管的缺失。融资交易的风险有两道防线，其中保证金制度是核心。如何设置合理的保证金比例、如何适时调整保证金比例及如何确定合理的杠杆交易规模一直是学术界争论的焦点。

第四章主要探讨了我国目前的法定融资保证金比例存在的问题。通过对82只作为融资标的证券时间最长且迄今依然为标的的股票进行研究，在极值理论的基础上，借鉴VaR模型和ES模型，并结合蒙特卡洛模拟法，我们得出法定保证金水平充足的结论。这是新兴市场政府从安全角度考虑，为防止融资爆仓事件发生、规避系统性风险采取的措施。但是过高的保证金比例及不合适的调整时机会意外增加投资者成本，使得部分投资者退出市场，从而导致市场流动性降低。另外我国融资保证金的合理性也值得商榷。例如，保证金为固定比例，几乎不随市场状况的变化而变化；保证金比例过于单一，不随抵押担保品的不同变化而改变；政府并未明确法定保证金比例是如何制定的。这些问题皆指明我国的融资保证金系列问题值得进一步探讨和研究。

针对上述问题，第五章从现存文献出发，探究了保证金比例（尤其是期货市场的保证金比例）的决定因素，并说明了现存杠杆交易市场主要的保证金征收方法及学术界提出的保证金（尤其是期货市场保证金）比例的设置和调整方法。结论表明各类方法皆有优缺点。最后该章还探讨了保证金（尤其是期货市场保证金）比例调整带来的市场效应，包括市场波动率的改变和杠杆交易量（额）的变化。结论表明保证金比例变化对市场波动率和杠杆交易量（额）的影响是存在争议的。

在第五章研究的基础上，针对存在的研究空白，第六章进一步提出了新的思考：我国特殊市场情况的融资保证金的设置和调整方法。该章首先从现存文献的研究出发，通过对其采用的常见的风险控制目标和实际存在的问题进行分析，找出适合中国国情的融资风险控制目标和研究方法。在此基础上，构建了 CPNR 指标来衡量相应的风险。在给定 CPNR 值的前提下，通过马尔可夫链描述标的证券价格的生成过程，采用数值法倒推出最优的动态保证金系统（初始和维持保证金比例），并进行样本外检测。以 2018 年 3 月 16 日至 5 月 2 日共 30 个交易日为例，从总体上而言（综合考虑投资者成本和券商经营成本），上述方法导出的保证金系统相对于法定保证金系统而言，所需的成本更低。

第七章进一步研究了融资保证金比例调整对融资规模的影响。该章首先从理论上探讨了二者的关系，指出保证金的外生而非内源变化才是引起融资交易量（额）变化的原因。接下来该章初步观察了我国融资保证金比例调整前后时间段融资交易量（额）的变化，发现对大部分个股而言，二者呈负相关关系。通过借鉴期货市场的研究，并在此基础上根据融资业务的情况对相关模型进行调整，该章进一步采用 2014 年 1 月 1 日至 2015 年 5 月 2 日这一融资交易相对活跃的时间段内的数据对模型参数进行估计。结果发现对于多数个股而言，保证金的外生变化的确对融资交易量（额）产生负面影响：保证金比例越高，融资交易量（额）越低；反之亦然。随后根据第六章得出的合理保证金比例，该章计算出相应的融资规模并与实际的融资规模做对比。结果发现二者间存在较显著差异，实际（计算得出）的融资规模与实际股价的走势不符（基本相符）。

## 第三节　研究结果的经济内涵

本书探讨了法定保证金系统存在的不足，在现有文献的基础上提出了新的符合我国国情的融资保证金比例的设置与调整方法，并测试了保证金比例调整的市场效应。结果表明，通过本书的方法导出的保证金系统从综合成本的角度而言要优于法定保证金系统。此外保证金比例调整与融资交易量（额）的变化呈负相关关系，采用本书建立的回归模型得出的融资规模相较实际融资规模更为合理。上述研究结论具有以下经济内涵。

首先，如第四章所述，我国的法定融资保证金存在调整时机、幅度等问题及内在不合理之处。例如，对于投资者尤其是套期保值者而言，现有保证金体系使得其资金使用效率低下、投资的机会成本过高。而对于政策制定者而言，法定保证金体系存在的问题可能导致市场流动性降低、融资业务活跃度下降，从而降低标的资产的市场定价效率。

其次，选择合适的风险控制目标对于设置与调整保证金比例有重要作用。不恰当的政策控制目标可能使保证金体系的实施效果偏离预期目标。如第六章所述，若选择市场波动率作为控制目标，由于保证金比例的调整与市场波动率并非一一对应的关系，通过调节保证金比例来调控市场，可能达不到预期目标。因此政策制定者在设定和调整融资保证金比例时需要寻求符合实际情况的风险控制目标。

再次，模型参数的选择对于最优保证金比例的设置有重要影响。如第六章所述，在马尔可夫链不同状态空间的划分与记忆深度下，保证金比例的差异较大。因此政策制定者在设置融资保证金比例时，需要将模型参数作为重要因素考虑在内。

最后，变量的选择对于正确评价保证金比例调整的市场效应、确立合理的融资规模意义重大。如第七章所述，保证金的外生变化而非内源变化与融资交易量（额）呈负相关关系。由此建立的回归模型得出的融资规模相对于实际融资规模而言更为合理。

## 第四节　亟待进一步研究的领域

本书主要探讨的是融资保证金比例的优化设置、动态调整及其市场效应问题，其中的局限性和不足之处值得关注。

在分析法定保证金的充足性时，我们是以个股数据为依据进行测试的，可能会加大计算量及增加计算的复杂程度。改进的方向之一为以个股为基础构造合适的指数来作为整个市场的代表，检测目前的保证金是否充足及其充足程度。

虽然本书对以往文献做出了重要改进，但依然未解决如何使用数学或统计方法计算出最优模型参数的问题。理论和实证证据皆表明模型参数的选择对设置最优保证金比例有重要影响。因此寻求技术解决方案将是后续研究亟须突破的方向。

在设置最优保证金比例时，我们仅考虑现金为保证金的唯一方式。在实际操作中，证券也极有可能是保证金的一部分。此外我们假设投资者仅融资购买单只证券，往往与现实生活不符。因此在以后的研究中需考虑不同的抵押品对保证金比例的影响及如何导出复杂证券组合的保证金系统。

## 第五节  结论

基于2010年3月31日至2018年5月2日期间82只融资标的样本股数据,本书探讨了我国融资保证金比例的设置、调整及其市场效应问题。通过实证分析,我们找出了目前融资保证金体系存在的不足,如保证金比例的调整时机与幅度有待商榷。基于以往文献,我们进一步确立了适合我国国情的保证金系统、保证金调整方法。结果发现从综合成本的角度而言,该保证金系统要优于法定保证金系统。且研究发现保证金的外生变化与融资交易量(额)呈负相关关系。由此建立的回归模型能较好地预测合理的融资规模。在中国背景下研究上述问题,有助于增强我们对中国市场独特特征的理解,扩展现有的知识体系。

# 参考文献

[1] Anderson, D. M., "Taking Stock in China: Company Disclosure and Information in China's Stock Markets", *The Georgetown Law Journal* 6, 2000, pp. 1919 – 1952.

[2] Artzner, P., Dealben, F., Eber, J. M., and Heath, D., "Coherent Measures of Risk", *Mathematical Finance* 9 (3), 1999, pp. 203 – 228.

[3] Asem, E., and Gloria, Y. T., "Market Dynamics and Momentum Profits", *Journal of Financial and Quantitative Analysis* 45, 2010, pp. 1549 – 1562.

[4] Bai, X., Scheinberg, K., and Tutuncu, R., "Least-squares Approach to Risk Parity in Portfolio Selection", *Quantitative Finance* 16 (3), 2013, pp. 1 – 20.

[5] Balkema, A. A., and De Hann, L., "Residual Lifetime at Great Age", *Annals of Probability* 2, 1974, pp. 792 – 804.

[6] Ball, R., and Kothari, S. P., "Nonstationary Expected Returns: Implications for Tests of Market Efficiency and Serial Correlation in Returns", *Journal of Financial Economics* 25 (1), 1989, pp. 51 – 74.

[7] Barone-Adesi, G., Glannopoulos, K., and Vosper, L., "Backtesting Derivative Portfolios with Filtered Historical Simulation", *European Finan-*

*cial Management* 8 (1), 2002, pp. 31 – 58.

[8] Barone-Adesi, G., Glannopoulos, K., and Vosper, L., "VAR without Correlations for Portfolios of Derivative Securities", *Journal of Futures Markets* 19 (5), 1999, pp. 583 – 602.

[9] Bates, D., and Craine, R., "Valuing the Futures Market Clearinghouse's Default Exposure during the 1987 Crash", *Journal of Money, Credit and Banking* 31, 1999, pp. 248 – 272.

[10] Bhattacharyya, M., and Ritolia, G., "Conditional VaRUsing EVT – Towards a Planned Margin Scheme", *International Review of Financial Analysis* 17, 2008, pp. 382 – 395.

[11] Bian, J. Z., He, Z. G., Shue, K., and Zhou, H., "Leverage-induced Fire Sales and Stock Market Crashes", SSRN Working Paper, 2018.

[12] Bikhchandani, S., and Sharam, S., "Herding Behavior in Financial Markets", *IMF Staff Papers* 47 (3), 2000, pp. 279 – 310.

[13] Billingsley, P., "Statistical Methods in Markov Chains", *Annals of Mathematical Statistics* 32 (1), 1961, pp. 12 – 40.

[14] Booth, G. G., Broussard, J. P., Martikainen, T., and Puttonen, V., "Prudent Margin Levels in the Finnish Stock Index Futures Market", *Management Science* 43 (8), 1997, pp. 1177 – 1188.

[15] Brennan, M. J., "A Theory of Price Limits in Futures Markets", *Journal of Financial Economics* 16, 1986, pp. 213 – 233.

[16] Broussard, J. P., "Extreme-value and Margin Setting with and without Price Limts", *The Quarterly Review of Economics and Finance* 41 (3), 2001, pp. 365 – 385.

[17] Brumm, J., Grill, M., Kubler, F., Schmedders, K., "Margin Regulation and Volatility", *Journal of Monetary Economics* 75, 2015, pp. 54 – 68.

[18] Brunnermeier, M., and Pedersen, L., "Market Liquidty and Funding

Liquidity", *The Review of Financial Studies* 22, 2009, pp. 2201 – 2238.

[19] Bryan, P. D., Yang, T. C., and Phua, P., "Index Futures Trading, Margin Trading and Securities Lending in China Finally Launched", *Journal of Investment Compliance* 11 (2), 2013, pp. 23 – 26.

[20] Butler, J. S., and Schachter, B., "Estimating Value-risk with a Precision Measure by Combining Kernel Estimation with Historical Simulation", *Review of Derivatives Research* 1 (4), 1998, pp. 371 – 390.

[21] Chang, E. C., Luo, Y., and Ren, J., "Short-selling, Margin-trading, and Price Efficiency: Evidence from the Chinese Market", *Journal of Banking and Finance* 48, 2014, pp. 411 – 424.

[22] Chatrath, A., Adrangi, B., and Alleder, M., "The Impact of Margins in Futures Markets: Evidence from the Gold and Silver Markets", *The Quarterly Review of Economics and Finance* 41, 2001, pp. 279 – 294.

[23] Chauvet, M., and Potter, S., "Coincident and Leading Indicators of the Stock Market", *Journal of Empirical Finance* 7 (1), 1999, pp. 87 – 111.

[24] Chen, D. S., "Legal Development in China's Securities Market during Three Decades of Reform and Opening-up", SSRN Working Paper, 2009.

[25] Chen, G. M., Firth, M., Gao, D. N., and Rui, O. M., "Is China's Securities Regulatory Agency a Toothless Tiger? Evidence from Enforcement Actions", *Journal of Accounting and Public Policy* 24 (6), 2005, pp. 451 – 488.

[26] Chen, S. S., "Predicting the Bear Market: Macroeconomic Variables as Leading Indicators", *Journal of Banking and Finance* 33, 2009, pp. 211 – 223.

[27] Chen, S. W., and Chen, C. H., "The Random Walk Hypothesis Revisited: Evidence from the 16 OECD Stock Prices", *Economic Bulletin* 29

(1), 2009, pp. 286 – 302.

[28] Chen, Y. C., Chou, J. H., Fung, H. G., and Tse, Y., "Setting the Futures Margins with Price Limits: The Case for Single-stock Futures", *Review of Quantitative Finance and Accounting* 48 (1), 2017, pp. 219 – 237.

[29] Chen, Z. W., "Capital Markets and Legal Development: The China Case", *China Economic Review* 14, 2003, pp. 451 – 472.

[30] Chou, P. H., Lin, M. C., and Yu, M. T., "Margins and Price Limits in Taiwan's Stock Index Futures Market", *Emerging Markets Finance and Trade* 42 (1), 2006, pp. 62 – 88.

[31] Chou, P. H., Lin, M. C., and Yu, M. T., "Price Limits, Margin Requirement and Default Risk", *Journal of Futures Markets* 20 (6), 2000, pp. 573 – 602.

[32] Chou, R. K., Wang, G. H. K., and Wang, Y. Y., "The Effects of Margin Changes on the Composition of Traders and Market Liquidity: Evidence from the Taiwan Futures Exchanges", *The Journal of Futures Markets* 35 (10), 2015, pp. 894 – 915.

[33] Cornell, B., "The Relationship between Volume and Price Variability in Futures Markets", *The Journal of Futures Markets* 20, 1981, pp. 5 – 18.

[34] Cotter, J., and Dowd, K., "Extreme Spectral Risk Measures: An Application to Futures Clearinghouse Margin Requirements", *Journal of Banking and Finance* 30 (12), 2006, pp. 3469 – 3458.

[35] Cotter, J., and Longin, F., "Margin Requirements with Intraday Dynamics", UCD Geary Institute Discussion Paper, 2005.

[36] Cotter, J., "Conditional and Unconditional Risk Management Estimates for European Stock Index Futures", UCD Working Paper, 1999.

[37] Cotter, J., "Margin Exceedences for European Stock Index Futures

Using Extreme Value Theory", *Journal of Banking and Finance* 25 (8), 2001, pp. 1475 – 1502.

[38] Craine, R., "Are Futures Margins Adequate?" University of California Discussion Paper, 1992.

[39] Danielsson, J., and De Vries, C. G. D., "Value at Risk and Extreme Returns", *Annales d'Économie et de Statistique* 60 (60), 2000, pp. 239 – 270.

[40] D'Avolio, G., "The Market for Borrowing Stock", *Journal of Financial Economics* 66, 2002, pp. 271 – 306.

[41] Day, T. E., and Lewis, C. M., "Initial Margin Policy and StochasticVolatility in Crude Oil Futures Market", *The Review of Financial Studies* 10, 1997, pp. 303 – 332.

[42] Day, T. E., and Lewis, C. M., "Margin Adequacy and Standards: An Analysis of the Crude Oil Futures Market", *Journal of Business* 77 (1), 2004, pp. 101 – 135.

[43] Dewachter, H., and Gielens, G., "Setting Futures Margins: The Extreme Approach", *Applied Financial Economics* 9, 1999, pp. 173 – 181.

[44] Diamond, D. W., and Dybvig, P. H., "Bank Runs, Deposit Insurance, and Liquidity", *Journal of Political Economy* 91 (5), 1983, pp. 401 – 419.

[45] Dorn, J., "The Role of China in the U. S. Debt Crisis", *Cato Journal* 33 (1), 2013, pp. 77 – 89.

[46] Dutt, H. R., and Wein, I. L., "Revisiting the Empirical Estimation of the Effect of Margin Changes on Futures Trading Volume", *The Journal of Futures Markets* 23 (6), 2003, pp. 561 – 576.

[47] Easley, D., O'Hara, D., and Srinivas, P. S., "Option Volume and Stock Prices: Evidence on where Informed Traders Trade", *The Journal of Finance* 53 (2), 1998, pp. 431 – 465.

[48] Edwards, F. R., and Neftci, S. N., "Extreme Price Movements and Margin Levels in Futures Markets", *The Journal of Futures Markets* 8, 1998, pp. 639 – 655.

[49] Eun, C. S., and Huang, W., "Asset Pricing in China's Domestic Stock Markets: Is There ALogic?" *Pacific-Basin Finance Journal* 15 (5), 2008, pp. 452 – 480.

[50] Fama, E. F., and French, K. R., "Common Factors in the Serial Correlation of Stock Returns", University of California Discussion Paper, 1986.

[51] Fan, E. F., "The Behaviour of Stock Markes Price", *The Journal of Futures* 38, 1965, pp. 34 – 105.

[52] Fenn, G., and Kupiec, P., "Prudential Margin Policy in A Futures-style Settlement System", *The Journal of Futures Markets* 13 (4), 1993, pp. 389 – 408.

[53] Ferris, S., and Chance, D., "Margin Requirements and Stock Market Volatility", *Economic Letters* 28 (3), 1988, pp. 251 – 254.

[54] Fielitz, B. D., and Bhargava, T. N., "The Behavior of Stock-price Relatives-A Markovian Analysis", *Operations Research* 21 (6), 1973, pp. 1183 – 1199.

[55] Figlewski, S., "Margins and Margin Integrity: Margin Setting for Stock Index Futures and Options", *The Journal of Futures Markets* 4 (3), 1984, pp. 385 – 416.

[56] Fishe, R. P. H., and Goldberg, L. G., "The Effects of Margins on Trading in Futures Markets", *The Journal of Futures Markets* 6, 1986, pp. 261 – 271.

[57] Fishe, R. P. H., Goldberg, L. G., Gosnell, T. F., and Sinha, S., "Margin Requirements in Futures Markets: Their Relationship to Price Volatility", *The Journal of Futures Market* 10 (5), 1990, pp. 541 – 554.

[58] Fisher, R., and Tippett, L., "Limiting Forms of the Frequency Distribution of the Largest or Smallest Member of A Sample", *Mathematical Proceedings of the Cambridge Philosophical Society* 24 (2), 1928, pp. 180 – 190.

[59] Fortune, P., "Margin Requirements, Margin Loans, and Margin Rates: Practice and Principles", *New England Review* 9/10, 2000, pp. 19 – 44.

[60] Gao, S., "China Stock Market in AGlobal Perspective", *Research Report of Dow Jones Indexes*, 2002, pp. 1 – 48.

[61] Gao, Y.C., Tang, H.L., Cai, S.M., Gao, J.J., and Stanley, H.E., "The Impact of Margin Trading on Share Price Evolution: A Cascading Failure Model Investigation", *Physica A* 505, 2018, pp. 69 – 76.

[62] Gay, G.D., Hunter, W.C., and Kolb, R.W., "A Comparative Analysis of Futures Contract Margins", *The Journal of Futures Markets* 6 (2), 1986, pp. 307 – 324.

[63] Geanakoplos, J., "The Leverage Cycles", *NBER Macroeconomic Annual* 24, 2010, pp. 1 – 66.

[64] Goldberg, M., "The Relevance of Margin Regulation", *Journal of Money, Credit, and Banking* 17 (1), 1985, pp. 521 – 527.

[65] Good, I.J., "The Likelihood Ratio Test for Markov Chains", *Biometrika* 42, 1955, pp. 531 – 533.

[66] Guo, G.F., and Zhou, W.X., "Statistical Properties of Daily Ensemble Variables in the Chinese Stock Markets", *Physica A Statistical Mechanics and Its Applications* 383 (2), 2007, pp. 497 – 506.

[67] Hardouvelis, G.A., and Peristiani, S., "Margin Requirements, Speculative Trading, and Stock Price Fluctuations: The Case of Japan", *The Quarterly Journal of Economics* 107 (4), 1992, pp. 1333 – 1370.

[68] Hardouvelis, G.A., and Theodossiou, P., "The Asymmetric Relation

between Initial Margin Requirements and Stock Market Volatility across Bull and Bear Markets", *The Review of Financial Studies* 15 (5), 2002, pp. 1525 – 1559.

[69] Hardouvelis, G. A., "Margin Requirements and the Stock Market Volatlity", Federal Reserve Bank of New York Quarterly Review, 1988, pp. 80 – 89.

[70] Hardouvelis, G. A., "Margin Requirements, Volatility, and the Transitory Component of Stock Prices", *American Economic Review* 80 (4), 1990, pp. 736 – 763.

[71] Hartzmark, M. L., "The Effects of Changing Margin Levels on Futures Market Activity, the Composition of Traders in the Market, and Price Performance," *Journal of Business* 59 (2), 1986, pp. 147 – 180.

[72] Hearn, B., Piesse, J., and Strange, R., "Market Liquidity and Stock Size Premia in Emerging Financial Markets: The Implication for Foreign Investment", *International Business Review* 19 (5), 2010, pp. 489 – 510.

[73] Heilmann, S., "The Chinese Stock Market: Pitfalls of a Policy-driven Market", *Center for East Asian and Pacific Studies Working Paper*, 2002, pp. 1 – 13.

[74] Hill, B. M., "A Simple General Approach to Inference about the Tail of a Distribution", *Annuals of Statistics* 3, 1975, pp. 1163 – 1174.

[75] Hoel, P. G., "A Test for Markov Chains", *Biometrika* 41, 1954, pp. 430 – 433.

[76] Hong, H., Chen, N. W., Ryan, J., and O'Brien, F., "Stock Return Predictability and Model Instability: Evidence from Mainland China and Hong Kong", *The Quarterly Review of Economics and Finance* 68, 2018, pp. 132 – 142.

[77] Hong, H., Sung, H. Z., and Yang, J. J., "On Profitability of Volatility Trading on S&P 500 Equity Index Options: The Role of Trading Frictions", *International Review of Economics and Finance* 55, 2018, pp. 295–307.

[78] Hong Hui, *The Forecastability of Equity Market Returns: An Empirical Investigation of Chinese Equity Market Returns* (Beijing: Social Science Acadamic Press, 2019).

[79] Hsieh, D., and Miller, M., "Margin Regulation and Stock Market Volatility", *Journal of Finance* 45 (1), 1990, pp. 3–30.

[80] Hsu, Y., "Margin Requirements and Stock Market Volatility: Another Look at the Case of Taiwan", *Pacific-Basin Finance Journal* 4 (4), 1996, pp. 409–419.

[81] Huang, G. H., Xin, W. T., and Gu, W. Q., "Active Margin System for Margin Loans and its Application in Chinese Market: Using Cash and Randomly Selected Stock as Collateral", Chongqing University Working Paper, 2012.

[82] Hull, John, C., *Options, Futures, and Other Derivative Securities* (Englewood Cliffs: Prentice-Hall, 2009).

[83] Hung, J. C., "Deregulation and Liberalization of the Chinese Stock Market and the Improvement of Market Efficiency", *The Quarterly Review of Economics and Finance* 49 (3), 2009, pp. 843–857.

[84] Hunter, W. C., "Rational Margins on Futures Contracts: Initial Margins", *Review of Research in Futures Markets* 5, 1986, pp. 160–183.

[85] Jacobs, M., and Onochie, J., "A Bivariate Generalized Autoregressive Conditional Heteroscedasticity-in-mean Study of the Relationship between Return Variability and Trading Volume in International Futures Markets", *Journal of Futures Markets* 18, 1998, pp. 379–397.

[86] Jorion Philippe, *Value-at-Risk: The New Benchmark for Managing Financial Risk* (New York: McGraw-Hill, 2001).

[87] Kahraman, B., and Tookes, H. E., "Trader Leverage and Liquidity", *The Journal of Finance* 72 (4), 2017, pp. 1567–1610.

[88] Kao, T. C., and Lin, C. H., "Setting Margin Levels in Futures Markets: An extreme Value Method", *Nonlinear Analysis: Real World Applications* 11, 2010, pp. 1704–1713.

[89] Kearns, P., and Pagan, A., "Estimating the Density Tail Index for Financial Time Series", *The Review of Economics and Statistics* 79, 1997, pp. 171–175.

[90] Knott, R., and Mills, A., "Modeling Risk in Central Counterparty Clearing Houses: A Review", *Bank of England Financial Stability Review* 12, 2002, pp. 162–174.

[91] Kupiec, P., and Sharpe, S., "Animal Spirits, Margin Requirements and Stock Price Volatility", *Journal of Finance* 46 (2), 1991, pp. 717–732.

[92] Kupiec, P., and White, P., "Regulatory Competition and the Efficiency of Alternative Derivative Product Margining Systems", *Journal of Futures Markets* 16 (8), 1996, pp. 943–968.

[93] Kupiec, P., "Initial Margin Requirements and Stock Returns Volatility: Another Look", *Journal of Financial Services Research* 3, 1989, pp. 189–202.

[94] Kupiec, P., "Margin Requirements, Volatility, and Market Integrity: What Have We Learned since the Crash?" *Journal of Financial Services Research* 13 (3), 1998, pp. 231–255.

[95] Kupiec, P., "The Performance of S&P 500 Futures Product Margins under the SPAN Margining System", *Journal of Futures Markets* 14 (7), 1994, pp. 789–811.

[96] Lam, K., Sin, C. Y., and Leung, R., "A Theoretical Framework to Evaluate Different Margin Setting Methodologies", *The Journal of Futures Markets* 24 (2), 2004, pp. 117 – 145.

[97] Leadbetter, M. R., Lindgren Georg, Rootzen Holger, *Extremes and Related Properties of Random Sequences and Processes* (New York: Springer-Verlag, 1983).

[98] Lee, S. B., and Yoo, T. Y., "Margin Regulation and Stock Market Volatility: Further Evidence from Japan, Korea and Taiwan", *Pacific-Basin Finance Journal* 1 (2), 1993, pp. 155 – 174.

[99] Li, H., "Integration versus Segmentation in China's Stock Market: An Analysis of Time-Varying Beta Risks", *Journal of International Financial Markets, Institutions and Money* 25, 2013, pp. 88 – 105.

[100] Lin, S. K., Wang, S. Y., and Tsai, P. L., "Application of Hidden Markov Switching Moving Average Model in the Stock Markets: Theory and Empirical Evidence", *International Review of Economics and Finance* 18 (2), 2009, pp. 306 – 371.

[101] Liu, H. L., and Shi, Y. S., "How dose Leverage in Stock Market Influence the Margin of Stock Index Futures?" *Applied Economic Letters* 25 (12), 2018, pp. 816 – 820.

[102] Longin, F., "From Value at Risk to Stress Testing: The Extreme Value Approach", *Journal of Banking and Finance* 14 (7), 2000, pp. 1097 – 1130.

[103] Longin, F., "Optimal Margin Level in Futures Markets: Extreme Price Movements", *The Journal of Futures Markets* 19 (2), 1999, pp. 127 – 152.

[104] Lorenz, N., "Using Quantile and Asymmetric Least Squares Regression for Optimal Risk Adjustment", *Health Economics* 26 (6), 2016,

pp. 724 – 742.

[105] Lv, D. Y., and Ruan, Q. S., "Asymmetric Effect of Margin-trading Activities on Prices Crashes: Evidence from Chinese Stock Market", *Applied Economic Letters* 25 (13), 2017, pp. 900 – 904.

[106] McNeil, A., "Calculating Quantile Risk Measures for Financial Time Series Using Extreme Value Theory", *ASTIN Bulletin* 27, 1998, pp. 117 – 137.

[107] McQueen, G., and Thorley, S., "Are Stock Returns Predictable? A Test Using Markov Chains", *The Journal of Finance* 46 (1), 1991, pp. 239 – 263.

[108] Moore, T. G., "Stock Market Margin Requirements", *Journal of Political Economy* 74 (2), 1966, pp. 158 – 167.

[109] Nam, K., Kim, S. W., and Arize, A. C., "Mean Reversion of Short-horizon Stock Returns: Asymmetry Property", *Review of Quantitative Finance and Economics* 26 (2), 2006, pp. 137 – 163.

[110] Narayan, P. K., and Smyth, R., "Random Work versus Multiple Trend Breaks in Stock Prices: Evidence from 15 European Markets", *Applied Financial Economic Letters* 2 (1), 2006, pp. 1 – 7.

[111] Newey, Whitney K., and Kenneth D. West, "A Simple, Positive Semi-definite, Heteroskedasticity and Autocorrelation Consistent Covariance Matrix", *Econometrica* 55 (3), 1987, pp. 703 – 708.

[112] Okpara, G. C., "Stock Market Prices and the Random Walk Hypothesis: Further Evidence from Nigeria", *Journal of Economics and International Finance* 2 (3), 2010, pp. 49 – 57.

[113] Park, Y. H., and Abruzzo, N., "An Empirical Analysis of Futures Margin Changes: Determinants and Policy Implications", *Journal of Financial Services Research* 49 (1), 2016, pp. 65 – 100.

[114] Phillips, P. C. B., McFarland, J. W., and McMahon, P. C., "Robust Tests of Forward Exchange Market Efficiency with Empirical Evidence from the 1920s", *Journal of Applied Econometrics* 11, 1996, pp. 1 – 22.

[115] Phylaktis, K., and Aristidou, A., "Margin Changes and Futures Trading Activity: A New Approach", *European Financial Management* 19 (1), 2013, pp. 45 – 71.

[116] Pickands, J., "Statistical Inference Using Extreme Order Statistics", *Annals of Statistics* 3, 1975, pp. 119 – 131.

[117] Potreba, J. M., and Summers, L. H., "Mean Reversion in Stock Price: Evidence and Implications", *Journal of Financial Economics* 22, 1988, pp. 27 – 59.

[118] Prodan, R., "Potential Pitfalls in Determining Multiple Structural Changes with an Application to Purchasing Power Parity", *Journal of Business and Economic Statistics* 26 (1), 2008, pp. 50 – 65.

[119] Psaradakis, Z., Sola, M., and Spagnolo, F., "On Marko Error-correction Models, with an Application to Stock Prices and Dividends", *Journal of Applied Econometrics* 19 (1), 2004, pp. 69 – 88.

[120] Rey, C., Rey, S., and Viala, J. R., "Detection of High and Low States in Stock Market Returns with MCMC Method in a Markov Switching Model", *Economic Modelling* 41, 2014, pp. 145 – 155.

[121] Rutledge, D. J. S., "Trading Volume and Price Variability: New Evidence on the Price Effects of Speculation", *International Futures Trading Proceedings* 5, 1979, pp. 161 – 174.

[122] Salinger, M., "Stock Market Margin Requirements and Volatility: Implications for Regulation of Stock Index Futures", *Journal of Financial Services Research* 3, 1989, pp. 121 – 138.

[123] Schwert, G. W., "Margin Requirements and Stock Volatility", *Journal*

of *Financial Services Research* 3 (2/3), 1989, pp. 153 - 164.

[124] Schwert, G. W. , "Why does Stock Market Volatility Change over Time"? *Journal of Finance* 44 (5), 1989, pp. 1115 - 1154.

[125] Seguin, P. J. , "Stock Volatility and Margin Trading", *Journal of Monetary Economics* 26 (1), 1990, pp. 101 - 121.

[126] Shanker, L. , and Balakrishnan, N. , "Optimal Clearing Margin, Capital and Price Limits for Futures Clearinghouses", *Journal of Banking and Finance* 29, 2005, pp. 1611 - 1630.

[127] Spiegelglas, S. , "Changes in Margin Requirements and Stock Market Prices", *Financial Analysts Journal* 16 (6), 1960, pp. 35 - 37.

[128] Su Dongwei, *Chinese Stock Market - A Research Handbook* (USA: World Scientific Publishing Co. Ltd. , 2003).

[129] Sun, Q. , and Tong, W. H. S. , "The Effect of Market Segmentation on Stock Prices: The China Syndrome", *Journal of Banking and Finance* 24 (12), 2000, pp. 1875 - 1902.

[130] Tebaldi, C. , "Hedging Using Simulation: A Least Squares Approach", *Journal of Economic Dynamics and Control* 29 (8), 2005, pp. 1287 - 1312.

[131] Telser, L. , "Margins and Futures Contracts", *Journal of Futures Markets* 1, 1981, pp. 225 - 253.

[132] Venkataraman, S. , "Value at Risk for a Mixture of Normal Distributions: The Use of Quasi-bayesian Estimation Techniques", *Federal Reserve Bank of Chicago's Economic Perspectives*, 1997, pp. 2 - 13.

[133] Wang, F. H. , and Xu, Y. X. , "What Determines Chinese Stock Returns?" *Financial Analysts Journal* 60, 2004, pp. 65 - 77.

[134] Wang, Y. N. , and Iorio, A. D. , "Are the China-related Stock Markets Segmented with both World and Regional Stock Markets?" *Journal of*

[135] Xie, S. Q., and Jia, Y. W., "Margin Trading and Volatility: Further Evidence from China's Stock Market", *Emerging Markets Finance and Trade* 55 (6), 2019, pp. 1 – 13.

[136] Yao, S. J, and Dan, L., "The Economic Psychology of Stock Market Bubbles in China", *The World Economy* 32 (5), 2009, pp. 667 – 691.

[137] Zhu, Z., "The Random Walk of Stock Price: Evidence from a Panel of G – 7 Countries", *Applied Economic Letters* 5 (7), 1998, pp. 411 – 413.

[138] 陈红:《我国证券融资融券交易的风险控制及完善策略》,《投资研究》2008 年第 10 期。

[139] 陈梦根:《中国股市长期记忆效应的实证研究》,《经济研究》2003 年第 3 期。

[140] 陈晓舜:《证券信用交易制度与风险控制》,《证券市场导报》2000 年第 12 期。

[141] 陈珠明和史余森:《高送转股票财富效应的实证研究》,《系统工程》2010 年第 10 期。

[142] 陈峥嵘和朱蕾:《我国证券金融公司的功能定位、运作机制与制度设计》,《上海金融》2012 年第 3 期。

[143] 崔媛媛等:《融资融券运行现状分析及问题剖析》,《证券市场导报》2010 年第 10 期。

[144] 戴良安和刘德民:《期货与选择权保证金系统之比较研究——回顾与实证》,《管理与系统》2008 年第 15 期。

[145] 戴秦和谢斐:《保证金比例对沪深股市股价波动的影响——基于沪深股市的日内高频交易数据》,《社会科学家》2016 年第 7 期。

[146] 付春明:《证券交易中合意透支行为的法律分析》,《金融教学与研究》2004 年第 4 期。

[147] 龚朴和黄荣兵:《SPAN 保证金系统中的 VaR 实现技术》,《系统工程学报》2009 年第 24 期。

[148] 郭存芝:《股票投资收益率预测的随机分析方法研究》,《数量经济技术经济研究》2002 年第 19 期。

[149] 郭建新:《美国的市场经济体制》,《经济研究参考》1993 年第 3 期。

[150] 赫凤杰:《A 股市场杠杆交易与监管》,《财经科学》2015 年第 11 期。

[151] 胡淑兰等:《基于 HMM 的中国股市状态转移及预测》,《统计与决策》2011 年第 22 期。

[152] 黄江东:《融资融券交易模式的国际比较及对我国的启示》,《金融与经济》2012 年第 6 期。

[153] 黄晓彬等:《基于隐马尔科夫模型的中国股票信息探测》,《系统工程理论与实践》2012 年第 32 期。

[154] 简军:《融资融券》,南京大学出版社,2009。

[155] 李稻葵:《2015 股市暴跌的改革启示录》,《新财富》2015 年第 8 期。

[156] 李谦:《融资融券业务对资本市场的影响》,《中国金融》2009 年第 5 期。

[157] 李诗瑶和李星汉:《融资融券保证金机制与股价特质性波动》,《商业研究》2017 年第 3 期。

[158] 李艳:《融资融券法律机制研究》,法律出版社,2011。

[159] 刘钊:《证券信用交易:资本市场一项基础性制度建设》,《中国金融》2006 年第 8 期。

[160] 李政等:《融资交易、杠杆牛市与股灾危机》,《统计研究》2016 年第 11 期。

[161] 廖焕国:《论我国融资融券交易担保机制的法律构造——以最高额

质押为视点的框架分析》,《西北政法大学学报》(法律科学) 2009 年第 5 期。

[162] 林欣:《金融衍生品错向风险及其防范研究》,《新金融》2012 年第 9 期。

[163] 刘凤元:《衍生品保证金计算的国际经验比较》,《证券市场导报》2006 年第 5 期。

[164] 刘力臻:《日本式市场经济体制的模式界定与中国市场经济体制运行的模式选择》,《世界经济与政治》1996 年第 12 期。

[165] 路倩等:《基于 VaR 的 SPAN 系统在我国股指期货保证金中的应用研究》,《系统科学与数学》2011 年第 31 期。

[166] 孟科学和邹进文:《融资融券最优初始担保水平及其参与者行为》,《中南财经政法大学学报》2012 年第 3 期。

[167] 齐萌:《融资融券交易中的保证金制度》,《商业研究》2012 年第 4 期。

[168] 瞿慧和肖斌卿:《基于马尔科夫状态转移模型的股指收益率研究》,《管理科学》2011 年第 24 期。

[169] 司继文等:《非参数 VaR 方法在 SPAN 系统中的应用》,《武汉理工大学学报》2007 年第 31 期。

[170] 宋艳婷和高广阔:《融资融券为中国股市带来的机遇与挑战》,《华东理工大学学报》(社会科学版)2008 年第 23 期。

[171] 汪孟海和周爱民:《中国股市自相关性与反馈交易行为实证研究》,《南开经济研究》2009 年第 3 期。

[172] 王婷:《论证券信用交易》,《法制与社会》2009 年第 1 期。

[173] 王鑫等:《对我国融资融券机制下合理保证金比例的研究》,《国际金融》2011 年第 12 期。

[174] 王志斌:《股票质押贷款质押率评定的 VaR 方法》,《金融研究》2003 年第 12 期。

[175] 王周伟：《融资融券交易保证金比例的个性化动态设置研究》，《华东经济管理》2012年第26期。

[176] 许红伟和陈欣：《我国推出融资融券交易促进了标的股票的定价效率吗？——基于双重差分模型的实证研究》，《管理世界》2012年第5期。

[177] 杨德勇和吴琼：《融资融券对上海证券市场影响的实证分析——基于流动性和波动性的视角》，《中央财经大学学报》2011年第5期。

[178] 杨震：《商法规制信用机制的理论探源与宏观构想》，《中国商法年刊》2002年第1期。

[179] 杨之曙和吴宁玫：《证券市场流动性研究》，《证券市场导报》2000年第1期。

[180] 岳朝龙和王琳：《股票价格的灰色——马尔柯夫预测》，《系统工程》1999年第11期。

[181] 岳靓等：《我国资本市场融券费率定价问题研究》，《经济纵横》2011年第9期。

[182] 张成军和谢玉海：《证券公司开展融资融券业务的风险控制》，《中国金融》2010年第4期。

[183] 朱晓会：《券商开展融资融券业务的风险及其控制》，《重庆科技学院学报》（社会科学版）2008年第9期。

[184] 张梓靖：《基于CVaR-GARCH模型的融资融券业务动态保证金比例设计》，《江苏商论》2016年第27期。

[185] 丁安华和赵可：《如何找准中国的牛熊周期》，《新财富》2012年第8期。

[186] 姚海青等：《我国股票市场融资比率与融券保证金成效调整对股价设动影响之研究》，《证券市场发展》1999年。

# 附录

## 附录1　中国股票市场主要的法制发展情况

| 时间 | 主要事件 |
| --- | --- |
| （1）法律法规的构建——萌芽阶段（20世纪80年代初至1992年） | |
| 1984年8月10日 | 上海市政府批准实施《关于发行股票的暂行管理办法》。这是我国第一项区域性政府监管政策，代表了中国股票发行制度的创立。从此时起，中国股票的发行和交易呈指数增长 |
| 1987年3月 | 国务院发布《国务院关于加强股票、债券管理的通知》，标志着证券市场统一化管理的开始 |
| 1990年12月 | 国务院办公厅发布《关于向社会公开发行股票的股份制试点问题的通知》 |
| 1991年5月 | 国家经济体制改革委员会、中国人民银行、国家国有资产管理局联合发布《关于对向社会公开发行股票的股份制试点企业重新审批的通知》 |
| 结论：法律法规的发展具有地域性差别，结构过于简单。很少有规则包含足够的细节解决实际出现的问题 | |
| 初始阶段（1993~1997年） | |
| 1993年4月22日 | 国务院发布《股票发行与交易管理暂行条例》。这是针对股票发行和交易进行监管的第一项行政管理条例 |
| 1993年7月7日 | 国务院证券委员会发布《证券交易所管理暂行办法》。这是针对证券交易所的第一套系统性的管理条例 |
| 1993年9月2日 | 国务院证券委员会发布《禁止证券欺诈行为暂行办法》，其中包含了对证券欺诈惩罚的具体规定 |

续表

| 时间 | 主要事件 |
|---|---|
| 初始阶段（1993~1997年） | |
| 1993年12月29日 | 《中华人民共和国公司法》颁布。这是全国人民代表大会第一次通过立法对证券市场做出的规定 |
| 1996年8月21日 | 国务院证券委员会在对《证券交易所管理暂行办法》修改的基础上，发布《证券交易所管理办法》 |
| 1996年10月31日 | 证监会发布《关于严禁操纵证券市场行为的通知》，对市场操纵行为做出补充规定 |

结论：这一时期的法制建设包括立法和规定的出台。在相关的法律法规出台后，市场取得重大发展

| 时间 | 主要事件 |
|---|---|
| 巩固调整阶段（1998~2004年） | |
| 1999年7月1日 | 《中华人民共和国证券法》实施，确立了证券市场的基本准则，解决了证券发行和交易的市场监管等基本问题。这是中国证券市场的基本法律，对该市场的长远发展具有重要意义 |
| 2000年2月2日 | 证监会颁布《证券公司股票质押贷款管理办法》，是对现有条文的有益补充 |
| 2001年3月28日 | 证监会发布施行《上市公司新股发行管理办法》，作为贯彻《中华人民共和国公司法》和《中华人民共和国证券法》新股发行的配套规则 |
| 2001年10月16日 | 证监会发布《新股发行（IPO）指导办法》，为股票发行和审批制度的实施铺平了道路 |
| 2002年9月28日 | 证监会发布《上市公司收购管理办法》将其作为监管并购的依据 |
| 2003年12月28日 | 证监会公布《证券发行上市保荐制度暂行办法》，标志着保荐人制度的正式建立 |

结论：随着《中华人民共和国证券法》和相关行政条例的实施，立法水平得到提高，法律治理开始逐步成熟

| 时间 | 主要事件 |
|---|---|
| 加速发展阶段（2005年至今） | |
| 2005年1月 | 证监会施行《关于首次公开发行股票试行询价制度若干问题的通知》，标志着股票发行从行政定价到市场定价的转变 |
| 2005年4月29日 | 证监会发布《关于上市公司股权分置改革试点有关问题的通知》，正式启动股权分置改革的试点工作 |
| 2006年1月1日 | 修订后的《中华人民共和国公司法》和《中华人民共和国证券法》施行，促进了现代企业制度的建立和证券市场的发展 |
| 2006年7月1日<br>2008年5月18日<br>2008年8月4日 | 证监会相继推出《上市公司收购管理办法》《上市公司重大重组管理办法》《上市公司并购重组财务顾问管理办法》等规章及配套规范性文件，意味着市场化并购重组制度建设的关键步伐已经迈出 |

续表

| 时间 | 主要事件 |
|---|---|
| 加速发展阶段（2005年至今） | |
| 2006年6月29日 | 《中华人民共和国刑法修正案》施行，为有效解决证券犯罪行为提供了法律依据 |
| 2006年9月19日 | 证监会发布《证券发行与承销管理办法》，进一步完善了询价系统 |
| 2008年3月5日 | 最高人民检察院和公安部联合颁布《最高人民检察院、公安部关于经济犯罪案件追诉标准的补充规定》，清晰地界定了刑事责任与非刑事责任之间的界限 |
| 2008年12月1日 | 《证券发行上市保荐业务管理办法》实施，加强了证券发行和上市的监管 |
| 结论：立法治理向更深层次推进 | |
| （2）证券市场的监管——萌芽阶段（20世纪80年代初至1992年） | |
| 1981~1985年 | 证券市场由财政部独立管理 |
| 1986年1月7日 | 中国人民银行被授权负责监管证券市场 |
| 1991年8月 | 中国证券协会成立，标志着中国证券行业第一个自律监管机构的诞生 |
| 1992年10月 | 国务院证券协会（SCSC）和中国证监会（CRSC）成立，表明统一监管系统的形成 |
| 1992年12月16日 | 证券协会被授权负责管理全国证券市场，证监会被制定为证券协会的执行机构 |
| 结论：证券市场缺乏统一的监管系统，其机制尚未形成 | |
| 初始阶段（1993~1997年） | |
| 1997年 | 中国人民银行对证券市场的监管权完全移交至证监会 |
| 1998年 | 证券协会与证监会合并，证券交易所由证监会监管 |
| 结论：市场上的监管机构过多。随着证监会权限的扩大，统一的监管体系开始形成 | |
| 巩固调整阶段（1998~2004年） | |
| 1999年9月 | 证券发行审核委员会成立，成为证监会的下属机构 |
| 结论：统一的监管体系开始形成、巩固 | |
| 加速发展阶段（2005年至今） | |
| 2006年 | 沪深交易所被授权有权修改证券上市交易规则，证券行业协会被赋予充分的权力行使自律功能，证监会努力推进对证券公司的统一监管 |
| 2006年10月 | 证监会在行政机关内部设立专门的行政处罚委员会从事案件审理工作 |
| 2007年11月 | 证监会成立稽查纵队，负责承办证券期货市场重大、紧急、跨区域案件以及上级批办的其他案件 |
| 结论：一个包括监管机构、自律组织和中介组织的多层次监管体系形成，在一定程度上完善了监管责任制度 | |

续表

| 时间 | 主要事件 |
| --- | --- |
| （3）证券市场的司法发展——初始阶段（1993~1997年） | |
| 1995年6月9日 | 证券协会、中国人民银行、最高人民检察院发布《关于加强证券从业人员犯罪预防工作的通知》 |
| 结论：证券市场体制不健全，违法活动猖獗。随着司法措施的引入，法制建设开始发展 | |
| 巩固调整阶段（1998~2004年） | |
| 2001年9月21日 | 最高人民法院发布《最高人民法院关于涉证券民事赔偿案件暂不予受理的通知》，间接承认了潜在的市场缺陷 |
| 2002年1月15日 | 最高人民法院下发《关于受理证券市场因虚假陈述引发的民事侵权纠纷案件有关问题的通知》，被认为是中国证券市场治理的重大进步 |
| 2003年 | 为及时、准确、有效地打击经济犯罪，最高人民检察院、公安部联合发布《关于经济犯罪案件追诉标准的规定》 |
| 2003年1月9日 | 最高人民法院发布《关于审理证券市场因虚假陈述引发的民事赔偿案件的若干规定》，为证券市场中的民事侵权行为提供了明确的规定 |
| 结论：随着法院对证券市场案件受理的增多，司法建设方面取得了重大的进展 | |
| 加速发展阶段（2005年至今） | |
| 2006年1月1日 | 修订后的《中华人民共和国证券法》完善了对内部交易、市场操纵和虚假陈述产生的民事赔偿责任的规定 |
| 2008年2月 | 证监会发布《关于整治非法证券活动有关问题的通知》，进一步加强了对市场投资者的保护 |
| 2008年3月5日 | 最高人民检察院和公安部联合发布实施《关于经济犯罪案件追述标准的补充规定》，进一步加大了对证券犯罪的打击和对投资者保护的力度 |
| 2017年11月24日 | 最高人民检察院和公安部联合修订印发《最高人民检察院公安部关于公安机关办理经济犯罪案件的若干规定》，再次对证券犯罪（如内幕交易、编造传播虚假信息、诱骗投资者买卖证券、擅自发行股票、债券等）加大打击力度 |
| 结论：与证券有关的民事诉讼增加 | |

资料来源：Chen（2009）。

## 附录2  融资交易标的股复权（3日）收益率的统计数据（2010年10月31日~2018年5月2日）

| 股票名称 | 均值（%） | 中位值（%） | 标准差（%） | 最小值（%） | 最大值（%） | 偏度 | 峰度 | 正态分布检验统计值 | ADF统计值 | 观测数（只） |
|---|---|---|---|---|---|---|---|---|---|---|
| 上海证券交易所 | | | | | | | | | | |
| 浦发银行（600000） | 0.010 | -0.010 | 3.200 | -15.600 | 24.900 | 0.688 | 7.761 | 0.406*** | -19.849*** | 1927 |
| 华夏银行（600015） | 0.010 | 0.000 | 3.400 | -16.000 | 20.900 | 0.493 | 6.867 | 0.457*** | -20.574*** | 1945 |
| 民生银行（600016） | 0.010 | -0.010 | 3.200 | -14.700 | 25.000 | 0.801 | 8.408 | 0.460*** | -19.816*** | 1955 |
| 上港集团（600018） | 0.020 | 0.000 | 4.400 | -25.300 | 33.300 | 2.043 | 18.314 | 0.449*** | -17.638*** | 1904 |
| 宝钢股份（600019） | 0.010 | 0.000 | 3.600 | -24.000 | 21.500 | -0.180 | 8.153 | 0.453*** | -20.106*** | 1864 |
| 中国石化（600028） | 0.000 | 0.000 | 3.000 | -19.800 | 16.500 | 0.1174 | 8.013 | 0.458*** | -19.557*** | 1959 |
| 南方航空（600029） | 0.020 | 0.000 | 5.000 | -27.100 | 33.200 | 0.478 | 9.076 | 0.441*** | -18.373*** | 1950 |
| 中信证券（600030） | 0.010 | -0.010 | 4.600 | -25.400 | 33.200 | 0.750 | 9.600 | 0.445*** | -18.641*** | 1941 |
| 招商银行（600036） | 0.020 | 0.000 | 3.100 | -12.600 | 17.700 | 0.583 | 5.594 | 0.463*** | -20.057*** | 1949 |
| 保利地产（600048） | 0.020 | 0.000 | 4.800 | -22.700 | 26.300 | 0.416 | 5.836 | 0.445*** | -19.930*** | 1950 |
| 中国联通（600050） | 0.010 | -0.020 | 4.100 | -24.100 | 26.500 | 0.717 | 9.090 | 0.450*** | -19.038*** | 1865 |

续表

| 股票名称 | 均值（%） | 中位值（%） | 标准差（%） | 最小值（%） | 最大值（%） | 偏度 | 峰度 | 正态分布检测统计值 | ADF统计值 | 观测数（只） |
|---|---|---|---|---|---|---|---|---|---|---|
| 上海证券交易所 | | | | | | | | | | |
| 特变电工（600089） | 0.000 | 0.000 | 4.000 | -23.200 | 20.700 | -0.050 | 6.132 | 0.447*** | -19.702*** | 1936 |
| 上汽集团（600104） | 0.020 | 0.010 | 3.800 | -21.800 | 24.200 | 0.398 | 6.224 | 0.458*** | -19.834*** | 1898 |
| 振华重工（600320） | 0.000 | 0.000 | 4.300 | -26.100 | 33.100 | 0.672 | 11.695 | 0.449*** | -19.723*** | 1961 |
| 江西铜业（600362） | 0.000 | -0.020 | 4.700 | -24.300 | 33.200 | 0.437 | 8.290 | 0.442*** | -19.889*** | 1952 |
| 金地集团（600383） | 0.020 | 0.000 | 4.700 | -21.200 | 28.600 | 0.349 | 5.931 | 0.443*** | -19.493*** | 1955 |
| 中金黄金（600489） | 0.000 | -0.010 | 4.400 | -25.400 | 33.100 | 0.458 | 8.334 | 0.445*** | -19.627*** | 1938 |
| 贵州茅台（600519） | 0.030 | 0.020 | 3.400 | -15.900 | 16.200 | 0.302 | 4.687 | 0.461*** | -19.475*** | 1958 |
| 山东黄金（600547） | 0.010 | -0.010 | 5.000 | -24.900 | 33.100 | 0.313 | 7.646 | 0.438*** | -17.533*** | 1770 |
| 北大荒（600598） | 0.010 | 0.010 | 5.100 | -27.100 | 33.100 | 0.215 | 8.673 | 0.437*** | -18.313*** | 1908 |
| 辽宁成大（600739） | 0.010 | 0.000 | 4.400 | -26.900 | 33.100 | 0.366 | 8.580 | 0.443*** | -18.287*** | 1804 |
| 国电电力（600795） | 0.010 | 0.000 | 3.500 | -25.700 | 33.000 | 0.701 | 14.995 | 0.454*** | -19.348*** | 1885 |
| 海通证券（600837） | 0.010 | -0.010 | 4.400 | -25.300 | 29.900 | 0.630 | 8.059 | 0.448*** | -19.476*** | 1955 |
| 长江电力（600900） | 0.020 | 0.010 | 2.100 | -14.900 | 13.600 | 0.161 | 6.676 | 0.471*** | -20.644*** | 1849 |
| 大秦铁路（601006） | 0.010 | -0.010 | 3.100 | -22.900 | 20.200 | -0.063 | 10.181 | 0.459*** | -20.999*** | 1953 |
| 中国神华（601088） | 0.010 | -0.010 | 3.600 | -19.600 | 18.900 | 0.371 | 7.514 | 0.454*** | -19.779*** | 1897 |
| 中国国航（601111） | 0.010 | -0.030 | 4.700 | -27.100 | 24.600 | 0.120 | 7.321 | 0.445*** | -19.051*** | 1920 |

续表

| 股票名称 | 均值（%） | 中位值（%） | 标准差（%） | 最小值（%） | 最大值（%） | 偏度 | 峰度 | 正态分布检测统计值 | ADF统计值 | 观测数（只） |
|---|---|---|---|---|---|---|---|---|---|---|
| 上海证券交易所 | | | | | | | | | | |
| 兴业银行（601166） | 0.010 | 0.000 | 3.400 | −17.100 | 17.100 | 0.418 | 6.139 | 0.456*** | −19.698*** | 1945 |
| 西部矿业（601168） | 0.000 | −0.010 | 4.800 | −25.700 | 33.000 | 0.234 | 9.187 | 0.442*** | −18.665*** | 1760 |
| 北京银行（601169） | 0.010 | 0.000 | 3.100 | −14.000 | 22.100 | 0.774 | 8.701 | 0.462*** | −20.647*** | 1911 |
| 中国铁建（601186） | 0.010 | −0.010 | 4.500 | −27.100 | 33.200 | 0.9225 | 11.653 | 0.445*** | −18.406*** | 1949 |
| 中国平安（601318） | 0.020 | 0.010 | 3.600 | −17.800 | 18.200 | 0.281 | 5.686 | 0.458*** | −19.989*** | 1910 |
| 交通银行（601328） | 0.010 | 0.000 | 3.100 | −19.300 | 22.900 | 1.340 | 13.234 | 0.462*** | −18.595*** | 1951 |
| 中国中铁（601390） | 0.020 | −0.020 | 4.500 | −27.100 | 28.200 | 1.098 | 11.882 | 0.447*** | −18.003*** | 1945 |
| 工商银行（601398） | 0.010 | 0.000 | 2.400 | −14.500 | 17.000 | 0.313 | 9.095 | 0.466*** | −20.413*** | 1951 |
| 中国铝业（601600） | −0.010 | −0.020 | 4.800 | −27.100 | 32.800 | −0.028 | 8.492 | 0.443*** | −18.952*** | 1846 |
| 中国太保（601601） | 0.010 | −0.010 | 3.800 | −17.900 | 24.400 | 0.508 | 6.015 | 0.455*** | −20.428*** | 1961 |
| 中国人寿（601628） | 0.010 | −0.020 | 3.900 | −16.500 | 33.100 | 1.110 | 9.827 | 0.454*** | −19.673*** | 1959 |
| 中国建筑（601668） | 0.020 | 0.000 | 3.800 | −23.200 | 23.070 | 0.439 | 9.140 | 0.450*** | −19.712*** | 1958 |
| 上海电气（601727） | 0.000 | −0.020 | 4.740 | −26.000 | 33.100 | 0.632 | 9.961 | 0.444*** | −17.946*** | 1736 |
| 中国中车（601766） | 0.020 | −0.010 | 4.900 | −23.900 | 33.100 | 1.674 | 14.637 | 0.446*** | −16.610*** | 1869 |
| 中国石油（601857） | −0.000 | −0.010 | 2.700 | −17.100 | 23.300 | 0.653 | 15.310 | 0.463*** | −19.592*** | 1959 |
| 中煤能源（601898） | −0.000 | −0.010 | 4.200 | −27.100 | 32.370 | 0.115 | 10.761 | 0.446*** | −19.520*** | 1957 |

续表

| 股票名称 | 均值（%） | 中位值（%） | 标准差（%） | 最小值（%） | 最大值（%） | 偏度 | 峰度 | 正态分布检测统计值 | ADF统计值 | 观测数（只） |
|---|---|---|---|---|---|---|---|---|---|---|
| 上海证券交易所 | | | | | | | | | | |
| 紫金矿业（601899） | 0.010 | -0.020 | 4.200 | -20.700 | 33.000 | 1.238 | 12.875 | 0.449*** | -18.717*** | 1929 |
| 中远海控（601919） | -0.000 | -0.030 | 4.900 | -27.100 | 33.100 | 0.889 | 10.402 | 0.445*** | -17.873*** | 1809 |
| 建设银行（601939） | 0.020 | 0.000 | 2.700 | -17.900 | 23.700 | 0.563 | 10.730 | 0.464*** | -19.617*** | 1952 |
| 金钼股份（601958） | -0.000 | -0.020 | 4.900 | -27.000 | 33.200 | 0.519 | 8.158 | 0.444*** | -20.120*** | 1960 |
| 中国银行（601988） | 0.010 | 0.000 | 2.600 | -16.500 | 25.300 | 1.256 | 14.878 | 0.463*** | -20.123*** | 1952 |
| 深圳证券交易所 | | | | | | | | | | |
| 平安银行（000001） | 0.010 | -0.010 | 3.700 | -21.500 | 17.800 | 0.451 | 6.447 | 0.463*** | -19.592*** | 1895 |
| 万科 A（000002） | 0.030 | -0.010 | 4.400 | -19.000 | 33.100 | 1.175 | 8.732 | 0.446*** | -19.520*** | 1810 |
| 深圳能源（000027） | 0.010 | 0.010 | 4.200 | -27.000 | 33.100 | 0.232 | 14.772 | 0.449*** | -18.717*** | 1915 |
| 中集集团（000039） | 0.010 | 0.010 | 4.800 | -27.100 | 33.100 | -0.129 | 6.953 | 0.445*** | -17.873*** | 1932 |
| 中兴通讯（000063） | 0.020 | 0.030 | 4.600 | -24.400 | 23.600 | -0.165 | 5.119 | 0.444*** | -20.120*** | 1908 |
| 华侨城 A（000069） | 0.010 | 0.000 | 4.400 | -27.000 | 33.200 | -0.066 | 8.452 | 0.463*** | -20.123*** | 1915 |
| 中联重科（000157） | 0.000 | -0.010 | 4.200 | -23.400 | 33.000 | 0.424 | 8.371 | 0.448*** | -19.507*** | 1951 |
| 潍柴动力（000338） | 0.010 | 0.010 | 4.300 | -26.200 | 33.100 | 0.038 | 7.755 | 0.449*** | -19.200*** | 1956 |
| 金融街（000402） | 0.010 | 0.000 | 4.300 | -26.600 | 33.200 | 0.688 | 10.454 | 0.449*** | -20.097*** | 1957 |
| 云南白药（000538） | 0.030 | 0.020 | 3.300 | -16.700 | 19.900 | 0.217 | 5.414 | 0.460*** | -20.662*** | 1848 |

续表

| 股票名称 | 均值(%) | 中位值(%) | 标准差(%) | 最小值(%) | 最大值(%) | 偏度 | 峰度 | 正态分布检测统计值 | ADF统计值 | 观测数(只) |
|---|---|---|---|---|---|---|---|---|---|---|
| 深圳证券交易所 | | | | | | | | | | |
| 泸州老窖(000568) | 0.020 | 0.030 | 4.100 | -23.600 | 33.100 | -0.042 | 8.231 | 0.453*** | -19.708*** | 1927 |
| 吉林敖东(000623) | 0.010 | 0.010 | 4.400 | -22.200 | 33.100 | 0.368 | 7.912 | 0.443*** | -19.545*** | 1946 |
| 铜陵有色(000630) | -0.000 | -0.030 | 4.500 | -17.800 | 28.200 | 0.723 | 6.800 | 0.447*** | -19.576*** | 1798 |
| 格力电器(000651) | 0.040 | 0.010 | 4.300 | -21.400 | 33.100 | 0.631 | 8.097 | 0.453*** | -18.913*** | 1803 |
| 河钢股份(000709) | 0.000 | 0.000 | 4.200 | -27.100 | 33.300 | 0.718 | 12.963 | 0.448*** | -17.601*** | 1915 |
| 燕京啤酒(000729) | 0.000 | 0.000 | 3.600 | -24.100 | 33.200 | 0.191 | 11.131 | 0.456*** | -19.375*** | 1956 |
| 中航飞机(000768) | 0.020 | 0.100 | 5.300 | -27.100 | 33.100 | 0.112 | 8.120 | 0.434*** | -18.601*** | 1933 |
| 长江证券(000783) | 0.010 | -0.010 | 4.900 | -26.300 | 20.700 | 0.802 | 8.814 | 0.446*** | -18.973*** | 1941 |
| 盐湖股份(000792) | -0.000 | -0.010 | 4.900 | -27.100 | 33.100 | -0.302 | 5.915 | 0.440*** | -18.930*** | 1898 |
| 一汽轿车(000800) | 0.000 | -0.010 | 5.300 | -27.100 | 33.200 | 0.235 | 7.701 | 0.440*** | -19.087*** | 1941 |
| 太钢不锈(000825) | 0.010 | 0.010 | 4.500 | -24.500 | 21.700 | 0.747 | 11.104 | 0.445*** | -18.304*** | 1946 |
| 中信国安(000839) | 0.020 | 0.010 | 5.200 | -21.500 | 29.400 | 0.178 | 5.018 | 0.441*** | -19.489*** | 1830 |
| 五粮液(000858) | 0.020 | 0.020 | 3.600 | -21.000 | 23.400 | 21.300 | 6.454 | 0.459*** | -20.249*** | 1900 |
| 云南铜业(000878) | -0.000 | -0.020 | 4.900 | -27.100 | 29.400 | 22.300 | 7.458 | 0.442*** | -18.110*** | 1799 |
| 鞍钢股份(000898) | 0.000 | -0.020 | 4.200 | -27.200 | 34.400 | -0.057 | 7.877 | 0.447*** | -19.991*** | 1954 |
| 华菱钢铁(000932) | 0.020 | 0.000 | 4.700 | -25.000 | 34.400 | 0.699 | 8.294 | 0.446*** | -17.763*** | 1796 |

续表

| 股票名称 | 均值（%） | 中位值（%） | 标准差（%） | 最小值（%） | 最大值（%） | 偏度 | 峰度 | 正态分布检测统计值 | ADF统计值 | 观测数（只） |
|---|---|---|---|---|---|---|---|---|---|---|
| 深圳证券交易所 | | | | | | | | | | |
| 冀中能源（000937） | -0.000 | 0.000 | 5.200 | -27.000 | 33.000 | 0.122 | 6.264 | 0.440*** | -19.481*** | 1950 |
| 锡业股份（000960） | 0.010 | 0.000 | 5.500 | -27.100 | 33.200 | 0.119 | 7.428 | 0.434*** | -18.194*** | 1859 |
| 西山煤电（000983） | -0.010 | -0.020 | 4.900 | -24.800 | 33.100 | 0.232 | 6.629 | 0.440*** | -20.035*** | 1958 |
| 华兰生物（002007） | 0.010 | 0.000 | 4.100 | -25.200 | 16.800 | -0.377 | 6.182 | 0.448*** | -19.936*** | 1947 |
| 苏宁易购（002024） | 0.010 | 0.000 | 4.900 | -25.000 | 33.200 | 0.558 | 8.596 | 0.441*** | -19.261*** | 1943 |
| 宁波银行（002142） | 0.020 | 0.000 | 3.800 | -18.800 | 2.300 | 0.343 | 5.931 | 0.454*** | -20.191*** | 1954 |
| 金风科技（002202） | 0.010 | 0.000 | 4.700 | -23.100 | 33.200 | 0.503 | 7.100 | 0.444*** | -19.918*** | 1951 |

注：河钢股份、中航飞机、盐湖股份、苏宁易购后分别更名为河北钢铁、西飞国际、盐湖钾肥、苏宁电器。括号内为股票代码。*** 表示在 1% 的置信水平上显著。

## 附录3　融资交易标的股负收益率极值的参数估计 （2010年3月31日~2018年5月2日）

| 股票名称 | 极值数量 | 2014~2015年间极值数量 | 阈值 | 尺度参数 $\beta$ | 形状参数 $\xi$ |
| --- | --- | --- | --- | --- | --- |
| 上海证券交易所 | | | | | |
| 浦发银行（600000） | 151 | 51 | -0.038 | 0.018（0.002） | 0.069（0.087） |
| 华夏银行（600015） | 152 | 56 | -0.041 | 0.019（0.002） | 0.128（0.092） |
| 民生银行（600016） | 153 | 58 | -0.035 | 0.021（0.002） | 0.021（0.083） |
| 上港集团（600018） | 152 | 52 | -0.041 | 0.030（0.004） | 0.054（0.089） |
| 宝钢股份（600019） | 152 | 60 | -0.041 | 0.022（0.003） | 0.217（0.099） |
| 中国石化（600028） | 152 | 68 | -0.036 | 0.018（0.002） | 0.186（0.097） |
| 南方航空（600029） | 152 | 54 | -0.054 | 0.026（0.003） | 0.338（0.109） |
| 中信证券（600030） | 151 | 57 | -0.052 | 0.027（0.003） | 0.147（0.094） |
| 招商银行（600036） | 151 | 44 | -0.036 | 0.016（0.002） | 0.048（0.086） |
| 保利地产（600048） | 151 | 42 | -0.058 | 0.025（0.003） | 0.097（0.090） |
| 中国联通（600050） | 151 | 49 | -0.044 | 0.022（0.003） | 0.217（0.099） |
| 特变电工（600089） | 153 | 50 | -0.051 | 0.026（0.003） | 0.100（0.090） |
| 上汽集团（600104） | 151 | 44 | -0.048 | 0.016（0.002） | 0.135（0.093） |
| 振华重工（600320） | 152 | 55 | -0.049 | 0.022（0.003） | 0.285（0.105） |
| 江西铜业（600362） | 151 | 42 | -0.057 | 0.026（0.003） | 0.196（0.098） |
| 金地集团（600383） | 154 | 46 | -0.056 | 0.027（0.003） | 0.092（0.089） |
| 中金黄金（600489） | 151 | 47 | -0.053 | 0.029（0.003） | 0.068（0.087） |
| 贵州茅台（600519） | 152 | 42 | -0.040 | 0.021（0.002） | -0.075（0.075） |
| 山东黄金（600547） | 152 | 50 | -0.056 | 0.037（0.004） | 0.035（0.085） |
| 北大荒（600598） | 151 | 60 | -0.060 | 0.037（0.004） | 0.083（0.088） |
| 辽宁成大（600739） | 153 | 39 | -0.054 | 0.029（0.004） | 0.087（0.089） |
| 国电电力（600795） | 151 | 61 | -0.036 | 0.018（0.002） | 0.374（0.112） |
| 海通证券（600837） | 151 | 53 | -0.052 | 0.028（0.003） | 0.062（0.087） |
| 长江电力（600900） | 152 | 49 | -0.024 | 0.013（0.002） | 0.102（0.090） |
| 大秦铁路（601006） | 152 | 64 | -0.033 | 0.020（0.003） | 0.202（0.098） |

续表

| 股票名称 | 极值数量 | 2014~2015年间极值数量 | 阈值 | 尺度参数 $\beta$ | 形状参数 $\xi$ |
|---|---|---|---|---|---|
| 上海证券交易所 | | | | | |
| 中国神华（601088） | 151 | 58 | -0.043 | 0.020（0.003） | 0.192（0.097） |
| 中国国航（601111） | 153 | 45 | -0.053 | 0.024（0.003） | 0.273（0.103） |
| 兴业银行（601166） | 151 | 47 | -0.041 | 0.020（0.002） | 0.082（0.088） |
| 西部矿业（601168） | 151 | 47 | -0.054 | 0.026（0.003） | 0.224（0.100） |
| 北京银行（601169） | 153 | 50 | -0.035 | 0.017（0.002） | 0.123（0.092） |
| 中国铁建（601186） | 152 | 63 | -0.045 | 0.034（0.004） | 0.057（0.086） |
| 中国平安（601318） | 152 | 40 | -0.044 | 0.020（0.002） | 0.045（0.085） |
| 交通银行（601328） | 153 | 63 | -0.032 | 0.019（0.002） | 0.118（0.091） |
| 中国中铁（601390） | 151 | 67 | -0.044 | 0.026（0.003） | 0.240（0.101） |
| 工商银行（601398） | 151 | 62 | -0.026 | 0.014（0.002） | 0.212（0.099） |
| 中国铝业（601600） | 151 | 59 | -0.056 | 0.026（0.003） | 0.293（0.106） |
| 中国太保（601601） | 155 | 49 | -0.048 | 0.019（0.002） | 0.095（0.089） |
| 中国人寿（601628） | 151 | 54 | -0.044 | 0.024（0.003） | 0.014（0.083） |
| 中国建筑（601668） | 153 | 68 | -0.038 | 0.025（0.003） | 0.180（0.096） |
| 上海电气（601727） | 151 | 57 | -0.050 | 0.032（0.004） | 0.096（0.090） |
| 中国中车（601766） | 151 | 60 | -0.047 | 0.026（0.003） | 0.202（0.098） |
| 中国石油（601857） | 151 | 68 | -0.029 | 0.022（0.003） | 0.091（0.089） |
| 中煤能源（601898） | 152 | 57 | -0.047 | 0.027（0.004） | 0.236（0.101） |
| 紫金矿业（601899） | 151 | 42 | -0.046 | 0.022（0.003） | 0.240（0.101） |
| 中远海控（601919） | 151 | 44 | -0.052 | 0.025（0.003） | 0.244（0.102） |
| 建设银行（601939） | 152 | 61 | -0.028 | 0.018（0.002） | 0.106（0.090） |
| 金钼股份（601958） | 152 | 49 | -0.061 | 0.026（0.003） | 0.148（0.093） |
| 中国银行（601988） | 155 | 71 | -0.027 | 0.018（0.002） | 0.065（0.087） |
| 深圳证券交易所 | | | | | |
| 平安银行（000001） | 151 | 45 | -0.042 | 0.021（0.003） | 0.128（0.092） |
| 万科A（000002） | 151 | 35 | -0.046 | 0.024（0.003） | -0.035（0.079） |
| 深圳能源（000027） | 151 | 61 | -0.041 | 0.032（0.004） | 0.222（0.100） |
| 中集集团（000039） | 151 | 47 | -0.058 | 0.026（0.003） | 0.238（0.101） |
| 中兴通讯（000063） | 152 | 41 | -0.059 | 0.033（0.004） | -0.027（0.079） |
| 华侨城A（000069） | 151 | 45 | -0.050 | 0.027（0.003） | 0.196（0.098） |

续表

| 股票名称 | 极值数量 | 2014~2015年间极值数量 | 阈值 | 尺度参数 $\beta$ | 形状参数 $\xi$ |
|---|---|---|---|---|---|
| 深圳证券交易所 | | | | | |
| 中联重科（000157） | 151 | 51 | -0.050 | 0.027（0.003） | 0.085（0.089） |
| 潍柴动力（000338） | 151 | 45 | -0.051 | 0.028（0.003） | 0.082（0.088） |
| 金融街（000402） | 152 | 59 | -0.049 | 0.023（0.003） | 0.196（0.097） |
| 云南白药（000538） | 151 | 54 | -0.038 | 0.017（0.002） | 0.108（0.090） |
| 泸州老窖（000568） | 153 | 41 | -0.049 | 0.018（0.002） | 0.280（0.104） |
| 吉林敖东（000623） | 151 | 48 | -0.050 | 0.040（0.004） | -0.096（0.074） |
| 铜陵有色（000630） | 152 | 28 | -0.052 | 0.024（0.003） | 0.047（0.085） |
| 格力电器（000651） | 151 | 41 | -0.046 | 0.021（0.003） | 0.154（0.094） |
| 河钢股份（000709） | 151 | 52 | -0.049 | 0.024（0.003） | 0.187（0.097） |
| 燕京啤酒（000729） | 151 | 52 | -0.045 | 0.020（0.003） | 0.158（0.095） |
| 中航飞机（000768） | 145 | 52 | -0.061 | 0.029（0.004） | 0.284（0.107） |
| 长江证券（000783） | 152 | 52 | -0.058 | 0.028（0.003） | 0.072（0.088） |
| 盐湖股份（000792） | 152 | 30 | -0.061 | 0.039（0.005） | 0.006（0.082） |
| 一汽轿车（000800） | 151 | 45 | -0.063 | 0.026（0.003） | 0.276（0.104） |
| 太钢不锈（000825） | 151 | 65 | -0.049 | 0.033（0.004） | 0.072（0.088） |
| 中信国安（000839） | 153 | 21 | -0.063 | 0.030（0.004） | 0.062（0.086） |
| 五粮液（000858） | 152 | 29 | -0.044 | 0.019（0.002） | 0.076（0.088） |
| 云南铜业（000878） | 152 | 36 | -0.056 | 0.025（0.003） | 0.260（0.103） |
| 鞍钢股份（000898） | 151 | 55 | -0.052 | 0.021（0.003） | 0.282（0.105） |
| 华菱钢铁（000932） | 151 | 43 | -0.054 | 0.026（0.003） | 0.077（0.088） |
| 冀中能源（000937） | 151 | 37 | -0.066 | 0.032（0.004） | 0.070（0.087） |
| 锡业股份（000960） | 145 | 34 | -0.061 | 0.033（0.004） | 0.195（0.098） |
| 西山煤电（000983） | 152 | 41 | -0.060 | 0.031（0.004） | 0.071（0.088） |
| 华兰生物（002007） | 152 | 40 | -0.049 | 0.028（0.003） | 0.124（0.092） |
| 苏宁易购（002024） | 152 | 56 | -0.055 | 0.034（0.004） | 0.059（0.086） |
| 宁波银行（002142） | 151 | 52 | -0.045 | 0.024（0.003） | 0.021（0.083） |
| 金风科技（002202） | 152 | 46 | -0.056 | 0.029（0.003） | 0.024（0.084） |

注：河钢股份、中航飞机、盐湖股份、苏宁易购后分别更名为河北钢铁、西飞国际、盐湖钾肥、苏宁电器。括号内分别为股票代码和标准误差。

# 附录4 融资交易标的股风险值估计(2010年3月31日~2018年5月2日)

| 股票名称 | 收益率 | $VaR_{95}$ ($ES_{95}$) | $VaR_{97.5}$ ($ES_{97.5}$) | $VaR_{99}$ ($ES_{99}$) | $VaR_{99.9}$ ($ES_{99.9}$) |
|---|---|---|---|---|---|
| 上海证券交易所 | | | | | |
| 浦发银行(600000) | 负 | 4.600% (7.980%) | 5.910% (8.770%) | 7.740% (10.650%) | 12.880% (15.810%) |
| 华夏银行(600015) | 负 | 4.920% (8.060%) | 6.340% (9.110%) | 8.430% (11.120%) | 14.880% (17.830%) |
| 民生银行(600016) | 负 | 4.390% (7.640%) | 5.870% (8.550%) | 7.860% (10.720%) | 13.030% (16.430%) |
| 上港集团(600018) | 负 | 5.520% (8.330%) | 7.680% (10.540%) | 10.660% (13.230%) | 18.830% (21.990%) |
| 宝钢股份(600019) | 负 | 5.150% (8.170%) | 6.970% (9.760%) | 9.830% (12.550%) | 20.140% (23.770%) |
| 中国石化(600028) | 负 | 4.440% (7.660%) | 5.890% (8.610%) | 8.130% (10.900%) | 15.760% (18.850%) |
| 南方航空(600029) | 负 | 6.580% (9.660%) | 8.880% (11.740%) | 12.850% (15.790%) | 25.550% (28.990%) |
| 中信证券(600030) | 负 | 6.420% (9.510%) | 8.550% (11.430%) | 11.730% (14.530%) | 21.860% (24.770%) |
| 招商银行(600036) | 负 | 4.290% (7.550%) | 5.420% (8.040%) | 6.960% (9.750%) | 11.170% (14.590%) |
| 保利地产(600048) | 负 | 6.890% (9.650%) | 8.760% (11.610%) | 11.430% (14.230%) | 19.300% (22.550%) |
| 中国联通(600050) | 负 | 5.520% (8.290%) | 7.350% (10.540%) | 10.230% (12.940%) | 20.580% (23.770%) |
| 特变电工(600089) | 负 | 6.250% (9.120%) | 8.200% (10.960%) | 11.000% (13.870%) | 19.280% (22.310%) |
| 上汽集团(600104) | 负 | 5.580% (8.400%) | 6.790% (9.550%) | 8.580% (11.480%) | 14.180% (17.020%) |

续表

| 股票名称 | 收益率 | $VaR_{95}$ ($ES_{95}$) | $VaR_{97.5}$ ($ES_{97.5}$) | $VaR_{99}$ ($ES_{99}$) | $VaR_{99.9}$ ($ES_{99.9}$) |
|---|---|---|---|---|---|
| 上海证券交易所 | | | | | |
| 振华重工（600320） | 负 | 5.920% (8.880%) | 7.780% (10.660%) | 10.870% (13.320%) | 23.360% (26.110%) |
| 江西铜业（600362） | 负 | 6.860% (9.580%) | 8.940% (11.890%) | 12.150% (15.330%) | 23.310% (26.090%) |
| 金地集团（600383） | 负 | 6.800% (9.480%) | 8.780% (11.650%) | 11.600% (14.410%) | 19.820% (22.760%) |
| 中金黄金（600489） | 负 | 6.560% (9.580%) | 8.670% (11.490%) | 11.620% (14.320%) | 19.890% (22.830%) |
| 贵州茅台（600519） | 负 | 4.850% (8.220%) | 6.230% (9.220%) | 7.940% (10.850%) | 11.750% (14.790%) |
| 山东黄金（600547） | 负 | 7.510% (10.600%) | 10.120% (12.880%) | 13.660% (16.830%) | 23.090% (25.930%) |
| 北大荒（600598） | 负 | 7.6600% (10.730%) | 10.380% (13.010%) | 14.220% (17.180%) | 25.260% (28.790%) |
| 辽宁成大（600739） | 负 | 6.860% (9.630%) | 9.020% (12.030%) | 12.100% (15.290%) | 20.990% (24.090%) |
| 国电电力（600795） | 负 | 4.480% (7.690%) | 6.140% (8.940%) | 9.110% (12.150%) | 23.130% (25.990%) |
| 海通证券（600837） | 负 | 6.360% (9.170%) | 8.360% (11.220%) | 11.140% (14.020%) | 18.860% (22.110%) |
| 长江电力（600900） | 负 | 3.020% (6.330%) | 3.980% (7.010%) | 5.360% (8.330%) | 9.460% (12.590%) |
| 大秦铁路（601006） | 负 | 4.210% (7.490%) | 5.820% (8.760%) | 8.340% (11.020%) | 17.170% (20.240%) |
| 中国神华（601088） | 负 | 5.230% (8.170%) | 6.810% (9.660%) | 9.240% (12.330%) | 17.620% (20.850%) |
| 中国国航（601111） | 负 | 6.440% (9.310%) | 8.510% (11.470%) | 11.930% (14.770%) | 25.430% (28.940%) |
| 兴业银行（601166） | 负 | 4.960% (8.420%) | 6.450% (9.400%) | 8.550% (11.560%) | 14.600% (17.590%) |
| 西部矿业（601168） | 负 | 6.930% (9.770%) | 9.160% (12.250%) | 12.690% (15.680%) | 25.550% (30.100%) |

续表

| 股票名称 | 收益率 | $VaR_{95}$ ($ES_{95}$) | $VaR_{97.5}$ ($ES_{97.5}$) | $VaR_{99}$ ($ES_{99}$) | $VaR_{99.9}$ ($ES_{99.9}$) |
|---|---|---|---|---|---|
| 上海证券交易所 | | | | | |
| 北京银行（601169） | 负 | 4.320% (7.530%) | 5.640% (8.330%) | 7.560% (10.700%) | 13.470% (16.980%) |
| 中国铁建（601186） | 负 | 6.010% (8.880%) | 8.500% (11.500%) | 11.930% (14.620%) | 21.390% (24.120%) |
| 中国平安（601318） | 负 | 5.320% (8.290%) | 6.770% (9.330%) | 8.750% (11.770%) | 14.110% (16.980%) |
| 交通银行（601328） | 负 | 4.080% (7.390%) | 5.500% (8.390%) | 7.560% (10.570%) | 13.830% (16.870%) |
| 中国中铁（601390） | 负 | 5.590% (8.560%) | 7.760% (10.800%) | 11.230% (14.220%) | 24.230% (27.550%) |
| 工商银行（601398） | 负 | 3.260% (6.560%) | 4.420% (7.660%) | 6.250% (9.030%) | 12.750% (15.690%) |
| 中国铝业（601600） | 负 | 6.920% (9.780%) | 9.230% (12.270%) | 13.020% (15.950%) | 27.940% (31.440%) |
| 中国太保（601601） | 负 | 5.590% (8.430%) | 6.980% (9.820%) | 8.960% (11.930%) | 14.770% (17.740%) |
| 中国人寿（601628） | 负 | 5.390% (8.230%) | 7.060% (9.920%) | 9.280% (12.400%) | 15.000% (18.010%) |
| 中国建筑（601668） | 负 | 4.920% (8.350%) | 6.910% (9.640%) | 9.980% (12.770%) | 20.570% (23.640%) |
| 上海电气（601727） | 负 | 6.810% (9.600%) | 9.210% (12.310%) | 12.650% (15.700%) | 22.740% (25.110%) |
| 中国中车（601766） | 负 | 5.980% (8.690%) | 8.110% (10.890%) | 11.410% (14.290%) | 23.010% (25.820%) |
| 中国石油（601857） | 负 | 3.830% (6.850%) | 5.500% (8.340%) | 7.870% (10.800%) | 14.780% (17.610%) |
| 中煤能源（601898） | 负 | 5.880% (8.810%) | 8.130% (10.770%) | 11.730% (14.640%) | 25.090% (28.550%) |
| 紫金矿业（601899） | 负 | 5.570% (8.590%) | 7.400% (10.430%) | 10.330% (13.160%) | 21.280% (23.990%) |
| 中远海控（601919） | 负 | 6.510% (9.430%) | 8.630% (11.700%) | 12.040% (15.110%) | 24.840% (27.810%) |

续表

| 股票名称 | 收益率 | $VaR_{95}$ ($ES_{95}$) | $VaR_{97.5}$ ($ES_{97.5}$) | $VaR_{99}$ ($ES_{99}$) | $VaR_{99.9}$ ($ES_{99.9}$) |
|---|---|---|---|---|---|
| 上海证券交易所 | | | | | |
| 建设银行（601939） | 负 | 3.600% (6.570%) | 4.990% (8.190%) | 6.990% (10.330%) | 12.960% (15.870%) |
| 金钼股份（601958） | 负 | 7.220% (9.750%) | 9.250% (12.470%) | 12.290% (15.330%) | 21.990% (24.890%) |
| 中国银行（601988） | 负 | 3.490% (6.520%) | 4.820% (7.880%) | 6.670% (9.550%) | 11.880% (14.930%) |
| 深圳证券交易所 | | | | | |
| 平安银行（000001） | 负 | 5.210% (8.200%) | 6.830% (10.110%) | 9.200% (12.400%) | 16.540% (19.670%) |
| 万科A（000002） | 负 | 5.820% (8.710%) | 7.420% (10.500%) | 9.480% (12.340%) | 14.380% (17.320%) |
| 深圳能源（000027） | 负 | 5.610% (8.570%) | 8.280% (11.010%) | 12.500% (15.610%) | 27.790% (31.230%) |
| 中集集团（000039） | 负 | 7.030% (9.770%) | 9.180% (12.430%) | 12.640% (15.880%) | 25.500% (28.920%) |
| 中兴通讯（000063） | 负 | 7.400% (9.890%) | 9.630% (12.550%) | 12.520% (15.760%) | 19.480% (22.640%) |
| 华侨城A（000069） | 负 | 6.300% (9.310%) | 8.500% (11.550%) | 11.900% (14.630%) | 23.690% (26.540%) |
| 中联重科（000157） | 负 | 6.180% (8.990%) | 8.190% (10.930%) | 11.010% (13.900%) | 19.020% (22.210%) |
| 潍柴动力（000338） | 负 | 6.340% (9.320%) | 8.420% (11.280%) | 11.360% (14.330%) | 19.790% (22.710%) |
| 金融街（000402） | 负 | 5.950% (8.870%) | 7.800% (11.030%) | 10.660% (13.370%) | 20.590% (23.790%) |
| 云南白药（000538） | 负 | 4.660% (8.020%) | 5.960% (8.940%) | 7.840% (10.770%) | 13.460% (16.930%) |
| 泸州老窖（000568） | 负 | 5.750% (8.500%) | 7.320% (10.310%) | 9.940% (12.720%) | 20.400% (23.490%) |
| 吉林敖东（000623） | 负 | 6.690% (9.550%) | 9.240% (12.410%) | 12.360% (15.430%) | 19.110% (22.370%) |

续表

| 股票名称 | 收益率 | $VaR_{95}$ ($ES_{95}$) | $VaR_{97.5}$ ($ES_{97.5}$) | $VaR_{99}$ ($ES_{99}$) | $VaR_{99.9}$ ($ES_{99.9}$) |
|---|---|---|---|---|---|
| 深圳证券交易所 | | | | | |
| 铜陵有色（000630） | 负 | 6.500% (9.400%) | 8.250% (11.110%) | 10.670% (13.440%) | 17.220% (24.300%) |
| 格力电器（000651） | 负 | 5.730% (8.730%) | 7.410% (10.390%) | 9.920% (12.640%) | 18.060% (21.310%) |
| 河钢股份（000709） | 负 | 5.990% (8.960%) | 7.940% (11.270%) | 10.950% (11.610%) | 21.240% (23.870%) |
| 燕京啤酒（000729） | 负 | 5.390% (8.320%) | 6.990% (10.430%) | 9.390% (12.550%) | 17.210% (20.320%) |
| 中航飞机（000768） | 负 | 7.310% (9.770%) | 9.810% (12.880%) | 13.970% (17.570%) | 30.720% (32.330%) |
| 长江证券（000783） | 负 | 6.990% (10.350%) | 9.020% (12.210%) | 11.870% (14.490%) | 19.900% (22.850%) |
| 盐湖股份（000792） | 负 | 7.880% (10.910%) | 10.560% (13.590%) | 14.130% (17.970%) | 23.170% (26.090%) |
| 一汽轿车（000800） | 负 | 7.480% (9.880%) | 9.730% (12.660%) | 13.450% (16.330%) | 28.160% (30.550%) |
| 太钢不锈（000825） | 负 | 6.350% (9.350%) | 8.760% (11.900%) | 12.150% (15.180%) | 21.700% (24.360%) |
| 中信国安（000839） | 负 | 7.800% (11.050%) | 9.970% (12.990%) | 12.990% (16.210%) | 21.390% (24.070%) |
| 五粮液（000858） | 负 | 5.260% (8.320%) | 6.630% (9.220%) | 8.560% (11.660%) | 14.020% (18.830%) |
| 云南铜业（000878） | 负 | 7.010% (9.730%) | 9.200% (12.240%) | 12.770% (15.940%) | 26.560% (29.330%) |
| 鞍钢股份（000898） | 负 | 6.170% (8.970%) | 8.000% (10.960%) | 11.040% (13.880%) | 23.240% (26.100%) |
| 华菱钢铁（000932） | 负 | 6.810% (10.200%) | 8.760% (11.860%) | 11.510% (14.550%) | 19.330% (22.490%) |
| 冀中能源（000937） | 负 | 7.960% (10.890%) | 10.280% (13.300%) | 13.520% (16.420%) | 22.670% (25.020%) |
| 锡业股份（000960） | 负 | 7.530% (11.010%) | 10.150% (13.230%) | 14.200% (18.060%) | 28.320% (30.650%) |

续表

| 股票名称 | 收益率 | $VaR_{95}$ ($ES_{95}$) | $VaR_{97.5}$ ($ES_{97.5}$) | $VaR_{99}$ ($ES_{99}$) | $VaR_{99.9}$ ($ES_{99.9}$) |
|---|---|---|---|---|---|
| 深圳证券交易所 | | | | | |
| 西山煤电 (000983) | 负 | 7.340% (10.830%) | 9.630% (12.700%) | 12.830% (15.990%) | 21.850% (24.730%) |
| 华兰生物 (002007) | 负 | 6.120% (8.870%) | 8.250% (10.920%) | 11.350% (14.770%) | 20.880% (23.980%) |
| 苏宁易购 (002024) | 负 | 7.020% (9.750%) | 9.470% (12.540%) | 12.880% (16.080%) | 22.290% (15.300%) |
| 宁波银行 (002142) | 负 | 5.490% (9.440%) | 7.170% (9.580%) | 9.430% (12.270%) | 15.500% (18.560%) |
| 金风科技 (002202) | 负 | 6.870% (10.020%) | 8.930% (11.870%) | 11.720% (14.660%) | 19.010% (22.180%) |

注：河钢股份、中航飞机、盐湖股份、苏宁易购后分别更名为河北钢铁、西飞国际、盐湖钾肥、苏宁电器。括号内为股票代码。

# 附录5 Prob ($B_n$) 的计算公式推导

通过对事件的划分可知，$B_i \cap B_j = \varnothing$，$i \neq j$，从而有：

$$Prob(B) = \sum_{t=1}^{T} Prob(B_i)$$

$Prob(B_i)$ 的计算如下。根据券商发出催缴保证金通知的条件和假设第一天共有 $k_1$ 只股票满足券商催缴的条件，

$$P_i \leq w \times P_0 \times (1+R)^i - Q_0 \times (1+r)^i$$

$$k_1 = \max\{k \in \{1,2,\cdots,n\}: s_k < (wP_0 - Q_0)(1+r)^1\}$$

有

$$Prob(B_1) = P\{p_1 \in \{s_1, s_2, \cdots, s_{k_1}\} \mid p_0 \in s_h\} = \sum_{i=1}^{k_1} p_{hi}(1)$$

假设第二天共有$k_1$只股票满足券商催缴的条件，则

$$k_2 = \max\{k \in \{1,2,\cdots,n\}: s_k < (wP_0 - Q_0)(1+r)^2\},$$

则有

$$Prob(B_2 \mid \overline{B}_1) = \frac{Prob(B_2 \overline{B}_1)}{Prob(\overline{B}_1)} = \frac{P\{p_2 \in \{s_1, s_2, \cdots, s_{k_2}\}, p_1 \in \{s_{k_1+1}, s_{k_1+2}, \cdots, s_{k_n}\} \mid p_0 \in s_h\}}{P\{p_1 \in \{s_{k_1+1}, s_{k_1+2}, \cdots, s_{k_n}\} \mid p_0 \in s_h\}}$$

$$= \frac{\sum_{i=k_1+1}^{n} \sum_{j=1}^{k_2} P\{p_1 = s_i \mid p_0 \in s_h\} P\{p_2 = s_j \mid p_1 = s_i\}}{\sum_{i=k_1+1}^{n} P\{p_1 = s_i \mid p_0 \in s_h\}}$$

$$= \frac{\sum_{i=k_1+1}^{n} \sum_{j=1}^{k_2} p_{hi}(1) p_{ij}(1)}{\sum_{i=k_1+1}^{n} p_{hi}(1)}$$

因此有

$$Prob(B_2) = Prob(\overline{B}_1 B_2) = (1 - Prob(B_1) \times Prob(B_2 \mid \overline{B}_1)$$

$$= \{1 - \sum_{i=1}^{k_1} p_{hi}(1)\} \frac{\sum_{i=k_1+1}^{n} \sum_{j=1}^{k_2} p_{hi}(1) p_{ij}(1)}{\sum_{i=k_1+1}^{n} p_{hi}(1)}$$

假设第三天共有$k_3$只股票满足券商催缴的条件，则

$$k_3 = \max\{k \in \{1,2,\cdots,n\}: s_k < (wP_0 - Q_0)(1+r)^3\}$$

$$Prob(B_3 \mid \overline{B}_2) = \frac{Prob(B_3 \overline{B}_2)}{Prob(\overline{B}_2)} = \frac{P\{p_3 \in \{s_1, s_2, \cdots, s_{k_3}\}, p_2 \in \{s_{k_2+1}, s_{k_2+2}, \cdots, s_{k_n}\} \mid p_0 \in s_h\}}{P\{p_2 \in \{s_{k_2+1}, s_{k_2+2}, \cdots, s_{k_n}\} \mid p_0 \in s_h\}}$$

$$= \frac{\sum_{i=k_2+1}^{n} \sum_{j=1}^{k_3} P\{p_3 = s_j, p_2 = s_i \mid p_0 \in s_h\}}{\sum_{i=k_2+1}^{n} P\{p_2 = s_i \mid p_0 \in s_h\}} = \frac{\sum_{i=k_2+1}^{n} \sum_{j=1}^{k_3} p_{hi}(2) p_{ij}(1)}{\sum_{i=k_2+1}^{n} p_{hi}(2)}$$

因此有

$$Prob(B_3) = Prob(\overline{B_1 B_2} B_3) = Prob(\overline{B}_1) Prob(\overline{B}_2 \mid \overline{B}_1) Prob(B_3 \mid \overline{B}_2)$$

$$= [(1 - Prob(B_1)][1 - Prob(B_2 \mid \overline{B_1}) Prob(B_3 \mid \overline{B_2})]$$

$$= \left\{1 - \sum_{i=1}^{k_1} p_{hi}(1)\right\} \left\{\frac{\sum_{i=k_1+1}^{n} \sum_{j=1}^{k_2} p_{hi}(1) p_{ij}(1)}{\sum_{i=k_1+1}^{n} p_{hi}(1)}\right\} \frac{\sum_{i=k_2+1}^{n} \sum_{j=1}^{k_3} p_{hi}(3) p_{ij}(1)}{\sum_{i=k_2+1}^{n} p_{hi}(2)}$$

依次类推,假设第 $n$ 天共有 $k_n$ 只股票满足券商催缴的条件,

$$k_n = \max\{k \in \{1, 2, \cdots, n\} : s_k < (w P_0 - Q_0)(1+r)^n\}$$

则有

$$Prob(B_n \mid \overline{B_{n-1}}) = \frac{Prob(B_n \overline{B_{n-1}})}{Prob(\overline{B_{n-1}})}$$

$$= \frac{P\{p_n \in \{s_1, s_2, \cdots, s_{k_n}\}, p_{n-1} \in \{s_{k_{n-1}+1}, s_{k_{n-2}+2}, \cdots, s_{k_n}\} \mid p_0 \in s_h\}}{P\{p_{n-1} \in \{s_{k_{n-1}+1}, s_{k_{n-2}+2}, \cdots, s_{k_n}\} \mid p_0 \in s_h\}}$$

$$= \frac{\sum_{i=k_{n-1}+1}^{n} \sum_{j=1}^{k_n} p_{hi}(n-1) p_{ij}(1)}{\sum_{i=k_{n-1}+1}^{n} p_{hi}(n-1)}$$

所以得出

$$Prob(B_n) = Prob(\overline{B_1} \overline{B_2} \cdots \overline{B_{n-1}} B_n)$$
$$= Prob(\overline{B_1}) Prob(\overline{B_2} \mid \overline{B_1}) \cdots Prob(\overline{B_{n-1}} \mid \overline{B_{n-2}}) Prob(B_n \mid \overline{B_{n-1}})$$

# 附录6　Prob（$AB_n$）的计算公式推导

根据事件 $A$、$B$ 及 $B_i$ 的定义,可以得出:

$$Prob(AB) = \sum_{t=1}^{T} Prob(AB_t)$$

股价遵循马尔可夫链规律,则

$$Prob(AB_i) = Prob(A\overline{B_1}\overline{B_2}\cdots\overline{B_{i-1}}B_i)$$
$$= Prob(\overline{B_1})Prob(\overline{B_2}|\overline{B_1})\cdots Prob(\overline{B_{i-1}}|\overline{B_{i-2}})Prob(A|\overline{B_i})$$

若 $1 \leqslant i \leqslant T-1$，则有

$$Prob(A|\overline{B_i}) = \frac{\sum_{j=1}^{k_i}\sum_{l=1}^{a_i}\widehat{p}_{hj}(i)\widehat{p}_{jl}(i)}{\sum_{j=1}^{k_i}\widehat{p}_{hj}(i)}$$

当 $i = T$ 时，有

$$Prob(A|\overline{B_i}) = \frac{\sum_{j=1}^{a_T}\widehat{p}_{hj}(T)}{\sum_{j=1}^{k_T}\widehat{p}_{hl}(T)}$$

其中 $a_i$ 满足下列要求：

$$a_i = \max\{k \in \{1,2,\cdots,n\} : s_k < \{(1-m_0)P_0(1+r)^i\}$$

# 附录7  重新划分后不同阶段融资交易量（额）的统计结果

| 股票名称 | 时间段 | 中位数 | 标准差 |
|---|---|---|---|
| 沪深交易所（单位：亿元） | | | |
| 沪深两市所有标的股 | 阶段Ⅰ | 629.672 | 667.464 |
| | 阶段Ⅱ | 441.066 | 154.520 |
| | Wilkoxon秩和检验统计值 | 5.555*** | |
| | Levene方差齐性检验统计值 | 906.322*** | |
| 上海证券交易所（单位：万元） | | | |
| 浦发银行（600000） | 阶段Ⅰ | 40234.313 | 55521.237 |
| | 阶段Ⅱ | 4470.287 | 11837.993 |
| | Wilkoxon秩和检验统计值 | 24.002*** | |
| | Levene方差齐性检验统计值 | 601.526*** | |

续表

| 股票名称 | 时间段 | 中位数 | 标准差 |
|---|---|---|---|
| 上海证券交易所（单位：万元） | | | |
| 华夏银行<br>（600015） | 阶段 I | 9012.075 | 20359.763 |
| | 阶段 II | 5107.363 | 5022.473 |
| | Wilkoxon 秩和检验统计值 | 9.060*** | |
| | Levene 方差齐性检验统计值 | 651.744*** | |
| 民生银行<br>（600016） | 阶段 I | 19541.438 | 49444.639 |
| | 阶段 II | 9964.667 | 15678.504 |
| | Wilkoxon 秩和检验统计值 | 12.089*** | |
| | Levene 方差齐性检验统计值 | 398.232*** | |
| 上港集团<br>（600018） | 阶段 I | 6794.571 | 12603.983 |
| | 阶段 II | 1746.937 | 4777.324 |
| | Wilkoxon 秩和检验统计值 | 14.853*** | |
| | Levene 方差齐性检验统计值 | 276.622*** | |
| 宝钢股份<br>（600019） | 阶段 I | 6250.850 | 15904.265 |
| | 阶段 II | 6097.896 | 8385.991 |
| | Wilkoxon 秩和检验统计值 | -1.434 | |
| | Levene 方差齐性检验统计值 | 151.573*** | |
| 中国石化<br>（600028） | 阶段 I | 18237.146 | 49116.649 |
| | 阶段 II | 7564.349 | 9570.399 |
| | Wilkoxon 秩和检验统计值 | 9.154*** | |
| | Levene 方差齐性检验统计值 | 774.037*** | |
| 南方航空<br>（600029） | 阶段 I | 7969.510 | 25476.760 |
| | 阶段 II | 7909.543 | 8066.334 |
| | Wilkoxon 秩和检验统计值 | -0.843 | |
| | Levene 方差齐性检验统计值 | 380.976*** | |
| 中信证券<br>（600030） | 阶段 I | 83146.680 | 184381.315 |
| | 阶段 II | 31240.058 | 38366.479 |
| | Wilkoxon 秩和检验统计值 | 10.866*** | |
| | Levene 方差齐性检验统计值 | 538.005*** | |

续表

| 股票名称 | 时间段 | 中位数 | 标准差 |
|---|---|---|---|
| 上海证券交易所（单位：万元） | | | |
| 招商银行<br>（600036） | 阶段 I | 18069.366 | 39351.497 |
| | 阶段 II | 7021.361 | 10507.738 |
| | Wilkoxon 秩和检验统计值 | 14.963*** | |
| | Levene 方差齐性检验统计值 | 509.799*** | |
| 保利地产<br>（600048） | 阶段 I | 18798.974 | 34757.435 |
| | 阶段 II | 10903.863 | 14150.092 |
| | Wilkoxon 秩和检验统计值 | 8.826*** | |
| | Levene 方差齐性检验统计值 | 255.242*** | |
| 中国联通<br>（600050） | 阶段 I | 19340.654 | 45183.172 |
| | 阶段 II | 14071.746 | 25178.491 |
| | Wilkoxon 秩和检验统计值 | 2.692*** | |
| | Levene 方差齐性检验统计值 | 78.516*** | |
| 特变电工<br>（600089） | 阶段 I | 12763.449 | 21899.887 |
| | 阶段 II | 4894.919 | 5252.199 |
| | Wilkoxon 秩和检验统计值 | 16.262*** | |
| | Levene 方差齐性检验统计值 | 406.182*** | |
| 上汽集团<br>（600104） | 阶段 I | 6825.032 | 15658.700 |
| | 阶段 II | 4703.298 | 5941.248 |
| | Wilkoxon 秩和检验统计值 | 8.445*** | |
| | Levene 方差齐性检验统计值 | 278.026*** | |
| 振华重工<br>（600320） | 阶段 I | 6716.172 | 8120.281 |
| | 阶段 II | 1033.326 | 1477.390 |
| | Wilkoxon 秩和检验统计值 | 19.690*** | |
| | Levene 方差齐性检验统计值 | 506.318*** | |
| 江西铜业<br>（600362） | 阶段 I | 7803.482 | 12464.355 |
| | 阶段 II | 11762.304 | 11810.653 |
| | Wilkoxon 秩和检验统计值 | -3.075*** | |
| | Levene 方差齐性检验统计值 | 11.383*** | |

续表

| 股票名称 | 时间段 | 中位数 | 标准差 |
|---|---|---|---|
| 上海证券交易所（单位：万元） | | | |
| 金地集团<br>（600383） | 阶段 I | 4286.104 | 10428.883 |
| | 阶段 II | 3861.132 | 10661.748 |
| | Wilkoxon 秩和检验统计值 | 1.485 | |
| | Levene 方差齐性检验统计值 | -3.416* | |
| 中金黄金<br>（600489） | 阶段 I | 7633.402 | 12229.927 |
| | 阶段 II | 8259.964 | 12158.565 |
| | Wilkoxon 秩和检验统计值 | -2.744*** | |
| | Levene 方差齐性检验统计值 | 7.464*** | |
| 贵州茅台<br>（600519） | 阶段 I | 8696.817 | 11515.856 |
| | 阶段 II | 12911.716 | 24307.437 |
| | Wilkoxon 秩和检验统计值 | -7.378*** | |
| | Levene 方差齐性检验统计值 | -98.252*** | |
| 山东黄金<br>（600547） | 阶段 I | 10776.593 | 12717.659 |
| | 阶段 II | 13994.573 | 14508.816 |
| | Wilkoxon 秩和检验统计值 | -6.455*** | |
| | Levene 方差齐性检验统计值 | -0.824 | |
| 北大荒<br>（600598） | 阶段 I | 3306.436 | 1863.710 |
| | 阶段 II | 3948.529 | 5761.711 |
| | Wilkoxon 秩和检验统计值 | -3.132*** | |
| | Levene 方差齐性检验统计值 | -17.598*** | |
| 辽宁成大<br>（600739） | 阶段 I | 14272.998 | 25513.539 |
| | 阶段 II | 4720.800 | 10748.010 |
| | Wilkoxon 秩和检验统计值 | 13.939*** | |
| | Levene 方差齐性检验统计值 | 214.810*** | |
| 国电电力<br>（600795） | 阶段 I | 12303.802 | 43295.396 |
| | 阶段 II | 3732.887 | 4705.762 |
| | Wilkoxon 秩和检验统计值 | 10.092*** | |
| | Levene 方差齐性检验统计值 | 508.095*** | |

续表

| 股票名称 | 时间段 | 中位数 | 标准差 |
|---|---|---|---|
| 上海证券交易所（单位：万元） | | | |
| 海通证券<br>（600837） | 阶段Ⅰ | 34927.491 | 94267.678 |
| | 阶段Ⅱ | 5826.149 | 10417.655 |
| | Wilkoxon 秩和检验统计值 | 22.378*** | |
| | Levene 方差齐性检验统计值 | 699.550*** | |
| 长江电力<br>（600900） | 阶段Ⅰ | 4949.443 | 14008.968 |
| | 阶段Ⅱ | 2607.905 | 3163.406 |
| | Wilkoxon 秩和检验统计值 | 7.957*** | |
| | Levene 方差齐性检验统计值 | 355.366*** | |
| 大秦铁路<br>（601006） | 阶段Ⅰ | 7294.869 | 22862.514 |
| | 阶段Ⅱ | 4076.710 | 4014.402 |
| | Wilkoxon 秩和检验统计值 | 8.476*** | |
| | Levene 方差齐性检验统计值 | 509.754*** | |
| 中国神华<br>（601088） | 阶段Ⅰ | 9096.310 | 25906.917 |
| | 阶段Ⅱ | 4813.517 | 6727.927 |
| | Wilkoxon 秩和检验统计值 | 6.818*** | |
| | Levene 方差齐性检验统计值 | 384.866*** | |
| 中国国航<br>（601111） | 阶段Ⅰ | 5259.654 | 15241.909 |
| | 阶段Ⅱ | 4178.068 | 3931.299 |
| | Wilkoxon 秩和检验统计值 | 1.104 | |
| | Levene 方差齐性检验统计值 | 288.168*** | |
| 兴业银行<br>（601166） | 阶段Ⅰ | 38992.109 | 72073.145 |
| | 阶段Ⅱ | 16942.394 | 28203.916 |
| | Wilkoxon 秩和检验统计值 | 13.336*** | |
| | Levene 方差齐性检验统计值 | 455.276*** | |
| 西部矿业<br>（601168） | 阶段Ⅰ | 6536.459 | 9810.846 |
| | 阶段Ⅱ | 4898.748 | 7342.355 |
| | Wilkoxon 秩和检验统计值 | 2.613*** | |
| | Levene 方差齐性检验统计值 | 47.679*** | |

续表

| 股票名称 | 时间段 | 中位数 | 标准差 |
|---|---|---|---|
| 上海证券交易所（单位：万元） | | | |
| 北京银行<br>（601169） | 阶段Ⅰ | 11531.264 | 32327.686 |
| | 阶段Ⅱ | 2821.884 | 6293.967 |
| | Wilkoxon 秩和检验统计值 | 14.609*** | |
| | Levene 方差齐性检验统计值 | 535.312*** | |
| 中国铁建<br>（601186） | 阶段Ⅰ | 16092.436 | 44878.823 |
| | 阶段Ⅱ | 6453.485 | 10181.318 |
| | Wilkoxon 秩和检验统计值 | 6.912*** | |
| | Levene 方差齐性检验统计值 | 395.25*** | |
| 中国平安<br>（601318） | 阶段Ⅰ | 54697.873 | 161931.623 |
| | 阶段Ⅱ | 32423.236 | 55225.482 |
| | Wilkoxon 秩和检验统计值 | 8.230*** | |
| | Levene 方差齐性检验统计值 | 551.274*** | |
| 交通银行<br>（601328） | 阶段Ⅰ | 15901.179 | 40576.395 |
| | 阶段Ⅱ | 6322.918 | 9098.891 |
| | Wilkoxon 秩和检验统计值 | 10.771*** | |
| | Levene 方差齐性检验统计值 | 484.516*** | |
| 中国中铁<br>（601390） | 阶段Ⅰ | 19288.158 | 59223.905 |
| | 阶段Ⅱ | 4220.262 | 8180.353 |
| | Wilkoxon 秩和检验统计值 | 7.722*** | |
| | Levene 方差齐性检验统计值 | 428.355*** | |
| 工商银行<br>（601398） | 阶段Ⅰ | 8440.484 | 32757.354 |
| | 阶段Ⅱ | 5306.098 | 8411.556 |
| | Wilkoxon 秩和检验统计值 | 4.866*** | |
| | Levene 方差齐性检验统计值 | 474.719*** | |
| 中国铝业<br>（601600） | 阶段Ⅰ | 9388.821 | 23846.863 |
| | 阶段Ⅱ | 7194.425 | 15436.364 |
| | Wilkoxon 秩和检验统计值 | 1.394 | |
| | Levene 方差齐性检验统计值 | 70.575*** | |

续表

| 股票名称 | 时间段 | 中位数 | 标准差 |
|---|---|---|---|
| 上海证券交易所（单位：万元） | | | |
| 中国太保<br>（601601） | 阶段 I | 9010.269 | 34839.778 |
| | 阶段 II | 3873.069 | 4915.740 |
| | Wilkoxon 秩和检验统计值 | 12.515*** | |
| | Levene 方差齐性检验统计值 | 779.561*** | |
| 中国人寿<br>（601628） | 阶段 I | 8622.707 | 42999.580 |
| | 阶段 II | 4234.485 | 5254.435 |
| | Wilkoxon 秩和检验统计值 | 7.433*** | |
| | Levene 方差齐性检验统计值 | 717.566*** | |
| 中国建筑<br>（601668） | 阶段 I | 28113.433 | 75296.432 |
| | 阶段 II | 22671.470 | 44200.282 |
| | Wilkoxon 秩和检验统计值 | 0.471 | |
| | Levene 方差齐性检验统计值 | 106.091*** | |
| 上海电气<br>（601727） | 阶段 I | 22715.957 | 43228.562 |
| | 阶段 II | 2322.695 | 3991.798 |
| | Wilkoxon 秩和检验统计值 | 19.200*** | |
| | Levene 方差齐性检验统计值 | 325.477*** | |
| 中国中车<br>（601766） | 阶段 I | 12923.298 | 67441.968 |
| | 阶段 II | 8976.749 | 16327.645 |
| | Wilkoxon 秩和检验统计值 | 1.564 | |
| | Levene 方差齐性检验统计值 | 504.990*** | |
| 中国石油<br>（601857） | 阶段 I | 10559.224 | 31809.109 |
| | 阶段 II | 3954.203 | 3628.616 |
| | Wilkoxon 秩和检验统计值 | 7.587*** | |
| | Levene 方差齐性检验统计值 | 741.003*** | |
| 中煤能源<br>（601898） | 阶段 I | 4976.501 | 12855.193 |
| | 阶段 II | 1507.398 | 2135.867 |
| | Wilkoxon 秩和检验统计值 | 9.458*** | |
| | Levene 方差齐性检验统计值 | 385.872*** | |

续表

| 股票名称 | 时间段 | 中位数 | 标准差 |
|---|---|---|---|
| 上海证券交易所（单位：万元） | | | |
| 紫金矿业<br>（601899） | 阶段Ⅰ | 7255.083 | 17524.964 |
| | 阶段Ⅱ | 6786.102 | 12018.975 |
| | Wilkoxon 秩和检验统计值 | 0.812 | |
| | Levene 方差齐性检验统计值 | 49.358*** | |
| 中远海控<br>（**601919**） | 阶段Ⅰ | 15124.959 | 26017.948 |
| | 阶段Ⅱ | 3128.987 | 4007.759 |
| | Wilkoxon 秩和检验统计值 | 15.093*** | |
| | Levene 方差齐性检验统计值 | 485.966*** | |
| 建设银行<br>（601939） | 阶段Ⅰ | 5457.380 | 24548.944 |
| | 阶段Ⅱ | 4589.316 | 6461.595 |
| | Wilkoxon 秩和检验统计值 | 1.604 | |
| | Levene 方差齐性检验统计值 | 535.660*** | |
| 金钼股份<br>（601958） | 阶段Ⅰ | 4118.710 | 7469.344 |
| | 阶段Ⅱ | 1804.462 | 3267.710 |
| | Wilkoxon 秩和检验统计值 | 9.485*** | |
| | Levene 方差齐性检验统计值 | 124.718*** | |
| 中国银行<br>（601988） | 阶段Ⅰ | 12143.027 | 72362.665 |
| | 阶段Ⅱ | 7704.488 | 8295.120 |
| | Wilkoxon 秩和检验统计值 | 1.235 | |
| | Levene 方差齐性检验统计值 | 877.382*** | |
| 深圳证券交易所（单位：万元） | | | |
| 平安银行<br>（**000001**） | 阶段Ⅰ | 16115.664 | 28504.438 |
| | 阶段Ⅱ | 10184.507 | 14114.259 |
| | Wilkoxon 秩和检验统计值 | 8.986*** | |
| | Levene 方差齐性检验统计值 | 217.135*** | |
| 万科 A<br>（000002） | 阶段Ⅰ | 13606.588 | 40670.199 |
| | 阶段Ⅱ | 15859.157 | 31332.113 |
| | Wilkoxon 秩和检验统计值 | −0.724 | |
| | Levene 方差齐性检验统计值 | 38.970*** | |

续表

| 股票名称 | 时间段 | 中位数 | 标准差 |
|---|---|---|---|
| 深圳证券交易所（单位：万元） | | | |
| 深圳能源<br>（000027） | 阶段Ⅰ | 4740.743 | 8656.396 |
| | 阶段Ⅱ | 1064.920 | 1769.331 |
| | Wilkoxon 秩和检验统计值 | 17.787*** | |
| | Levene 方差齐性检验统计值 | 663.233*** | |
| 中集集团<br>（000039） | 阶段Ⅰ | 7161.769 | 14731.665 |
| | 阶段Ⅱ | 3681.307 | 4249.201 |
| | Wilkoxon 秩和检验统计值 | 9.293*** | |
| | Levene 方差齐性检验统计值 | 228.139*** | |
| 中金岭南<br>（000060） | 阶段Ⅰ | 7646.417 | 15222.150 |
| | 阶段Ⅱ | 8434.775 | 8978.585 |
| | Wilkoxon 秩和检验统计值 | -2.573*** | |
| | Levene 方差齐性检验统计值 | 93.632*** | |
| 中兴通讯<br>（000063） | 阶段Ⅰ | 23135.765 | 28792.290 |
| | 阶段Ⅱ | 13820.158 | 21626.156 |
| | Wilkoxon 秩和检验统计值 | 5.858*** | |
| | Levene 方差齐性检验统计值 | 47.286*** | |
| 华侨城 A<br>（000069） | 阶段Ⅰ | 7907.453 | 19848.046 |
| | 阶段Ⅱ | 3682.051 | 5391.408 |
| | Wilkoxon 秩和检验统计值 | 11.396*** | |
| | Levene 方差齐性检验统计值 | 380.133*** | |
| 中联重科<br>（000157） | 阶段Ⅰ | 9651.241 | 19413.959 |
| | 阶段Ⅱ | 2413.186 | 2444.894 |
| | Wilkoxon 秩和检验统计值 | 16.184*** | |
| | Levene 方差齐性检验统计值 | 465.425*** | |
| 潍柴动力<br>（000338） | 阶段Ⅰ | 7883.576 | 14979.752 |
| | 阶段Ⅱ | 4266.246 | 4669.331 |
| | Wilkoxon 秩和检验统计值 | 8.629*** | |
| | Levene 方差齐性检验统计值 | 365.593*** | |

续表

| 股票名称 | 时间段 | 中位数 | 标准差 |
|---|---|---|---|
| 深圳证券交易所（单位：万元） | | | |
| 金融街<br>(000402) | 阶段Ⅰ | 6958.606 | 13352.143 |
| | 阶段Ⅱ | 4234.273 | 9350.166 |
| | Wilkoxon 秩和检验统计值 | 6.954（0.000***） | |
| | Levene 方差齐性检验统计值 | 47.286（0.000***） | |
| 云南白药<br>(000538) | 阶段Ⅰ | 5978.173 | 9937.469 |
| | 阶段Ⅱ | 2741.826 | 3076.380 |
| | Wilkoxon 秩和检验统计值 | 10.623*** | |
| | Levene 方差齐性检验统计值 | 356.584*** | |
| 泸州老窖<br>(000568) | 阶段Ⅰ | 5871.545 | 9623.592 |
| | 阶段Ⅱ | 4089.259 | 3379.915 |
| | Wilkoxon 秩和检验统计值 | 7.814*** | |
| | Levene 方差齐性检验统计值 | 185.545*** | |
| 吉林敖东<br>(000623) | 阶段Ⅰ | 14247.573 | 18745.002 |
| | 阶段Ⅱ | 7003.011 | 9308.385 |
| | Wilkoxon 秩和检验统计值 | 6.700*** | |
| | Levene 方差齐性检验统计值 | 245.292*** | |
| 铜陵有色<br>(000630) | 阶段Ⅰ | 2971.509 | 11252.400 |
| | 阶段Ⅱ | 3716.714 | 6985.291 |
| | Wilkoxon 秩和检验统计值 | -4.272*** | |
| | Levene 方差齐性检验统计值 | 13.085*** | |
| 格力电器<br>(000651) | 阶段Ⅰ | 13994.055 | 30738.590 |
| | 阶段Ⅱ | 30672.795 | 28955.357 |
| | Wilkoxon 秩和检验统计值 | -10.534*** | |
| | Levene 方差齐性检验统计值 | 7.056*** | |
| 河钢股份<br>(000709) | 阶段Ⅰ | 7635.874 | 17903.402 |
| | 阶段Ⅱ | 6733.849 | 21431.772 |
| | Wilkoxon 秩和检验统计值 | -0.927 | |
| | Levene 方差齐性检验统计值 | -0.039 | |

续表

| 股票名称 | 时间段 | 中位数 | 标准差 |
|---|---|---|---|
| 深圳证券交易所（单位：万元） | | | |
| 燕京啤酒<br>(000729) | 阶段 I | 2301.656 | 4815.331 |
| | 阶段 II | 970.764 | 1310.046 |
| | Wilkoxon 秩和检验统计值 | 13.718*** | |
| | Levene 方差齐性检验统计值 | 379.527*** | |
| 中航飞机<br>(000768) | 阶段 I | 17995.144 | 23670.362 |
| | 阶段 II | 7467.284 | 7796.945 |
| | Wilkoxon 秩和检验统计值 | 7.642*** | |
| | Levene 方差齐性检验统计值 | 460.470*** | |
| 长江证券<br>(000783) | 阶段 I | 23041.421 | 36667.005 |
| | 阶段 II | 4525.399 | 8584.224 |
| | Wilkoxon 秩和检验统计值 | 17.706*** | |
| | Levene 方差齐性检验统计值 | 386.170*** | |
| 盐湖股份<br>(000792) | 阶段 I | 5651.947 | 9206.239 |
| | 阶段 II | 6981.027 | 14782.807 |
| | Wilkoxon 秩和检验统计值 | -5.183*** | |
| | Levene 方差齐性检验统计值 | -11.384*** | |
| 一汽轿车<br>(000800) | 阶段 I | 6662.215 | 10309.873 |
| | 阶段 II | 3208.600 | 3371.114 |
| | Wilkoxon 秩和检验统计值 | 11.535*** | |
| | Levene 方差齐性检验统计值 | 352.986*** | |
| 太钢不锈<br>(000825) | 阶段 I | 4198.735 | 9833.471 |
| | 阶段 II | 3273.650 | 7433.377 |
| | Wilkoxon 秩和检验统计值 | 1.480 | |
| | Levene 方差齐性检验统计值 | 569.245*** | |
| 中信国安<br>(000839) | 阶段 I | 8699.582 | 14664.186 |
| | 阶段 II | 20719.130 | 27442.720 |
| | Wilkoxon 秩和检验统计值 | -11.862*** | |
| | Levene 方差齐性检验统计值 | -102.739*** | |

续表

| 股票名称 | 时间段 | 中位数 | 标准差 |
|---|---|---|---|
| 深圳证券交易所（单位：万元） | | | |
| 五粮液<br>(000858) | 阶段Ⅰ | 8734.909 | 17139.528 |
| | 阶段Ⅱ | 12062.157 | 9834.186 |
| | Wilkoxon 秩和检验统计值 | -2.092** | |
| | Levene 方差齐性检验统计值 | 168.900*** | |
| 云南铜业<br>(000878) | 阶段Ⅰ | 3497.146 | 10088.344 |
| | 阶段Ⅱ | 7832.978 | 8190.630 |
| | Wilkoxon 秩和检验统计值 | -7.286*** | |
| | Levene 方差齐性检验统计值 | 3.328* | |
| 鞍钢股份<br>(000898) | 阶段Ⅰ | 6914.958 | 6802.120 |
| | 阶段Ⅱ | 2360.901 | 3377.900 |
| | Wilkoxon 秩和检验统计值 | 13.861*** | |
| | Levene 方差齐性检验统计值 | 204.441*** | |
| 华菱钢铁<br>(000932) | 阶段Ⅰ | N.A. | N.A. |
| | 阶段Ⅱ | 3932.865 | 1591.220 |
| | Wilkoxon 秩和检验统计值 | N.A. | |
| | Levene 方差齐性检验统计值 | N.A. | |
| 冀中能源<br>(000937) | 阶段Ⅰ | 3272.912 | 4966.458 |
| | 阶段Ⅱ | 2953.374 | 4602.290 |
| | Wilkoxon 秩和检验统计值 | 0.468 | |
| | Levene 方差齐性检验统计值 | 8.607*** | |
| 锡业股份<br>(000960) | 阶段Ⅰ | 7151.922 | 9427.511 |
| | 阶段Ⅱ | 7621.381 | 8638.040 |
| | Wilkoxon 秩和检验统计值 | -2.123** | |
| | Levene 方差齐性检验统计值 | 8.180*** | |
| 西山煤电<br>(000983) | 阶段Ⅰ | 4090.779 | 7116.536 |
| | 阶段Ⅱ | 6253.455 | 6388.937 |
| | Wilkoxon 秩和检验统计值 | -6.265*** | |
| | Levene 方差齐性检验统计值 | 11.789*** | |

续表

| 股票名称 | 时间段 | 中位数 | 标准差 |
|---|---|---|---|
| 深圳证券交易所（单位：万元） | | | |
| 华兰生物<br>（002007） | 阶段Ⅰ | 5817.597 | 6061.041 |
| | 阶段Ⅱ | 3853.653 | 3687.847 |
| | Wilkoxon 秩和检验统计值 | 7.364*** | |
| | Levene 方差齐性检验统计值 | 86.518*** | |
| 苏宁易购<br>（002024） | 阶段Ⅰ | 43061.505 | 68193.733 |
| | 阶段Ⅱ | 11892.640 | 11513.200 |
| | Wilkoxon 秩和检验统计值 | 17.659*** | |
| | Levene 方差齐性检验统计值 | 430.227*** | |
| 宁波银行<br>（002142） | 阶段Ⅰ | 7172.830 | 18249.566 |
| | 阶段Ⅱ | 3522.911 | 5040.219 |
| | Wilkoxon 秩和检验统计值 | 5.618*** | |
| | Levene 方差齐性检验统计值 | 398.831*** | |
| 金风科技<br>（002202） | 阶段Ⅰ | 8390.916 | 13313.515 |
| | 阶段Ⅱ | 4262.419 | 8866.596 |
| | Wilkoxon 秩和检验统计值 | 8.904*** | |
| | Levene 方差齐性检验统计值 | 104.355*** | |

注：河钢股份、中航飞机、盐湖股份、苏宁易购后分别更名为河北钢铁、西飞国际、盐湖钾肥、苏宁电器。Wilkoxon 秩和检验用于检验不同样本是否具有相同的中心位置。Levene 方差齐性检验用于检测不同样本的方差是否齐性，可用于正态分布、非正态分布及分布不明的样本数据。粗体部分表示阶段Ⅰ融资交易量（额）平均水平及波动率显著高于阶段Ⅱ的标的股。括号内为股票代码。***、** 和 * 分别表示在 1%、5% 和 10% 的水平上显著。由于 2010 年 5 月至 2018 年 4 月华菱钢铁不属于融资标的股的范畴，因此我们缺乏该股在阶段Ⅰ中的融资交易量（额）数据。

图书在版编目(CIP)数据

中国融资业务保证金系统研究/洪卉著. -- 北京：
社会科学文献出版社，2020.8
 ISBN 978 - 7 - 5201 - 7141 - 0

Ⅰ.①中… Ⅱ.①洪… Ⅲ.①融资 - 保证金 - 研究 -
中国 Ⅳ.①F832.48

中国版本图书馆 CIP 数据核字(2020)第 153598 号

## 中国融资业务保证金系统研究

著　　者 / 洪　卉

出 版 人 / 谢寿光
责任编辑 / 高　雁

出　　版 / 社会科学文献出版社·经济与管理分社 (010) 59367226
　　　　　 地址：北京市北三环中路甲 29 号院华龙大厦 邮编：100029
　　　　　 网址：www.ssap.com.cn

发　　行 / 市场营销中心 (010) 59367081　59367083
印　　装 / 三河市尚艺印装有限公司

规　　格 / 开　本：787mm × 1092mm　1/16
　　　　　 印　张：19　字　数：263 千字
版　　次 / 2020 年 8 月第 1 版　2020 年 8 月第 1 次印刷
书　　号 / ISBN 978 - 7 - 5201 - 7141 - 0
定　　价 / 158.00 元

本书如有印装质量问题，请与读者服务中心 (010 - 59367028) 联系

▲ 版权所有 翻印必究